A Memoir of Jane Austen
Recuerdos de Jane Austen

James Edward Austen-Leigh

A Memoir of Jane Austen
Recuerdos de Jane Austen

Texto paralelo bilingüe
Bilingual edition

Inglés - Español
English - Spanish

texto en español, traducido del inglés por Alejandra Dramis

ROSETTA EDU

Título original: *A Memoir of Jane Austen*

Primera publicación: 1870

Ilustración de tapa: Basado en el retrato de Cassandra Austen (c. 1810).

Rosetta Edu Ltd.
© 2025 para la traducción al español: Alejandra Dramis.

All rights reserved.

Quedan prohibidos, dentro de los límites establecidos en la ley y bajo los apercibimientos legalmente provistos, la reproducción total o parcial de esta obra por cualquier medio o procedimiento, ya sea electrónico o mecánico, el tratamiento informático, el alquiler o cualquier otra forma de cesión de la obra sin la autorización previa y por escrito de los titulares del *copyright*.

Primera edición: Agosto 2025

Publicado por Rosetta Edu
Londres, agosto 2025
www.rosettaedu.com

ISBN: 978-1-83647-131-8

Rosetta Edu
Ediciones bilingües

Páginas enfrentadas
Páginas enfrentadas con la traducción y texto de origen en libros impresos.

Párrafos alineados
Los párrafos alineados entre los dos idiomas facilitan la comparación y la comprensión, ahorrando la necesidad de referirse constantemente al diccionario.

Integridad y fidelidad
Traducciones íntegras, fieles y no abreviadas del texto de origen.

Cuidado del vocabulario
Traducciones especiales para ediciones bilingües, con especial cuidado por la hegemonía de vocabulario utilizando glosarios en el proceso de traducción.

Contexto educativo
Ediciones enfocadas a estudiantes intermedios y avanzados del idioma de origen o del español en libros coleccionables y aptos para el contexto educativo.

INDICE

PREFACE / PREFACIO	10-11
CHAPTER I / CAPÍTULO 1	14-15
CHAPTER II / CAPÍTULO II	36-37
CHAPTER III / CAPÍTULO III	66-67
CHAPTER IV / CAPÍTULO IV	104-105
CHAPTER V / CAPITULO V	126-127
CHAPTER VI / CAPITULO VI	146-147
CHAPTER VII / CAPÍTULO VII	162-163
CHAPTER VIII / CAPITULO VIII	190-191
CHAPTER IX / CAPÍTULO IX	202-203
CHAPTER X / CAPITULO X	214-215
CHAPTER XI / CAPÍTULO XI	222-223
CHAPTER XII / CAPITULO XII	244-245
CHAPTER XIII / CAPÍTULO XIII	264-265
CHAPTER XIV / CAPITULO XIV	284-285

PREFACE

The Memoir of my Aunt, Jane Austen, has been received with more favour than I had ventured to expect. The notices taken of it in the periodical press, as well as letters addressed to me by many with whom I am not personally acquainted, show that an unabated interest is still taken in every particular that can be told about her. I am thus encouraged not only to offer a Second Edition of the Memoir, but also to enlarge it with some additional matter which I might have scrupled to intrude on the public if they had not thus seemed to call for it. In the present Edition, the narrative is somewhat enlarged, and a few more letters are added; with a short specimen of her childish stories. The cancelled chapter of 'Persuasion' is given, in compliance with wishes both publicly and privately expressed. A fragment of a story entitled 'The Watsons' is printed and extracts are given from a novel which she had begun a few months before her death; but the chief addition is a short tale never before published, called 'Lady Susan.'[1] I regret that the little which I have been able to add could not appear in my First Edition; as much of it was either unknown to me, or not at my command, when I first published; and I hope that I may claim some indulgent allowance for the difficulty of recovering little facts and feelings which had been merged half a century deep in oblivion.

November 17, 1870.

---

1   *The Watsons* and *Lady Susan* are not included in this reprint.

PREFACIO

Los *Recuerdos...* de mi tía Jane Austen han sido recibidos con más aceptación de la que me había atrevido a esperar. Tanto los artículos aparecidos en periódicos locales como las cartas que recibí de muchos a quienes no conozco en persona muestran un incesante interés por cada particularidad que pueda decirse sobre ella. Por ello, me veo incentivado no solo a ofrecer una segunda edición de estos *Recuerdos...* sino también a extenderlos, incorporando material adicional que, si no fuera porque el público lo ha pedido, hubiera tenido cierto recelo en introducir. En la presente edición la narrativa está, de alguna manera, extendida: se ha incorporado más correspondencia y también un corto muestrario de sus historias infantiles. Además, se entrega el capítulo eliminado de *Persuasión,* cumpliendo con los deseos expresados tanto en público como en privado. Se imprime un fragmento de una historia titulada *Los Watson,* y se incluyen extractos de una novela que mi tía había comenzado a escribir algunos meses antes de su muerte. Pero la mayor novedad es el agregado de una historia corta titulada *Lady Susan.*[1] Lamento que lo poco que he podido agregar no apareció en la primera edición, ya que la mayoría de ese material era desconocido por mí o no estaba a mi disposición cuando hice la primera publicación; y espero contar con cierta tolerancia y benevolencia por la dificultad para recuperar pequeños datos y sentimientos que han surgido luego de medio siglo de olvido.

17 de noviembre de 1870.

1   *Los Watson* y *Lady Susan* no están incluidos en esta edición.

'He knew of no one but himself who was inclined to the work. This is no uncommon motive. A man sees something to be done, knows of no one who will do it but himself, and so is driven to the enterprise.'

Helps' *Life of Columbus*, ch. i.

No conocía a nadie más que a él mismo que se sintiera inclinado a hacer el trabajo. Este no es un motivo inusual. Un hombre ve algo que hay que hacer, no sabe de nadie más que él que lo haga, y por eso se siente impulsado a emprender la empresa.

    Sir Arthur Helps, *Vida de Colón (Life of Columbus)*, capítulo I.

CHAPTER I

Introductory Remarks—Birth of Jane Austen—Her Family Connections—Their Influence on her Writings.

More than half a century has passed away since I, the youngest of the mourners,[2] attended the funeral of my dear aunt Jane in Winchester Cathedral; and now, in my old age, I am asked whether my memory will serve to rescue from oblivion any events of her life or any traits of her character to satisfy the enquiries of a generation of readers who have been born since she died. Of events her life was singularly barren: few changes and no great crisis ever broke the smooth current of its course. Even her fame may be said to have been posthumous: it did not attain to any vigorous life till she had ceased to exist. Her talents did not introduce her to the notice of other writers, or connect her with the literary world, or in any degree pierce through the obscurity of her domestic retirement. I have therefore scarcely any materials for a detailed life of my aunt; but I have a distinct recollection of her person and character; and perhaps many may take an interest in a delineation, if any such can be drawn, of that prolific mind whence sprung the Dashwoods and Bennets, the Bertrams and Woodhouses, the Thorpes and Musgroves, who have been admitted as familiar guests to the firesides of so many families, and are known there as individually and intimately as if they were living neighbours. Many may care to know whether the moral rectitude, the correct taste, and the warm affections with which she invested her ideal characters, were really existing in the native source whence those ideas flowed, and were actually exhibited by her in the various relations of life. I can indeed bear witness that there was scarcely a charm in her most delightful characters that was not a true reflection of her own sweet temper and loving heart. I was young when we lost her; but the impressions made on the young are deep, and though in the course of fifty years I have forgotten much, I have not forgotten that 'Aunt Jane' was the delight of all her nephews and nieces. We did not think of her as being clever, still less as being famous; but we valued her as one always kind, sympathising, and amusing. To all this I am a living witness, but whether I can sketch out such a faint outline

---

2 I went to represent my father, who was too unwell to attend himself, and thus I was the only one of my generation present.

CAPÍTULO 1

Observaciones preliminares. Nacimiento de Jane Austen. Las conexiones de su familia y su influencia en sus escritos.

Más de medio siglo ha pasado desde que yo, el más joven de los deudos[2] atendí el funeral de mi querida tía Jane en la catedral de Winchester; y ahora, en mi edad adulta, me pregunto si mi memoria servirá para recuperar del olvido los eventos de su vida o alguna particularidad de su carácter que satisfaga las preguntas de una generación de lectores que ha nacido luego de su muerte. Su vida no tuvo grandes acontecimientos, solo unos pocos cambios, y ninguna gran crisis que hubiera alterado su tranquilo curso. Incluso se puede afirmar que su fama ha sido *post mortem* y que no comenzó su vigoroso crecimiento hasta después de su muerte. Sus talentos no la hicieron conocida ante otros escritores, no la acercaron al mundo literario y ni siquiera atravesaron su reservada vida doméstica. Pero a pesar de poseer escaso material que detalle la vida de mi tía, tengo un claro recuerdo de su persona y de su carácter, y quizás muchos puedan tener interés en un esbozo, si es que se puede trazar, de esa mente prolífica de la que surgieron los Dashwood, los Bennet, los Bertram, los Woodhouse, los Thorpe y los Musgrove, quienes han sido aceptados como invitados a compartir el hogar de tantas familias y a los que conocemos de forma tan íntima que parecieran ser vecinos reales. Muchos pueden interesarse por la rectitud moral de mi tía, por su gusto impecable, por saber si el cálido afecto con que ella revistió a sus personajes ideales existía realmente en el lugar donde sus ideas crecieron, o por conocer si ella manifestaba ese afecto en las diversas relaciones de su vida. De hecho, puedo atestiguar que las cualidades de sus personajes más encantadores eran un fiel reflejo de su propio temperamento dulce y de su tierno corazón. Yo era pequeño cuando nos dejó, pero las impresiones de un joven corazón son profundas; y si bien en el curso de cincuenta años he olvidado mucho, siempre recuerdo que la «tía Jane» fue el deleite de sus sobrinos. No pensábamos en ella como alguien inteligente o famoso, pero la apreciábamos como una persona que siempre era amable, simpática y divertida. De todo esto soy un testigo viviente, y es razonable preguntarse si puedo esbozar una idea de esa excelencia que resulte perceptible para otros. Pero con la ayuda de otros pocos so-

---

2   Fui en representación de mi padre, que estaba demasiado enfermo para asistir, por lo que yo fui el único miembro de mi generación presente.

of this excellence as shall be perceptible to others may be reasonably doubted. Aided, however, by a few survivors[3] who knew her, I will not refuse to make the attempt. I am the more inclined to undertake the task from a conviction that, however little I may have to tell, no one else is left who could tell so much of her.

Jane Austen was born on December 16, 1775, at the Parsonage House of Steventon in Hampshire. Her father, the Rev. George Austen, was of a family long established in the neighbourhood of Tenterden and Sevenoaks in Kent. I believe that early in the seventeenth century they were clothiers. Hasted, in his history of Kent, says: 'The clothing business was exercised by persons who possessed most of the landed property in the Weald, insomuch that almost all the ancient families of these parts, now of large estates and genteel rank in life, and some of them ennobled by titles, are sprung from ancestors who have used this great staple manufacture, now almost unknown here.' In his list of these families Hasted places the Austens, and he adds that these clothiers 'were usually called the Gray Coats of Kent; and were a body so numerous and united that at county elections whoever had their vote and interest was almost certain of being elected.' The family still retains a badge of this origin; for their livery is of that peculiar mixture of light blue and white called Kentish gray, which forms the facings of the Kentish militia.

Mr. George Austen had lost both his parents before he was nine years old. He inherited no property from them; but was happy in having a kind uncle, Mr. Francis Austen, a successful lawyer at Tunbridge, the ancestor of the Austens of Kippington, who, though he had children of his own, yet made liberal provision for his orphan nephew. The boy received a good education at Tunbridge School, whence he obtained

---

3   My chief assistants have been my sisters, Mrs. B. Lefroy and Miss Austen, whose recollections of our aunt are, on some points, more vivid than my own. I have not only been indebted to their memory for facts, but have sometimes used their words. Indeed some passages towards the end of the work were entirely written by the latter.
I have also to thank some of my cousins, and especially the daughters of Admiral Charles Austen, for the use of letters and papers which had passed into their hands, without which this Memoir, scanty as it is, could not have been written.

brevivientes[3] que la conocieron, acepto intentarlo, desde la convicción de que, por poco que tenga para contar, tampoco queda nadie que pueda decir algo sobre ella.

Jane Austen nació el 16 de diciembre de 1775 en la casa parroquial de Steventon, en Hampshire. Su padre, el reverendo George Austen, provenía de una familia establecida desde hacía mucho tiempo en las áreas de Tenterden y Sevenoaks, en Kent, y que, según tengo entendido, a principios del siglo XVII se dedicaban al negocio textil. Hasted, en su historia sobre Kent dice: «El negocio textil era ejercido por las personas que poseían la mayor cantidad de tierras en Weald, hasta el punto de que casi todas las familias antiguas de esas partes, ahora poseedoras de grandes fincas, un buen nivel de vida e incluso títulos nobiliarios, son descendientes de antepasados que han ejercido aquel oficio, ahora casi desconocido aquí». Hasted ubica a los Austen entre estas familias y agrega que dichos comerciantes eran «usualmente llamados los *tapados grises de Kent*[4] y formaban un grupo tan numeroso y unido que, en una elección de condado, cualquier candidato que ellos votaran resultaría electo casi con certeza». La familia aún retiene un listón de ese origen, que posee esa mezcla peculiar de celeste y blanco llamado *gris de Kent* que forma los paramentos de la milicia de Kent.

George Austen había perdido a ambos progenitores antes de cumplir los nueve años. No heredó ninguna propiedad de ellos, pero tuvo la fortuna de contar con un tío generoso, el señor Francis Austen, que era un exitoso abogado en Tunbridge y el antecesor de los Austen de Kipping-

---

3   Mis principales ayudantes han sido mis hermanas, la señora B. Lefroy y la señorita Austen, cuyos recuerdos de nuestra tía son, en algunos aspectos, más vívidos que los míos. No solo les estoy agradecido por los datos que me han proporcionado, sino que en ocasiones he utilizado sus propias palabras. De hecho, algunos pasajes hacia el final de la obra han sido escritos íntegramente por esta última.
    También debo dar las gracias a algunos de mis primos, y en especial a las hijas del almirante Charles Austen, por el uso de las cartas y documentos que habían llegado a sus manos, sin los cuales esta memoria, por escasa que sea, no habría podido escribirse.
4   *The Great Coats of Kent,* en inglés.

a scholarship, and subsequently a fellowship, at St. John's College, Oxford. In 1764 he came into possession of the two adjoining Rectories of Deane and Steventon in Hampshire; the former purchased for him by his generous uncle Francis, the latter given by his cousin Mr. Knight. This was no very gross case of plurality, according to the ideas of that time, for the two villages were little more than a mile apart, and their united populations scarcely amounted to three hundred. In the same year he married Cassandra, youngest daughter of the Rev. Thomas Leigh, of the family of Leighs of Warwickshire, who, having been a fellow of All Souls, held the College living of Harpsden, near Henley-upon-Thames. Mr. Thomas Leigh was a younger brother of Dr. Theophilus Leigh, a personage well known at Oxford in his day, and his day was not a short one, for he lived to be ninety, and held the Mastership of Balliol College for above half a century. He was a man more famous for his sayings than his doings, overflowing with puns and witticisms and sharp retorts; but his most serious joke was his practical one of living much longer than had been expected or intended. He was a fellow of Corpus, and the story is that the Balliol men, unable to agree in electing one of their own number to the Mastership, chose him, partly under the idea that he was in weak health and likely soon to cause another vacancy. It was afterwards said that his long incumbency had been a judgment on the Society for having elected an *Out-College Man*.[4] I imagine that the front of Balliol towards Broad Street which has recently been pulled down must have been built, or at least restored, while he was Master, for the Leigh arms were placed under the cornice at the corner nearest to Trinity gates. The beautiful building lately erected has destroyed this record, and thus 'monuments themselves memorials need.'

His fame for witty and agreeable conversation extended beyond the bounds of the University. Mrs. Thrale, in a letter to Dr. Johnson, writes thus: 'Are you acquainted with Dr. Leigh,[5] the Master of Balliol

4   There seems to have been some doubt as to the validity of this election; for Hearne says that it was referred to the Visitor, who confirmed it. (Hearne's *Diaries*, v.2.)
5   Mrs. Thrale writes Dr. *Lee*, but there can be no doubt of the identity of person.

ton y que, a pesar de tener sus propios hijos, se encargó del futuro de su sobrino huérfano. El niño recibió una buena educación en la escuela de Tunbridge, donde obtuvo una subvención, y luego recibió una beca en St. John's College de Oxford. En 1764 tomó posesión de dos rectorías adjuntas en Deane y Steventon, en Hampshire. La primera, adquirida para él por su generoso tío Francis, y la segunda otorgada por su primo, el señor Knight. De acuerdo con las ideas de la época no había ningún problema de duplicidad, ya que las dos aldeas estaban a poco más de una milla una de la otra y sus poblaciones unidas no llegaban a las trescientas personas. En ese mismo año se unió en matrimonio con Cassandra, la hija más joven del reverendo Thomas Leigh, de la familia de los Leigh de Warwickshire, quien habiendo sido un miembro de All Souls College vivía en Harpsden, cerca de Henley-upon-Thames. El señor Thomas Leigh era el hermano menor del doctor Theophilus Leigh, un personaje muy conocido en Oxford en su momento, que vivió hasta los noventa años y conservó la dirección de Balliol College por más de medio siglo. El doctor Leigh era un hombre más famoso por sus dichos, llenos de juegos de palabras, ocurrencias y respuestas agudas, que por sus hechos; y su broma más «seria» fue la de vivir mucho más de lo que esperaba o deseaba. Fue miembro de Corpus, y la historia cuenta que los miembros de Balliol, al no llegar a un acuerdo para elegir a un director entre ellos, lo eligieron a él pensando que su salud débil pronto iba a causar otra vacante. Luego se supo que su largo mandato fue una decisión de la Sociedad, que eligió a una persona que no pertenecía al college.[5] Imagino que la fachada de Balliol en Broad Street, recientemente demolida, habrá sido construída, o al menos remodelada, mientras el doctor Leigh fue su director, ya que los escudos de armas de Leigh fueron colocados en la cornisa de la esquina cercana a las puertas de Trinity. El hermoso edificio erigido con posterioridad destruyó este detalle, por lo cual «los monumentos, en sí mismos, necesitan conmemoración».

Su fama de conversador ingenioso y ameno se extendió más allá de la Universidad. La señora Thrale, en una carta al doctor Johnson, dijo: «¿Conoce usted al doctor Leigh[6], el director de Balliol College? ¿No le

5   Parece haber habido algunas dudas sobre la validez de esta elección, ya que Hearne afirma que se remitió al Visitador, quien la confirmó. (Hearne, *Diarios (Diaries)*).
6   La señora Thrale escribe «Dr. *Lee*», pero no cabe duda alguna sobre la identidad de la persona.

College, and are you not delighted with his gaiety of manners and youthful vivacity, now that he is eighty-six years of age? I never heard a more perfect or excellent pun than his, when some one told him how, in a late dispute among the Privy Councillors, the Lord Chancellor struck the table with such violence that he split it. "No, no, no," replied the Master; "I can hardly persuade myself that he *split* the *table*, though I believe he *divided* the *Board*."'

Some of his sayings of course survive in family tradition. He was once calling on a gentleman notorious for never opening a book, who took him into a room overlooking the Bath Road, which was then a great thoroughfare for travellers of every class, saying rather pompously, 'This, Doctor, I call my study.' The Doctor, glancing his eye round the room, in which no books were to be seen, replied, 'And very well named too, sir, for you know Pope tells us, "The proper *study* of mankind is *Man*."' When my father went to Oxford he was honoured with an invitation to dine with this dignified cousin. Being a raw undergraduate, unaccustomed to the habits of the University, he was about to take off his gown, as if it were a great coat, when the old man, then considerably turned eighty, said, with a grim smile, 'Young man, you need not strip: we are not going to fight.' This humour remained in him so strongly to the last that he might almost have supplied Pope with another instance of 'the ruling passion strong in death,' for only three days before he expired, being told that an old acquaintance was lately married, having recovered from a long illness by eating eggs, and that the wits said that he had been egged on to matrimony, he immediately trumped the joke, saying, 'Then may the yoke sit easy on him.' I do not know from what common ancestor the Master of Balliol and his great-niece Jane Austen, with some others of the family, may have derived the keen sense of humour which they certainly possessed.

Mr. and Mrs. George Austen resided first at Deane, but removed in 1771 to Steventon, which was their residence for about thirty years. They commenced their married life with the charge of a little child, a son of the celebrated Warren Hastings, who had been committed to the care of Mr. Austen before his marriage, probably through the influence of his sister, Mrs. Hancock, whose husband at that time held some office under Hastings in India. Mr. Gleig, in his 'Life of Hastings,' says that his son George, the offspring of his first marriage, was

parece encantador, a sus ochenta y seis años, con sus coloridas maneras y jovial vivacidad? Nunca escuché juegos de palabras más perfectos y magistrales que los suyos. Cuando alguien le contó cómo, en una disputa acerca de los Consejeros Privados, el presidente de la cámara golpeó la mesa con tanta violencia que la quebró, él respondió: "No, no, no. Apenas puedo convencerme a mí mismo de que quebró la mesa. Pero sí creo que dividió el tablero [el Consejo]"».

Como era de esperar, algunos de sus dichos sobrevivieron en la tradición familiar. En una ocasión, un hombre conocido por nunca abrir un libro lo llevó a una habitación con vistas a Bath Road, que en esa época era una vía pública para los viajeros de toda clase, y dijo pomposamente: «Esta, doctor, es la que yo llamo mi biblioteca». El doctor, observando que en dicha habitación no había libros a la vista, le contestó: «Y está muy bien denominada así, señor. Ya sabe que Pope ha dicho: "La verdadera biblioteca de la humanidad es el Hombre"». Cuando mi padre estaba en Oxford fue honrado con una invitación a comer con su honorable primo. Siendo aún un estudiante, no aclimatado a las costumbres universitarias, estaba a punto de quitarse la chaqueta, como si se tratara de un abrigo, cuando el anciano, con más de ochenta años en ese momento, le dijo con una forzada sonrisa: «Joven, no hay necesidad de desvestirse. No vamos a luchar». Este humor, que lo acompañó firme hasta sus últimos días, casi podría haberle proporcionado a Pope otro ejemplo de «la pasión dominante y fuerte en la muerte».

Desconozco de qué antepasado común han heredado el agudo sentido del humor que indudablemente compartían el doctor Leigh, su sobrina nieta Jane Austen y otros miembros de la familia.

George Austen y su esposa residieron primero en Deane y luego, en 1771, se mudaron a Steventon, que fue su residencia durante treinta años. Comenzaron su vida de casados teniendo un niño pequeño bajo su tutela, hijo del célebre Warren Hastings, que había quedado a cargo del señor Austen antes de su matrimonio. En ese entonces, el padre del niño trabajaba en la India con el señor Hancock, casado con la hermana del señor Austen, y es muy probable que ella misma hubiera sugerido la tutela. El señor Gleig, en su libro *La vida de los Hastings,* comenta que el

sent to England in 1761 for his education, but that he had never been able to ascertain to whom this precious charge was entrusted, nor what became of him. I am able to state, from family tradition, that he died young, of what was then called putrid sore throat; and that Mrs. Austen had become so much attached to him that she always declared that his death had been as great a grief to her as if he had been a child of her own.

About this time, the grandfather of Mary Russell Mitford, Dr. Russell, was Rector of the adjoining parish of Ashe; so that the parents of two popular female writers must have been intimately acquainted with each other.

As my subject carries me back about a hundred years, it will afford occasions for observing many changes gradually effected in the manners and habits of society, which I may think it worth while to mention. They may be little things, but time gives a certain importance even to trifles, as it imparts a peculiar flavour to wine. The most ordinary articles of domestic life are looked on with some interest, if they are brought to light after being long buried; and we feel a natural curiosity to know what was done and said by our forefathers, even though it may be nothing wiser or better than what we are daily doing or saying ourselves. Some of this generation may be little aware how many conveniences, now considered to be necessaries and matters of course, were unknown to their grandfathers and grandmothers. The lane between Deane and Steventon has long been as smooth as the best turnpike road; but when the family removed from the one residence to the other in 1771, it was a mere cart track, so cut up by deep ruts as to be impassable for a light carriage. Mrs. Austen, who was not then in strong health, performed the short journey on a feather-bed, placed upon some soft articles of furniture in the waggon which held their household goods. In those days it was not unusual to set men to work with shovel and pickaxe to fill up ruts and holes in roads seldom used by carriages, on such special occasions as a funeral or a wedding. Ignorance and coarseness of language also were still lingering even upon higher levels of society than might have been expected to retain such mists. About this time, a neighbouring squire, a man of many acres, referred the following difficulty to Mr. Austen's decision: 'You know all about these sort of things. Do tell us. Is Paris in France, or France in Paris? for my wife has been disputing with me about

niño, George, era hijo del primer matrimonio del señor Hastings y que fue enviado a Inglaterra en 1761 para su educación, y que nunca pudo aseverar con seguridad quién recibió al niño o qué fue de su vida. Estoy en condiciones de asegurar, por información familiar, que el niño murió siendo pequeño de lo que se denominaba en ese entonces garganta pútrida, y que para la señora Austen fue una gran pérdida, porque se había encariñado con el pequeño como si hubiera sido propio.

En esa época, el doctor Russell, abuelo de Mary Russell Mitford, era el rector de la lindera parroquia Ashe, con lo cual los padres de las dos famosas escritoras posiblemente se hayan conocido de forma muy personal.

Como mi historia me hace remontar a unos cien años atrás, tendré ocasión de observar los cambios que gradualmente afectaron los hábitos y los modales de la sociedad y que considero que son dignos de ser mencionados. Pueden ser pequeñas cosas, pero el tiempo da cierta importancia incluso a las nimiedades, del mismo modo que le otorga un sabor peculiar al vino. Los artículos domésticos más comunes de la época se aprecian con renovado interés, como si hubieran sido desenterrados luego de un largo tiempo, y es natural sentir curiosidad sobre lo que hacían y decían nuestros mayores, aunque no haya sido nada más sabio o mejor que lo que hacemos o decimos en nuestros días. Muchos de mi generación pueden no conocer cuántas comodidades, ahora consideradas necesarias y comunes, eran desconocidas por nuestros abuelos. El camino entre Deane y Steventon es, desde hace mucho tiempo, llano y transitable; pero cuando la familia se mudó de una residencia a otra en 1771 era tan solo un surco para carros con baches tan profundos que lo hacían intransitable para un carruaje ligero. La señora Austen, que ya en ese entonces no contaba con una buena salud, hizo el corto viaje acostada en una cama de plumas colocada entre muebles en el carruaje que transportaba sus pertenencias. No era inusual ver hombres trabajando con palas y picos para rellenar surcos y agujeros en caminos rara vez utilizados por carruajes para ocasiones especiales como un funeral o una boda. La ignorancia y el lenguaje grosero existían incluso en niveles sociales más elevados de lo que se podía esperar que tuvieran tales vicios. En esa época, un hacendado vecino que poseía muchos acres pidió la opinión del señor Austen sobre una discusión: «Usted, que parece saber todo sobre estas cosas, díganos: ¿París está en Francia, o Francia en París? Mi esposa y yo hemos estado discutiendo

it.' The same gentleman, narrating some conversation which he had heard between the rector and his wife, represented the latter as beginning her reply to her husband with a round oath; and when his daughter called him to task, reminding him that Mrs. Austen never swore, he replied, 'Now, Betty, why do you pull me up for nothing? that's neither here nor there; you know very well that's only *my way of telling the story.*' Attention has lately been called by a celebrated writer to the inferiority of the clergy to the laity of England two centuries ago. The charge no doubt is true, if the rural clergy are to be compared with that higher section of country gentlemen who went into parliament, and mixed in London society, and took the lead in their several counties; but it might be found less true if they were to be compared, as in all fairness they ought to be, with that lower section with whom they usually associated. The smaller landed proprietors, who seldom went farther from home than their county town, from the squire with his thousand acres to the yeoman who cultivated his hereditary property of one or two hundred, then formed a numerous class—each the aristocrat of his own parish; and there was probably a greater difference in manners and refinement between this class and that immediately above them than could now be found between any two persons who rank as gentlemen. For in the progress of civilisation, though all orders may make some progress, yet it is most perceptible in the lower. It is a process of 'levelling up;' the rear rank 'dressing up,' as it were, close to the front rank. When Hamlet mentions, as something which he had 'for *three years taken* note of,' that 'the toe of the peasant comes so near the heel of the courtier,' it was probably intended by Shakspeare as a satire on his own times; but it expressed a principle which is working at all times in which society makes any progress. I believe that a century ago the improvement in most country parishes began with the clergy; and that in those days a rector who chanced to be a gentleman and a scholar found himself superior to his chief parishioners in information and manners, and became a sort of centre of refinement and politeness.

Mr. Austen was a remarkably good-looking man, both in his youth and his old age. During his year of office at Oxford he had been called the 'handsome Proctor;' and at Bath, when more than seventy years old, he attracted observation by his fine features and abundance of

sobre ello». Ese mismo caballero, al relatar una conversación que había oído entre el rector y su esposa, dijo que esta última había comenzado la respuesta a su marido con una grosería, y cuando su hija lo reprendió, recordándole que la señora Austen nunca maldecía, él respondió: «Vaya, Betty, ¿por qué me regañas? Eso no viene al caso; sabes muy bien que es solo *mi forma de contar la historia»*. Un célebre escritor ha hecho referencia recientemente a la inferioridad del clero sobre los laicos en la Inglaterra de hace dos siglos atrás. La observación es verdadera si se compara al clero rural con la mejor selección de caballeros de esas zonas, como por ejemplo con quienes asistían al Parlamento o se habían mezclado con la sociedad londinense y luego fueron figuras reconocidas en sus condados; pero es menos cierta si la comparación, con toda la franqueza que merece, se establece con el bajo nivel con el que habitualmente se relacionaba el clero, compuesto por los propietarios de pequeñas parcelas que en general nunca viajaban más allá de su pueblo, el hacendado con sus mil acres o el terrateniente que cultivaba su propiedad hereditaria de cien o doscientos. Ellos formaban una clase numerosa que era considerada la aristocracia de su propia parroquia. Es posible que existiera una gran diferencia de modales y refinamiento entre esta clase y la inmediatamente superior, si se compara con la que se puede encontrar hoy en día entre dos personas que se consideran caballeros. Porque para el progreso de una civilización debe haber cierto progreso en todos los órdenes, aunque sea menos perceptible en los niveles inferiores. Es un proceso de nivelar «para arriba»; la última fila se «arregla», por así decirlo, para estar cerca de la primera fila. Cuando Hamlet mencionaba algo de lo que había «tomado nota durante tres años» sobre que «el dedo del pie del campesino se acerca mucho al talón del cortesano», es probable que Shakespeare pretendiera hacer una sátira de su propia época, pero que expresara un principio que funciona siempre que la sociedad hace algún progreso. Creo que, un siglo atrás, las mejoras en la mayoría de las parroquias del país comenzaban con los clérigos; y si en esos tiempos el rector era, por azar, un caballero y una persona formada, podía sentirse por encima de sus más importantes feligreses en cuanto a información y modales, y podía volverse un ejemplo de refinamiento y educación.

El señor Austen fue un hombre notablemente atractivo, tanto en su juventud como en su vejez; tanto es así que durante el año que pasó en Oxford fue llamado el «supervisor atractivo» y en Bath, con más de setenta años de edad, llamaban la atención sus rasgos finos y su abun-

snow-white hair. Being a good scholar he was able to prepare two of his sons for the University, and to direct the studies of his other children, whether sons or daughters, as well as to increase his income by taking pupils.

In Mrs. Austen also was to be found the germ of much of the ability which was concentrated in Jane, but of which others of her children had a share. She united strong common sense with a lively imagination, and often expressed herself, both in writing and in conversation, with epigrammatic force and point. She lived, like many of her family, to an advanced age. During the last years of her life she endured continual pain, not only patiently but with characteristic cheerfulness. She once said to me, 'Ah, my dear, you find me just where you left me—on the sofa. I sometimes think that God Almighty must have forgotten me; but I dare say He will come for me in His own good time.' She died and was buried at Chawton, January 1827, aged eighty-eight.

***

Her own family were so much, and the rest of the world so little, to Jane Austen, that some brief mention of her brothers and sister is necessary in order to give any idea of the objects which principally occupied her thoughts and filled her heart, especially as some of them, from their characters or professions in life, may be supposed to have had more or less influence on her writings: though I feel some reluctance in bringing before public notice persons and circumstances essentially private.

Her eldest brother James, my own father, had, when a very young man, at St. John's College, Oxford, been the originator and chief supporter of a periodical paper called 'The Loiterer,' written somewhat on the plan of the 'Spectator' and its successors, but nearly confined to subjects connected with the University. In after life he used to speak very slightingly of this early work, which he had the better right to do, as, whatever may have been the degree of their merits, the best papers had certainly been written by himself. He was well read in English literature, had a correct taste, and wrote readily and happily, both in prose and verse. He was more than ten years older than Jane, and had, I believe, a large share in directing her reading

dante cabellera blanca. Siendo un buen académico, como lo fue, estuvo capacitado para preparar a sus hijos para asistir a la Universidad, para dirigir los estudios de otros niños, tanto varones como mujeres, y también para tomar pupilos con el fin de incrementar sus ingresos.

En la señora Austen también se encontraba el germen de gran parte de la capacidad que estaba concentrada en Jane, pero que también se podía encontrar en sus otros hijos. Era la fusión de un fuerte sentido común con una imaginación vivaz, que con frecuencia se expresaba tanto en una conversación como en sus escritos, con una fuerza concisa y concreta. Vivió, como muchos otros de su familia, hasta una edad avanzada. Durante los últimos años de su vida sobrellevó el dolor no solo con paciencia sino con su entusiasmo característico. Una vez me dijo: «Ah, mi querido, me encuentras tal como me has dejado la última vez, en el sofá. A veces pienso que Dios todopoderoso me ha olvidado, pero me atrevo a decir que vendrá por mí cuando él lo considere». Murió y fue enterrada en Chawton, en enero de 1827, a los ochenta y ocho años.

***

Para Jane Austen su familia era todo, y el resto del mundo, muy poco. Por eso es que, aunque siento cierta reticencia en sacar a la luz a personas y circunstancias esencialmente privadas, se hace necesaria una breve mención de sus hermanos para poder dar una idea de las cosas que básicamente ocupaban los pensamientos y el corazón de mi tía. Pero también porque algunos de ellos, debido a su personalidad o profesión, creo que han tenido cierto grado de influencia en sus escritos.

James era su hermano mayor y mi padre. Siendo muy joven, en St. John's College en Oxford, fue el creador y principal impulsor de un periódico llamado *El vagabundo,* escrito de alguna forma siguiendo el plan del *Spectator* y sus sucesores, pero casi limitado a temas relacionados con la Universidad. Años más tarde solía hablar con ligereza de ese primer trabajo, lo cual era su derecho; pero cualquiera que haya sido el grado de sus méritos, los mejores artículos, sin duda, habían sido escritos por él. Era un erudito en literatura inglesa, tenía buen gusto y escribía con facilidad y sensibilidad tanto en verso como en prosa. Era diez años mayor que Jane y creo que tuvo una gran participación en la elección de sus lecturas y en la formación de sus intereses.

and forming her taste.

Her second brother, Edward, had been a good deal separated from the rest of the family, as he was early adopted by his cousin, Mr. Knight, of Godmersham Park in Kent and Chawton House in Hampshire; and finally came into possession both of the property and the name. But though a good deal separated in childhood, they were much together in after life, and Jane gave a large share of her affections to him and his children. Mr. Knight was not only a very amiable man, kind and indulgent to all connected with him, but possessed also a spirit of fun and liveliness, which made him especially delightful to all young people.

Her third brother, Henry, had great conversational powers, and inherited from his father an eager and sanguine disposition. He was a very entertaining companion, but had perhaps less steadiness of purpose, certainly less success in life, than his brothers. He became a clergyman when middle-aged; and an allusion to his sermons will be found in one of Jane's letters. At one time he resided in London, and was useful in transacting his sister's business with her publishers.

Her two youngest brothers, Francis and Charles, were sailors during that glorious period of the British navy which comprises the close of the last and the beginning of the present century, when it was impossible for an officer to be almost always afloat, as these brothers were, without seeing service which, in these days, would be considered distinguished. Accordingly, they were continually engaged in actions of more or less importance, and sometimes gained promotion by their success. Both rose to the rank of Admiral, and carried out their flags to distant stations.

Francis lived to attain the very summit of his profession, having died, in his ninety-third year, G.C.B. and Senior Admiral of the Fleet, in 1865. He possessed great firmness of character, with a strong sense of duty, whether due from himself to others, or from others to himself. He was consequently a strict disciplinarian; but, as he was a very religious man, it was remarked of him (for in those days, at least, it was remarkable) that he maintained this discipline without ever uttering an oath or permitting one in his presence. On one occasion, when ashore in a seaside town, he was spoken of as '*the* officer

Edward, el segundo hermano, vivió alejado de la familia, ya que fue adoptado siendo niño por su primo, el señor Knight de Godmersham Park en Kent y Chawton House en Hampshire, obteniendo finalmente el nombre y las posesiones de esa familia. Pero si bien fueron separados en la infancia, Jane y Edward compartieron mucho tiempo de adultos. Jane les tenía gran afecto tanto a él como a sus hijos. El señor Knight no solo era un hombre amigable, atento e indulgente con todos sus allegados, sino que también poseía un espíritu alegre y vivaz que lo hacía popular entre los jóvenes.

Su tercer hermano, Henry, tenía grandes dotes de conversación y heredó de su padre su carácter entusiasta y optimista. Era un compañero muy entretenido, pero tal vez tenía menos firmeza de propósito y ciertamente tuvo menos éxito en la vida que sus hermanos. Se dedicó a la iglesia siendo adulto y se pueden encontrar menciones a sus sermones en las cartas de Jane. En algún momento vivió en Londres y fue quien ayudó a mantener la correspondencia comercial entre Jane y sus editores.

Sus dos hermanos menores, Francis y Charles, fueron marinos en el glorioso periodo de la marina británica que comprende el final del siglo pasado y el comienzo del presente, cuando era imposible para un oficial no estar a bordo cumpliendo su servicio. Este era el caso de ambos hermanos, lo cual en esa época era considerado una distinción. Se sabe que estaban contínuamente involucrados en acciones más o menos importantes y que obtuvieron promociones por sus éxitos. Ambos llegaron al rango de almirante y sirvieron en puestos lejanos.

Francis vivió para su profesión y murió en 1865 a los noventa y tres años como caballero de la Orden del Baño y almirante mayor de flota. Poseía un carácter firme y un fuerte sentido del deber, tanto para él mismo como para los demás y de los demás hacia él. Era una persona estricta y disciplinada pero también muy religiosa, por lo cual era notable, o al menos en esa época era notable, que mantuviera la disciplina sin decir groserías o permitirlas en su presencia. En una ocasión, estando en una ciudad portuaria, fue mencionado como «*el* oficial que se arrodillaba en la iglesia», una costumbre que hoy afortunadamente no se

who kneeled at church;' a custom which now happily would not be thought peculiar.

Charles was generally serving in frigates or sloops; blockading harbours, driving the ships of the enemy ashore, boarding gun-boats, and frequently making small prizes. At one time he was absent from England on such services for seven years together. In later life he commanded the Bellerophon, at the bombardment of St. Jean d'Acre in 1840. In 1850 he went out in the Hastings, in command of the East India and China station, but on the breaking out of the Burmese war he transferred his flag to a steam sloop, for the purpose of getting up the shallow waters of the Irrawaddy, on board of which he died of cholera in 1852, in the seventy-fourth year of his age. His sweet temper and affectionate disposition, in which he resembled his sister Jane, had secured to him an unusual portion of attachment, not only from his own family, but from all the officers and common sailors who served under him. One who was with him at his death has left this record of him: 'Our good Admiral won the hearts of all by his gentleness and kindness while he was struggling with disease, and endeavouring to do his duty as Commander-in-chief of the British naval forces in these waters. His death was a great grief to the whole fleet. I know that I cried bitterly when I found he was dead.' The Order in Council of the Governor-General of India, Lord Dalhousie, expresses 'admiration of the staunch high spirit which, notwithstanding his age and previous sufferings, had led the Admiral to take his part in the trying service which has closed his career.'

These two brothers have been dwelt on longer than the others because their honourable career accounts for Jane Austen's partiality for the Navy, as well as for the readiness and accuracy with which she wrote about it. She was always very careful not to meddle with matters which she did not thoroughly understand. She never touched upon politics, law, or medicine, subjects which some novel writers have ventured on rather too boldly, and have treated, perhaps, with more brilliancy than accuracy. But with ships and sailors she felt herself at home, or at least could always trust to a brotherly critic to keep her right. I believe that no flaw has ever been found in her seamanship either in 'Mansfield Park' or in 'Persuasion.'

But dearest of all to the heart of Jane was her sister Cassandra,

consideraría peculiar.

Charles sirvió habitualmente en fragatas o balandras que bloqueaban puertos, hacían retroceder los barcos enemigos, abordaban cañoneras y, con frecuencia, capturaban pequeños premios. En una ocasión se ausentó de Inglaterra en servicio por siete años consecutivos. Estuvo al mando del Bellerophon cuando bombardeó St. Jean d'Acre en 1840, y en 1850 salió de Hastings al mando de la estación de las Indias Orientales y China. Al estallar la guerra de Birmania trasladó su bandera a un balandro de vapor con el propósito de subir por las aguas poco profundas del Irrawaddy, y fue allí donde murió de cólera en 1852 a los setenta y cuatro años. Su temperamento amable y su disposición afectuosa, parecida a la de su hermana Jane, le aseguraron un inusual vínculo no solo con su propia familia sino también con otros oficiales y marinos que sirvieron bajo su mando. Uno de ellos, que estuvo a su lado en el momento de su muerte, dijo sobre él: «Nuestro buen almirante ganó los corazones de todos con su amabilidad y gentileza, mientras batallaba contra su enfermedad y cumplía con su deber de comandante en jefe de las fuerzas navales británicas en estas aguas. Su muerte significa un gran pesar para toda la flota. Sé que lloré amargamente cuando supe la noticia». Lord Dalhousie, Gobernador General de la India, expresó en una Orden de Consejo su «admiración por su espíritu firme y elevado que, a pesar de su edad y de sus enfermedades previas, había llevado al almirante a tomar parte del difícil servicio con el que ha puesto fin a su carrera».

Se ha hablado más de estos dos hermanos que de los otros, y sus honorables carreras explican la afición de Jane Austen por la Marina, de la cual escribía con gusto y con precisión aunque siempre cuidando de no involucrarse en temas que no comprendía completamente. Nunca escribió sobre política, medicina, leyes o temas que algunos escritores sin experiencia se hubieran atrevido a tratar con más ingenio que fidelidad. Pero entre barcos y marinos Jane se sentía como en su casa, o al menos siempre podía confiar en la crítica amable de alguno de sus hermanos para corregirla. Creo que nunca se encontraron errores en los conocimientos náuticos mostrados en *Mansfield Park* o *Persuasión*.

Pero la más querida de sus hermanos era Cassandra, tres años mayor

about three years her senior. Their sisterly affection for each other could scarcely be exceeded. Perhaps it began on Jane's side with the feeling of deference natural to a loving child towards a kind elder sister. Something of this feeling always remained; and even in the maturity of her powers, and in the enjoyment of increasing success, she would still speak of Cassandra as of one wiser and better than herself. In childhood, when the elder was sent to the school of a Mrs. Latournelle, in the Forbury at Reading, the younger went with her, not because she was thought old enough to profit much by the instruction there imparted, but because she would have been miserable without her sister; her mother observing that 'if Cassandra were going to have her head cut off, Jane would insist on sharing her fate.' This attachment was never interrupted or weakened. They lived in the same home, and shared the same bed-room, till separated by death. They were not exactly alike. Cassandra's was the colder and calmer disposition; she was always prudent and well judging, but with less outward demonstration of feeling and less sunniness of temper than Jane possessed. It was remarked in her family that 'Cassandra had the *merit* of having her temper always under command, but that Jane had the *happiness* of a temper that never required to be commanded.' When 'Sense and Sensibility' came out, some persons, who knew the family slightly, surmised that the two elder Miss Dashwoods were intended by the author for her sister and herself; but this could not be the case. Cassandra's character might indeed represent the '*sense*' of Elinor, but Jane's had little in common with the '*sensibility*' of Marianne. The young woman who, before the age of twenty, could so clearly discern the failings of Marianne Dashwood, could hardly have been subject to them herself.

This was the small circle, continually enlarged, however, by the increasing families of four of her brothers, within which Jane Austen found her wholesome pleasures, duties, and interests, and beyond which she went very little into society during the last ten years of her life. There was so much that was agreeable and attractive in this family party that its members may be excused if they were inclined to live somewhat too exclusively within it. They might see in each other much to love and esteem, and something to admire. The family talk had abundance of spirit and vivacity, and was never troubled by disagreements even in little matters, for it was not their habit to dispute or argue with each other: above all, there was strong family affection

que Jane. Su afecto mutuo difícilmente haya podido superarse. Quizás la adoración haya nacido de Jane hacia su hermana mayor, y ese sentimiento perduró por siempre. Incluso en la madurez de su talento y en su creciente suceso, Jane se refería a Cassandra como más lista y mejor que ella misma. Durante su infancia, mientras su hermana iba a la escuela de la señora Latournelle en Forbury, Reading, Jane la acompañaba, y no porque ya tuviera la edad suficiente para aprovechar la educación que impartían, sino porque se sentía triste sin su hermana. Su madre decía: «Si Cassandra va a que le corten la cabeza, Jane insistirá en compartir ese destino». Este apego nunca se interrumpió o se debilitó: vivieron en la misma casa y compartieron la misma habitación hasta que las separó la muerte. No eran parecidas; Cassandra era más fría y calma, siempre prudente y juiciosa, menos demostrativa de sus sentimientos y con un temperamento menos alegre que el de Jane. En la familia se decía que «Cassandra tenía el *mérito* de controlar siempre su temperamento, pero que Jane tenía la *suerte* de poseer un temperamento que nunca necesitaba ser controlado». Cuando *Sentido y sensibilidad* fue publicado, algunas personas que conocían poco a la familia supusieron que las dos hermanas mayores Dashwood representaban a la autora y a su hermana, pero no era así. El temperamento de Cassandra podría representar el «sentido» de Elinor, pero Jane tenía poco en común con la «sensibilidad» de Marianne: la joven Jane que, antes de cumplir veinte años, pudo discernir tan claramente los defectos de Marianne Dashwood, difícilmente podría haberlos tenido ella misma.

Este círculo íntimo se incrementaba continuamente con las familias que formaron sus hermanos, en el que Jane Austen encontró sanos placeres, deberes e intereses. Durante los últimos diez años de su vida se relacionó muy poco con la sociedad por fuera de ese círculo íntimo. Era tan agradable y atractiva la vida familiar que se puede disculpar a sus miembros por volcarse a vivir exclusivamente dentro de ella. Se tenían mucho amor, estima y admiración. Las conversaciones familiares eran vivaces y llenas de energía, nunca atravesadas por desacuerdos, ni siquiera en pequeños asuntos, por lo que no era habitual que hubiera disputas. Por sobre todas las cosas, había un fuerte afecto y unión que no se quebraba, salvo por la muerte. No cabe duda de la influencia que estas

and firm union, never to be broken but by death. It cannot be doubted that all this had its influence on the author in the construction of her stories, in which a family party usually supplies the narrow stage, while the interest is made to revolve round a few actors.

It will be seen also that though her circle of society was small, yet she found in her neighbourhood persons of good taste and cultivated minds. Her acquaintance, in fact, constituted the very class from which she took her imaginary characters, ranging from the member of parliament, or large landed proprietor, to the young curate or younger midshipman of equally good family; and I think that the influence of these early associations may be traced in her writings, especially in two particulars. First, that she is entirely free from the vulgarity, which is so offensive in some novels, of dwelling on the outward appendages of wealth or rank, as if they were things to which the writer was unaccustomed; and, secondly, that she deals as little with very low as with very high stations in life. She does not go lower than the Miss Steeles, Mrs. Elton, and John Thorpe, people of bad taste and underbred manners, such as are actually found sometimes mingling with better society. She has nothing resembling the Brangtons, or Mr. Dubster and his friend Tom Hicks, with whom Madame D'Arblay loved to season her stories, and to produce striking contrasts to her well bred characters.

STEVENTON PARSONAGE

vivencias han tenido en Jane a la hora de construir sus historias, en las cuales una reunión familiar aportaba un pequeño escenario y el interés giraba en torno a un puñado de actores.

Si bien su círculo social era pequeño, Jane encontró entre sus vecinos a personas con buen gusto y mentes cultivadas. Sus conocidos formaban parte de esa clase social en la que ella ubicaba a sus personajes imaginarios, tales como miembros del parlamento, grandes terratenientes, jóvenes párrocos o navegantes de buenas familias; y creo que la influencia de esas relaciones pueden encontrarse en sus escritos, en especial en dos aspectos: primero, están completamente libres de vulgaridades, que son tan ofensivas en algunas novelas —como, por ejemplo, detenerse en rasgos superficiales de la riqueza o el rango, como si fueran circunstancias a las que el escritor no está acostumbrado—; y segundo, se ocupa tanto de las posiciones sociales altas como de las bajas. No desciende más que hasta la señorita Steele, la señora Elton o John Thorpe, que son personajes con mal gusto y malos modales que se pueden mezclar algunas veces con la buena sociedad. No se encuentran entre sus personajes a nadie como los Brangston, el señor Dubstep y su amigo Tom Hicks a quien madame D'Arblay amaba para sazonar sus historias y para contrastar notablemente con sus personajes bien educados.

CHAPTER II

Description of Steventon—Life at Steventon—Changes of Habits and Customs in the last Century.

As the first twenty-five years, more than half of the brief life of Jane Austen, were spent in the parsonage of Steventon, some description of that place ought to be given. Steventon is a small rural village upon the chalk hills of north Hants, situated in a winding valley about seven miles from Basingstoke. The South-Western railway crosses it by a short embankment, and, as it curves round, presents a good view of it on the left hand to those who are travelling down the line, about three miles before entering the tunnel under Popham Beacon. It may be known to some sportsmen, as lying in one of the best portions of the Vine Hunt. It is certainly not a picturesque country; it presents no grand or extensive views; but the features are small rather than plain. The surface continually swells and sinks, but the hills are not bold, nor the valleys deep; and though it is sufficiently well clothed with woods and hedgerows, yet the poverty of the soil in most places prevents the timber from attaining a large size. Still it has its beauties. The lanes wind along in a natural curve, continually fringed with irregular borders of native turf, and lead to pleasant nooks and corners. One who knew and loved it well very happily expressed its quiet charms, when he wrote

> True taste is not fastidious, nor rejects,
> Because they may not come within the rule
> Of composition pure and picturesque,
> Unnumbered simple scenes which fill the leaves
> Of Nature's sketch book.

Of this somewhat tame country, Steventon, from the fall of the ground, and the abundance of its timber, is certainly one of the prettiest spots; yet one cannot be surprised that, when Jane's mother, a little before her marriage, was shown the scenery of her future home, she should have thought it unattractive, compared with the broad river, the rich valley, and the noble hills which she had been accustomed to behold at her native home near Henley-upon-Thames.

CAPÍTULO II

Descripción de Steventon. La vida en Steventon. Los cambios de hábitos y costumbres en el último siglo.

Como los primeros veinticinco años de vida de Jane Austen —que equivalen a más de la mitad de su corta vida— transcurrieron en la parroquia de Steventon, considero que es necesario hacer una descripción del lugar.

Steventon es una pequeña aldea rural enclavada en las calizas colinas del norte de Hants, en un sinuoso valle a siete millas de Basingstoke. El ferrocarril del suroeste la cruza por un corto trecho y, luego de una curva, ofrece una buena vista del poblado a la izquierda, para quienes viajan por la línea, unas tres millas antes de entrar al túnel de Popham Beacon. Puede que ciertos deportistas conozcan el área, ya que comparte algunas de las mejores porciones de Vine Hunt. No es una zona pintoresca, grandiosa o de paisajes extensos; sus cualidades son pequeñas, no evidentes. La superficie sube y baja continuamente, pero las colinas no son abruptas ni los valles profundos; y aunque se pueden encontrar suficientes bosques y setos, la pobreza del suelo impide que los árboles alcancen grandes dimensiones. Aun así, conserva sus bellezas. Los senderos serpentean a lo largo de una curva natural, con bordes irregulares de césped nativo, que conducen a agradables rincones y recovecos. Una persona que los conocía y apreciaba se expresó con entusiasmo sobre sus tranquilos encantos:

> El verdadero gusto no es fastidioso ni rechaza
> porque no se ajusten a la regla
> de una composición pura y pintoresca.
> Innumerables escenas sencillas llenan las hojas
> del cuaderno de bocetos de la naturaleza.

Pero en esta región poco atractiva Steventon es, por la pendiente de su terreno y por la abundancia de su madera, uno de los lugares más bonitos. Por eso no deja de sorprender que la madre de Jane, cuando conoció su futuro hogar poco antes de casarse, lo haya considerado poco atractivo, comparado con el ancho río, el rico valle y las nobles colinas que estaba acostumbrada a contemplar en su hogar natal cerca de Henley-upon-Thames.

The house itself stood in a shallow valley, surrounded by sloping meadows, well sprinkled with elm trees, at the end of a small village of cottages, each well provided with a garden, scattered about prettily on either side of the road. It was sufficiently commodious to hold pupils in addition to a growing family, and was in those times considered to be above the average of parsonages; but the rooms were finished with less elegance than would now be found in the most ordinary dwellings. No cornice marked the junction of wall and ceiling; while the beams which supported the upper floors projected into the rooms below in all their naked simplicity, covered only by a coat of paint or whitewash: accordingly it has since been considered unworthy of being the Rectory house of a family living, and about forty-five years ago it was pulled down for the purpose of erecting a new house in a far better situation on the opposite side of the valley.

North of the house, the road from Deane to Popham Lane ran at a sufficient distance from the front to allow a carriage drive, through turf and trees. On the south side the ground rose gently, and was occupied by one of those old-fashioned gardens in which vegetables and flowers are combined, flanked and protected on the east by one of the thatched mud walls common in that country, and overshadowed by fine elms. Along the upper or southern side of this garden, ran a terrace of the finest turf, which must have been in the writer's thoughts when she described Catharine Morland's childish delight in 'rolling down the green slope at the back of the house.'

But the chief beauty of Steventon consisted in its hedgerows. A hedgerow, in that country, does not mean a thin formal line of quickset, but an irregular border of copse-wood and timber, often wide enough to contain within it a winding footpath, or a rough cart track. Under its shelter the earliest primroses, anemones, and wild hyacinths were to be found; sometimes, the first bird's-nest; and, now and then, the unwelcome adder. Two such hedgerows radiated, as it were, from the parsonage garden. One, a continuation of the turf terrace, proceeded westward, forming the southern boundary of the home meadows; and was formed into a rustic shrubbery, with occasional seats, entitled 'The Wood Walk.' The other ran straight up the hill, under the name of 'The Church Walk,' because it led to the parish church, as well as to a fine old manor-house, of Henry VIII.'s

La casa en sí estaba ubicada en un valle poco profundo, rodeado de prados en pendiente plantados con olmos, al final de un pequeño pueblo de cabañas, cada una de ellas bien provista de un jardín, esparcidas con gracia a ambos lados de la carretera. Era lo suficientemente cómoda como para albergar tanto a los pupilos como a una familia en crecimiento y se la consideraba mejor que el común de las casas parroquiales, aunque las habitaciones eran menos elegantes que las que se podían encontrar en viviendas más comunes. No tenía molduras que dividieran la línea entre las paredes y el techo, mientras que las vigas que sostenían los pisos superiores se proyectaban hacia las habitaciones inferiores con cruda simplicidad, cubiertas solo con una capa de pintura. Desde entonces se ha considerado inapropiada para servir como casa del rector y como vivienda familiar, por lo cual, hace aproximadamente cuarenta y cinco años fue demolida con el propósito de edificar una casa mejor en el lado opuesto del valle.

Al norte de la casa, el camino que va de Deane a Popham Lane pasaba a una distancia suficiente del frente como para permitir el paso de un carruaje a través del césped y de los árboles. Hacia el sur, el terreno se elevaba ligeramente y tenía un anticuado jardín compuesto por flores y vegetales, protegido hacia el este por la sombra de bellos olmos y por una de esas paredes de barro con borde de paja tan comunes en la zona. A lo largo del lado más alto o sur de este jardín había una terraza con un impresionante césped, que debe haber estado en los pensamientos de la escritora cuando describió el deleite infantil de Catharine Morland al «rodar por la pendiente verde en la parte trasera de la casa».

Pero el principal atractivo de Steventon eran sus setos verdes. En esa zona, un seto no formaba una delgada línea de rápido crecimiento sino un borde irregular de bosquecillo y madera, a menudo lo suficientemente ancho como para formar un sendero sinuoso o un camino irregular para carruajes. Bajo su protección se encontraban las primeras prímulas, anémonas y jacintos silvestres; a veces, el primer nido de pájaros o una molesta víbora. Dos de esos setos partían del jardín de la parroquia. Uno, como continuación de la terraza de césped, seguía hacia el oeste formando el límite sur entre la casa y la pradera; estaba formado por matorrales rústicos, con ocasionales asientos, y era llamado «el camino del bosque». El otro subía por la colina y se llamaba «el camino de la iglesia», porque llegaba hasta la parroquia y hasta la antigua finca de la época de Enrique VIII de la familia Digweed, quienes desde hacía

time, occupied by a family named Digweed, who have for more than a century rented it, together with the chief farm in the parish. The church itself—I speak of it as it then was, before the improvements made by the present rector—

> A little spireless fane,
> Just seen above the woody lane,

might have appeared mean and uninteresting to an ordinary observer; but the adept in church architecture would have known that it must have stood there some seven centuries, and would have found beauty in the very narrow early English windows, as well as in the general proportions of its little chancel; while its solitary position, far from the hum of the village, and within sight of no habitation, except a glimpse of the gray manor-house through its circling screen of sycamores, has in it something solemn and appropriate to the last resting-place of the silent dead. Sweet violets, both purple and white, grow in abundance beneath its south wall. One may imagine for how many centuries the ancestors of those little flowers have occupied that undisturbed, sunny nook, and may think how few living families can boast of as ancient a tenure of their land. Large elms protrude their rough branches; old hawthorns shed their annual blossoms over the graves; and the hollow yew-tree must be at least coeval with the church.

STEVENTON MANOR HOUSE

But whatever may be the beauties or defects of the surrounding

más de un siglo la arrendaban, junto a la finca principal de la parroquia. La iglesia en sí misma —y hablo de cómo era en esa época, antes de los arreglos realizados por el actual rector— era

> un pequeño templo sin torre,
> apenas visto sobre el sendero boscoso,

que podía parecer simple y poco interesante al observador casual, pero que el aficionado a la arquitectura religiosa hubiese advertido que tenía por lo menos siete siglos de antigüedad, reconociendo la belleza de sus angostas ventanas y las proporciones generales de sus pequeños canceles. En su ubicación solitaria, lejos de la actividad del pueblo y sin señales de habitantes, salvo por un atisbo de la mansión gris a través de los sicómoros que la rodeaban, tenía algo de solemnidad y corrección para ser el último lugar de reposo de los difuntos. Debajo de la pared sur, crecían violetas púrpuras y blancas.

Es posible imaginar por cuántos siglos esas pequeñas plantas crecieron en ese soleado rincón sin ser perturbadas, y podemos pensar que pocas familias vivas pueden jactarse de poseer tierras tan antiguas, donde los olmos elevan sus grandes y ásperas ramas, los viejos espinos arrojan sus flores anuales sobre las tumbas, y el tejo hueco debe ser al menos contemporáneo de la iglesia.

Pero más allá de los defectos o las bellezas de los paisajes, esta fue la

scenery, this was the residence of Jane Austen for twenty-five years. This was the cradle of her genius. These were the first objects which inspired her young heart with a sense of the beauties of nature. In strolls along those wood-walks, thick-coming fancies rose in her mind, and gradually assumed the forms in which they came forth to the world. In that simple church she brought them all into subjection to the piety which ruled her in life, and supported her in death.

The home at Steventon must have been, for many years, a pleasant and prosperous one. The family was unbroken by death, and seldom visited by sorrow. Their situation had some peculiar advantages beyond those of ordinary rectories. Steventon was a family living. Mr. Knight, the patron, was also proprietor of nearly the whole parish. He never resided there, and consequently the rector and his children came to be regarded in the neighbourhood as a kind of representatives of the family. They shared with the principal tenant the command of an excellent manor, and enjoyed, in this reflected way, some of the consideration usually awarded to landed proprietors. They were not rich, but, aided by Mr. Austen's powers of teaching, they had enough to afford a good education to their sons and daughters, to mix in the best society of the neighbourhood, and to exercise a liberal hospitality to their own relations and friends. A carriage and a pair of horses were kept. This might imply a higher style of living in our days than it did in theirs. There were then no assessed taxes. The carriage, once bought, entailed little further expense; and the horses probably, like Mr. Bennet's, were often employed on farm work. Moreover, it should be remembered that a pair of horses in those days were almost necessary, if ladies were to move about at all; for neither the condition of the roads nor the style of carriage-building admitted of any comfortable vehicle being drawn by a single horse. When one looks at the few specimens still remaining of coach-building in the last century, it strikes one that the chief object of the builders must have been to combine the greatest possible weight with the least possible amount of accommodation.

The family lived in close intimacy with two cousins, Edward and Jane Cooper, the children of Mrs. Austen's eldest sister, and Dr. Cooper, the vicar of Sonning, near Reading. The Coopers lived for some years at Bath, which seems to have been much frequented in those days by clergymen retiring from work. I believe that Cassandra and

residencia de Jane Austen por veinticinco años. Fue la cuna de su genio. Fueron estos los primeros objetos que inspiraron a su joven corazón a sentir la belleza de la naturaleza. En los paseos por aquellos senderos del bosque surgían en su mente miles de fantasías que gradualmente tomaban forma; y en aquella sencilla iglesia las sujetó a la devoción que gobernaba su vida y que la sostuvo en la muerte.

La casa de Steventon debe haber sido próspera y agradable por muchos años. La familia no había sido separada por ninguna muerte y pocas penas les habían tocado. Esa situación les otorgaba algunas ventajas peculiares por encima de otras rectorías. Steventon era un lugar de familias. El señor Knight era su dueño y también lo era de casi toda la parroquia. Como nunca residió allí, los Austen eran considerados en el pueblo como los representantes de la familia y los vecinos compartían con ellos, considerados los inquilinos principales, el control sobre una excelente propiedad y el disfrute de ciertas consideraciones que solo merecían los propietarios. Esos vecinos no eran ricos, pero ayudados por las dotes de educador del señor Austen pudieron dar una buena educación a sus hijos, que así accedieron a la mejor sociedad de los pueblos vecinos y disfrutaron con libertad de ser anfitriones de familiares y amigos. Conservaban un carruaje y un par de caballos, lo cual implica un estilo de vida más elevado en nuestros días que en los de ellos. Como en ese entonces no se pagaban impuestos, una vez adquirido el carruaje no causaba demasiados gastos, y los caballos —tal como hacía el señor Bennet— probablemente también eran usados para trabajar los campos. Además es pertinente recordar que, en aquella época, un par de caballos era más que necesario si las damas deseaban movilizarse, debido al estado de los caminos, y a que el diseño del carruaje tirado por un solo caballo no resultaba cómodo. Cuando se observan los pocos ejemplares de carrocerías del siglo pasado que aún existen, es posible pensar que el objetivo principal de quienes fabricaban esos carruajes era el de hacer un vehículo muy pesado y con mínimo espacio interior.

El círculo íntimo familiar también incluía a Edward y Jane Cooper, hijos de la hermana mayor de la señora Austen y del doctor Cooper, vicario de Sonning, cerca de Reading. Los Cooper vivieron varios años en Bath que, en aquel entonces, era frecuentada por los clérigos retirados. Creo que Cassandra y Jane los visitaron en algunas ocasiones y que Jane

Jane sometimes visited them there, and that Jane thus acquired the intimate knowledge of the topography and customs of Bath, which enabled her to write 'Northanger Abbey' long before she resided there herself. After the death of their own parents, the two young Coopers paid long visits at Steventon. Edward Cooper did not live undistinguished. When an undergraduate at Oxford, he gained the prize for Latin hexameters on 'Hortus Anglicus' in 1791; and in later life he was known by a work on prophecy, called 'The Crisis,' and other religious publications, especially for several volumes of Sermons, much preached in many pulpits in my youth. Jane Cooper was married from her uncle's house at Steventon, to Captain, afterwards Sir Thomas Williams, under whom Charles Austen served in several ships. She was a dear friend of her namesake, but was fated to become a cause of great sorrow to her, for a few years after the marriage she was suddenly killed by an accident to her carriage.

There was another cousin closely associated with them at Steventon, who must have introduced greater variety into the family circle. This was the daughter of Mr. Austen's only sister, Mrs. Hancock. This cousin had been educated in Paris, and married to a Count de Feuillade, of whom I know little more than that he perished by the guillotine during the French Revolution. Perhaps his chief offence was his rank; but it was said that the charge of 'incivism,' under which he suffered, rested on the fact of his having laid down some arable land into pasture—a sure sign of his intention to embarrass the Republican Government by producing a famine! His wife escaped through dangers and difficulties to England, was received for some time into her uncle's family, and finally married her cousin Henry Austen. During the short peace of Amiens, she and her second husband went to France, in the hope of recovering some of the Count's property, and there narrowly escaped being included amongst the *détenus*. Orders had been given by Buonaparte's government to detain all English travellers, but at the post-houses Mrs. Henry Austen gave the necessary orders herself, and her French was so perfect that she passed everywhere for a native, and her husband escaped under this protection.

She was a clever woman, and highly accomplished, after the French rather than the English mode; and in those days, when intercourse with the Continent was long interrupted by war, such an

adquirió un conocimiento profundo de la topografía y las costumbres de Bath en esa época, mucho antes de residir allí ella misma, lo que más tarde la ayudó a escribir *La abadía de Northanger*. Luego de la muerte de ambos progenitores, los jóvenes Cooper pasaron largos períodos en Steventon. Edward Cooper fue una persona distinguida; en 1791, siendo estudiante en Oxford, ganó un premio en poesía en latín en «Hortus Anglicus», y en su vida adulta fue conocido por su obra profética llamada *La crisis* y también por otras publicaciones religiosas, en especial por varios volúmenes de *Sermones* que se predicaban en muchos púlpitos en mi juventud. Su hermana Jane Cooper se casó, en una ceremonia celebrada por su tío en Steventon, con el capitán y luego sir Thomas Williams, quien estuvo al mando de varias naves en las que sirvió Charles Austen. Fue una buena amiga de mi tía Jane y su muerte súbita, pocos años después de su matrimonio, ocurrida en un accidente de su carruaje, le causó una enorme pena.

Había otra prima muy cercana al círculo familiar en Steventon que posiblemente haya sido un personaje singular. Era la hija de la señora Hancock, única hermana del señor Austen. Esta prima había sido educada en París y se había casado con el conde de Feuillade, de quien no conozco demasiado ya que murió en la guillotina durante la Revolución francesa. Quizás su ofensa haya tenido que ver con su rango, pero se dice que fue acusado de «falta de civismo» por haber convertido algunas tierras cultivables en pastos, ¡señal segura de su intención de poner en aprietos al Gobierno republicano produciendo una hambruna! La viuda, atravesando dificultades y peligros, apenas pudo escapar a Inglaterra, donde fue recibida por un tiempo por la familia Austen, y finalmente se casó con el hermano de Jane, Henry. Durante un corto periodo de paz en Amiens, el matrimonio viajó a Francia con la esperanza de recuperar algunas de las propiedades del conde y escaparon por poco de ser incluidos entre los *détenus*. El gobierno de Bonaparte había dado órdenes de detener a todos los viajeros ingleses y, gracias al buen francés de la señora Austen, lograron pasar por todos los puestos de seguridad como si fueran nativos y su esposo pudo escapar bajo su protección.

Esta prima era una mujer inteligente y muy culta, más al estilo francés que al inglés, y en aquellos días, cuando las relaciones con el continente estuvieron interrumpidas durante mucho tiempo por la guerra,

element in the society of a country parsonage must have been a rare acquisition. The sisters may have been more indebted to this cousin than to Mrs. La Tournelle's teaching for the considerable knowledge of French which they possessed. She also took the principal parts in the private theatricals in which the family several times indulged, having their summer theatre in the barn, and their winter one within the narrow limits of the dining-room, where the number of the audience must have been very limited. On these occasions, the prologues and epilogues were written by Jane's eldest brother, and some of them are very vigorous and amusing. Jane was only twelve years old at the time of the earliest of these representations, and not more than fifteen when the last took place. She was, however, an early observer, and it may be reasonably supposed that some of the incidents and feelings which are so vividly painted in the Mansfield Park theatricals are due to her recollections of these entertainments.

Some time before they left Steventon, one great affliction came upon the family. Cassandra was engaged to be married to a young clergyman. He had not sufficient private fortune to permit an immediate union; but the engagement was not likely to be a hopeless or a protracted one, for he had a prospect of early preferment from a nobleman with whom he was connected both by birth and by personal friendship. He accompanied this friend to the West Indies, as chaplain to his regiment, and there died of yellow fever, to the great concern of his friend and patron, who afterwards declared that, if he had known of the engagement, he would not have permitted him to go out to such a climate. This little domestic tragedy caused great and lasting grief to the principal sufferer, and could not but cast a gloom over the whole party. The sympathy of Jane was probably, from her age, and her peculiar attachment to her sister, the deepest of all.

Of Jane herself I know of no such definite tale of love to relate. Her reviewer in the 'Quarterly' of January 1821 observes, concerning the attachment of Fanny Price to Edmund Bertram: 'The silence in which this passion is cherished, the slender hopes and enjoyments by which it is fed, the restlessness and jealousy with which it fills a mind naturally active, contented, and unsuspicious, the manner in which it tinges every event, and every reflection, are painted with a vividness and a detail of which we can scarcely conceive any one but a fe-

una persona como ella, formando parte de la casa parroquial rural, debe haber sido una novedad. Las hermanas tal vez debían su conocimiento del francés a esta prima, más que a las enseñanzas de la señora La Tournelle. También solía interpretar los papeles principales en las representaciones teatrales privadas a las que la familia acudía con regularidad, durante el verano en un granero y en invierno en los estrechos confines del comedor, donde el número de espectadores debía ser muy limitado. En esas ocasiones, el hermano mayor de Jane escribía los prólogos y los epílogos, siendo algunos de ellos muy vivaces y divertidos. Jane tenía doce años cuando estas tertulias comenzaron y más de quince cuando se desarrolló la última. Un observador atento podría suponer que muchos de los momentos teatrales tan gráficamente descriptos en *Mansfield Park* están asociados a las vivencias y sentimientos de esa época.

Un tiempo antes de dejar Steventon, un triste incidente afectó a la familia. Cassandra se había comprometido en matrimonio con un joven clérigo que no tenía suficiente fortuna como para permitir que esa unión se celebrara de inmediato. Pero el compromiso no iba a ser ni imposible ni prolongado, pues el joven tenía perspectivas de un ascenso anticipado gracias a un noble con el que estaba relacionado tanto por nacimiento como por amistad personal. Ambos amigos partieron hacia las Indias Occidentales, actuando el prometido de Cassandra como capellán del regimiento, y allí murió de fiebre amarilla, lo cual causó un gran desconsuelo en su amigo y mentor, que luego confesó que si hubiera sabido del compromiso, no hubiera permitido el viaje. Esta tragedia causó un gran dolor y un largo sufrimiento a Cassandra, y por supuesto afectó a la familia por completo. Imagino que el dolor de Jane debe haber sido el más profundo, no solo por su edad sino por el particular afecto que tenía a su hermana.

Sobre la propia Jane no conozco ninguna historia de amor concreta que pueda compartir. En una reseña sobre *Mansfield Park* publicada en el periódico *Quarterly* de enero de 1821, un crítico observa, sobre la relación de Fanny Price y Edmund Bertram, lo siguiente: «El silencio en que se conserva esa pasión; las mínimas esperanzas y regocijos en los que se alimenta; la inquietud y los celos que ocupan una mente naturalmente activa, feliz y confiada y la manera en que esos celos tiñen cada acontecimiento y cada reflexión están retratados con tanta intensidad

male, and we should almost add, a female writing from recollection, capable.' This conjecture, however probable, was wide of the mark. The picture was drawn from the intuitive perceptions of genius, not from personal experience. In no circumstance of her life was there any similarity between herself and her heroine in 'Mansfield Park.' She did not indeed pass through life without being the object of warm affection. In her youth she had declined the addresses of a gentleman who had the recommendations of good character, and connections, and position in life, of everything, in fact, except the subtle power of touching her heart. There is, however, one passage of romance in her history with which I am imperfectly acquainted, and to which I am unable to assign name, or date, or place, though I have it on sufficient authority. Many years after her death, some circumstances induced her sister Cassandra to break through her habitual reticence, and to speak of it. She said that, while staying at some seaside place, they became acquainted with a gentleman, whose charm of person, mind, and manners was such that Cassandra thought him worthy to possess and likely to win her sister's love. When they parted, he expressed his intention of soon seeing them again; and Cassandra felt no doubt as to his motives. But they never again met. Within a short time they heard of his sudden death. I believe that, if Jane ever loved, it was this unnamed gentleman; but the acquaintance had been short, and I am unable to say whether her feelings were of such a nature as to affect her happiness.

Any description that I might attempt of the family life at Steventon, which closed soon after I was born, could be little better than a fancy-piece. There is no doubt that if we could look into the households of the clergy and the small gentry of that period, we should see some things which would seem strange to us, and should miss many more to which we are accustomed. Every hundred years, and especially a century like the last, marked by an extraordinary advance in wealth, luxury, and refinement of taste, as well as in the mechanical arts which embellish our houses, must produce a great change in their aspect. These changes are always at work; they are going on now, but so silently that we take no note of them. Men soon forget the small objects which they leave behind them as they drift down the stream of life. As Pope says—

y detalle que no podemos concebir a alguien más capaz de hacerlo que a una mujer, y casi deberíamos añadir, a una mujer escribiendo de memoria». Esta conjetura, aunque probable, no era acertada. El relato estaba escrito desde la intuitiva percepción de un genio, no desde la experiencia personal. Ninguna circunstancia de su vida fue similar a la de su heroína de *Mansfield Park*. Jane no tuvo una vida carente de cálidos afectos; en su juventud rechazó el cortejo de un joven que, a pesar de poseer buenas referencias sobre su carácter, conexiones y posición, no había llegado a su corazón. Hay, sin embargo, un momento de romance en su historia del cual no estoy muy bien informado y al que no puedo asignarle un nombre, lugar o fecha, pero que puedo asegurar con suficiente autoridad.

Muchos años después de la muerte de Jane, ciertos acontecimientos llevaron a su hermana a romper su habitual reserva y a hablar sobre ello. Cassandra cuenta que en una ocasión, visitando un lugar en la costa, conocieron a un caballero de aspecto, mente y modales atractivos y dignos, cualidades que ella pensó que podían conquistar el amor de su hermana. Cuando partieron, el caballero manifestó su intención de volver a verlas pronto, y Cassandra no dudó de sus motivos. Pero eso nunca sucedió. Luego de un corto tiempo, se enteraron de su súbita muerte. Creo que, si Jane ha amado a alguien, ha sido a este caballero anónimo, pero su contacto fue breve y no estoy en condiciones de afirmar si sus sentimientos eran de tal naturaleza y si podrían haber afectado su felicidad.

Cualquier descripción que haya podido hacer sobre la vida familiar en Steventon, que terminó al poco tiempo de mi nacimiento, no es más que un relato ameno. No hay duda de que si pudiéramos ver la vida del clérigo y de la sociedad de esa época podríamos encontrar elementos extraños para nosotros y echaríamos en falta otros a los que estamos acostumbrados. Cada siglo, y en especial el último, marca un extraordinario avance en cuanto a la riqueza, el lujo y el refinamiento del gusto, así como en las artes mecánicas que embellecen nuestras casas y que produjeron un gran cambio en su aspecto. Estos cambios están siempre en movimiento. Suceden ahora mismo, silenciosamente, y nadie se da cuenta de ellos. Los hombres pronto se olvidan de los pequeños objetos que dejan atrás mientras avanzan en el torrente de la vida. Como dice Pope:

> Nor does life's stream for observation stay;
> It hurries all too fast to mark their way.

Important inventions, such as the applications of steam, gas, and electricity, may find their places in history; but not so the alterations, great as they may be, which have taken place in the appearance of our dining and drawing-rooms. Who can now record the degrees by which the custom prevalent in my youth of asking each other to take wine together at dinner became obsolete? Who will be able to fix, twenty years hence, the date when our dinners began to be carved and handed round by servants, instead of smoking before our eyes and noses on the table? To record such little matters would indeed be 'to chronicle small beer.' But, in a slight memoir like this, I may be allowed to note some of those changes in social habits which give a colour to history, but which the historian has the greatest difficulty in recovering.

At that time the dinner-table presented a far less splendid appearance than it does now. It was appropriated to solid food, rather than to flowers, fruits, and decorations. Nor was there much glitter of plate upon it; for the early dinner hour rendered candlesticks unnecessary, and silver forks had not come into general use: while the broad rounded end of the knives indicated the substitute generally used instead of them.[6]

The dinners too were more homely, though not less plentiful and savoury; and the bill of fare in one house would not be so like that in another as it is now, for family receipts were held in high estimation. A grandmother of culinary talent could bequeath to her descendant fame for some particular dish, and might influence the family dinner for many generations.

---

6   The celebrated Beau Brummel, who was so intimate with George IV. as to be able to quarrel with him, was born in 1771. It is reported that when he was questioned about his parents, he replied that it was long since he had heard of them, but that he imagined the worthy couple must have cut their own throats by that time, because when he last saw them they were eating peas with their knives. Yet Brummel's father had probably lived in good society; and was certainly able to put his son into a fashionable regiment, and to leave him 30,000 pounds.

Ni el torrente de la vida se detiene para observar;
se apresura demasiado para marcar su camino.

Inventos importantes como el uso del vapor o la electricidad tendrán un lugar en la historia, pero no así los cambios que, por grandes que sean, se han producido en la apariencia de nuestros comedores y salones. ¿Quién puede recordar cuándo se volvió obsoleta la costumbre prevaleciente en mi juventud de invitar a las damas a compartir una copa de vino durante la cena? ¿Quién podrá fijar, dentro de veinte años, la fecha en la que nuestras comidas comenzaron a ser cortadas y servidas por los sirvientes, en lugar de ser presentadas humeando ante nuestros ojos y narices en la mesa? Recordar estos detalles puede parecer un registro de hechos insignificantes, pero en unas memorias frívolas como las que escribo puedo permitirme tomar nota de estos cambios en los hábitos sociales, que le dan color a la historia y que hasta los propios historiadores tienen dificultades en señalar.

En esa época, la mesa de comedor tenía una apariencia mucho menos espléndida que ahora. Su función era la de presentar la comida, sin decoraciones, flores o frutas. Tampoco había mucho reflejo de plata sobre ella, porque la hora temprana de la cena hacía innecesarios los candelabros, y los tenedores de plata aún no se habían generalizado; el extremo ancho y redondeado de los cuchillos indicaba el sustituto que generalmente se usaba en su lugar.[7]

Las comidas eran más caseras, aunque no menos abundantes y sabrosas; y la variedad de preparaciones en una casa no se parecía a la de otra, como sucede ahora, pues las recetas familiares se tenían en alta estima. Una abuela con talento culinario podía transmitir a sus descendientes la receta de algún plato en particular que iba a influir en las comidas familiares por varias generaciones.

7 El célebre Beau Brummel, quien se consideraba un amigo tan cercano a George IV que se atrevía a discutir con él, nació en 1777. Se cuenta que, cuando le preguntaban por sus padres, respondía que hacía mucho que no sabía de ellos pero que imaginaba que la digna pareja posiblemente ya se habría rebanado sus propias gargantas, pues la última vez que los vio cortaban los guisantes con cuchillo. Sin embargo, es probable que el padre de Brummel haya pertenecido a la alta sociedad, ya que logró hacer ingresar a su hijo en un regimiento de élite y le dejó 30 000 libras.

> Dos est magna parentium
> Virtus.

One house would pride itself on its ham, another on its game-pie, and a third on its superior furmity, or tansey-pudding. Beer and home-made wines, especially mead, were more largely consumed. Vegetables were less plentiful and less various. Potatoes were used, but not so abundantly as now; and there was an idea that they were to be eaten only with roast meat. They were novelties to a tenant's wife who was entertained at Steventon Parsonage, certainly less than a hundred years ago; and when Mrs. Austen advised her to plant them in her own garden, she replied, 'No, no; they are very well for you gentry, but they must be terribly *costly to rear*.'

But a still greater difference would be found in the furniture of the rooms, which would appear to us lamentably scanty. There was a general deficiency of carpeting in sitting-rooms, bed-rooms, and passages. A pianoforte, or rather a spinnet or harpsichord, was by no means a necessary appendage. It was to be found only where there was a decided taste for music, not so common then as now, or in such great houses as would probably contain a billiard-table. There would often be but one sofa in the house, and that a stiff, angular, uncomfortable article. There were no deep easy-chairs, nor other appliances for lounging; for to lie down, or even to lean back, was a luxury permitted only to old persons or invalids. It was said of a nobleman, a personal friend of George III. and a model gentleman of his day, that he would have made the tour of Europe without ever touching the back of his travelling carriage. But perhaps we should be most struck with the total absence of those elegant little articles which now embellish and encumber our drawing-room tables. We should miss the sliding bookcases and picture-stands, the letter-weighing machines and envelope cases, the periodicals and illustrated newspapers—above all, the countless swarm of photograph books which now threaten to swallow up all space. A small writing-desk, with a smaller work-box, or netting-case, was all that each young lady contributed to occupy the table; for the large family work-basket, though often produced in the parlour, lived in the closet.

There must have been more dancing throughout the country in those days than there is now: and it seems to have sprung up more

Dos est magna parentium
Virtus

Un hogar podía sentir orgullo por su jamón, otro por su pastel de carne, otro más por alguna preparación dulce. La cerveza y el vino hechos en casa, en especial el *mead*, eran las bebidas más consumidas. Las patatas no eran tan utilizadas como ahora, y la costumbre era comerlas acompañando carnes asadas. Fueron una novedad para la esposa de un inquilino que visitó en la casa parroquial de Steventon, hace menos de cien años, y cuando la señora Austen le aconsejó que las plantara en su propio jardín, ella respondió: «No, no; son muy buenas para ustedes, los terratenientes, pero deben ser muy costosas de cultivar».

Pero una diferencia aún mayor puede encontrarse en el amoblamiento de las habitaciones que, en comparación con nuestro presente, puede parecernos escaso o frugal. Había una ausencia generalizada de alfombras en las salas y los pasillos; los instrumentos musicales no se consideraban necesarios y solo se encontraban en hogares donde gustaba la música o en grandes mansiones, que es probable que también tuvieran una mesa de billar. En general solo había un buen sofá en toda la casa y solía ser duro e incómodo. No había sillas confortables u otros muebles para relajarse, recostarse o apoyar la espalda; esos eran lujos permitidos solo a personas ancianas o inválidas. Se dice que un noble, amigo de Jorge III y caballero notable de la época, realizó un tour por Europa sin reclinarse jamás en el respaldo de su carruaje. Pero debería asombrarnos más la ausencia de ciertos muebles elegantes que hoy adornan y ocupan nuestras salas de estar, tales como las bibliotecas, los portarretratos, las básculas para pesar cartas, las cajas con sobres de correspondencia, las publicaciones periódicas o los periódicos ilustrados; pero por sobre todas las cosas, no existían los incontables libros ilustrados que ahora parecen ocupar todos los espacios. Un pequeño escritorio con una caja de costura o de tejido era todo lo que cada joven tenía como propio en las salas de estar, porque la gran cesta de costura familiar, aunque a menudo se utilizaba en la sala, se guardaba en un armario.

Creo que en aquella época había más bailes de los que se celebran en la actualidad, y creo también que surgían de forma más espontánea

spontaneously, as if it were a natural production, with less fastidiousness as to the quality of music, lights, and floor. Many country towns had a monthly ball throughout the winter, in some of which the same apartment served for dancing and tea-room. Dinner parties more frequently ended with an extempore dance on the carpet, to the music of a harpsichord in the house, or a fiddle from the village. This was always supposed to be for the entertainment of the young people, but many, who had little pretension to youth, were very ready to join in it. There can be no doubt that Jane herself enjoyed dancing, for she attributes this taste to her favourite heroines; in most of her works, a ball or a private dance is mentioned, and made of importance.

Many things connected with the ball-rooms of those days have now passed into oblivion. The barbarous law which confined the lady to one partner throughout the evening must indeed have been abolished before Jane went to balls. It must be observed, however, that this custom was in one respect advantageous to the gentleman, inasmuch as it rendered his duties more practicable. He was bound to call upon his partner the next morning, and it must have been convenient to have only one lady for whom he was obliged

> To gallop all the country over,
> The last night's partner to behold,
> And humbly hope she caught no cold.

But the stately minuet still reigned supreme; and every regular ball commenced with it. It was a slow and solemn movement, expressive of grace and dignity, rather than of merriment. It abounded in formal bows and courtesies, with measured paces, forwards, backwards and sideways, and many complicated gyrations. It was executed by one lady and gentleman, amidst the admiration, or the criticism, of surrounding spectators. In its earlier and most palmy days, as when Sir Charles and Lady Grandison delighted the company by dancing it at their own wedding, the gentleman wore a dress sword, and the lady was armed with a fan of nearly equal dimensions. Addison observes that 'women are armed with fans, as men with swords, and sometimes do more execution with them.' The graceful carriage of each weapon was considered a test of high breeding. The clownish man was in danger of being tripped up by his sword getting between his legs: the fan held clumsily looked more of a burden than an or-

y natural, con menos meticulosidad en cuanto a la calidad de la música, las luces y el salón. En muchas aldeas rurales se celebraban bailes mensuales durante el invierno, y en algunos lugares el mismo salón se utilizaba tanto para bailes como para el té. Era habitual que las cenas terminaran con un baile espontáneo acompañado de la música de un clavicordio, si era en una casa, o de un violín en el pueblo. Se suponía que eran para entretenimiento de los jóvenes, que siempre estaban listos para participar. No hay duda de que la misma Jane disfrutaba de esos bailes, y es algo que le atribuye a sus heroínas favoritas en la mayoría de sus novelas, donde los bailes privados o públicos tenían un rol importante.

Muchos aspectos relacionados con los salones de baile de aquella época han caído en el olvido. La primitiva ley que limitaba a la dama a una sola pareja durante toda la noche debió de ser abolida antes de que Jane asistiera a los bailes, pero hay que observar que esta costumbre significaba una ventaja para el caballero, ya que le facilitaba el cumplimiento del deber de visitar a su compañera de baile a la mañana siguiente. Resultaba conveniente tener solo una dama por la que se veía obligado

> a recorrer a galope el país,
> para visitar a su compañera de la noche anterior,
> y humildemente esperar que no se haya resfriado.

El majestuoso minué reinaba por completo, y cualquier baile comenzaba con los lentos y solemnes movimientos que expresaban gracia y dignidad más que diversión, con su abundancia de reverencias y cortesías, el ritmo medido, los movimientos adelante, atrás y al costado, y los giros complicados. Solo una pareja lo bailaba, para la admiración —o la crítica— de los demás asistentes. En sus primeros y más gloriosos tiempos, como cuando sir Charles y lady Grandison deleitaron a sus invitados bailándolo en su propia boda, el caballero llevaba una espada de gala y la dama un abanico de dimensiones casi similares. Addison observa que «las mujeres estaban armadas con abanicos y los hombres con espadas, y a veces se producían duelos entre ellos». La gracia con la que se manejaban estos elementos era considerada como una muestra de educación superior: un hombre podía quedar en ridículo si la espada quedaba entre sus piernas, y en manos de la dama, un abanico podía parecía un estorbo más que un adorno. Pero manejados por personas

nament; while in the hands of an adept it could be made to speak a language of its own.[7] It was not everyone who felt qualified to make this public exhibition, and I have been told that those ladies who intended to dance minuets, used to distinguish themselves from others by wearing a particular kind of lappet on their head-dress. I have heard also of another curious proof of the respect in which this dance was held. Gloves immaculately clean were considered requisite for its due performance, while gloves a little soiled were thought good enough for a country dance; and accordingly some prudent ladies provided themselves with two pairs for their several purposes. The minuet expired with the last century: but long after it had ceased to be danced publicly it was taught to boys and girls, in order to give them a graceful carriage.

Hornpipes, cotillons, and reels, were occasionally danced; but the chief occupation of the evening was the interminable country dance, in which all could join. This dance presented a great show of enjoyment, but it was not without its peculiar troubles. The ladies and gentlemen were ranged apart from each other in opposite rows, so that the facilities for flirtation, or interesting intercourse, were not so great as might have been desired by both parties. Much heart-burning and discontent sometimes arose as to *who* should stand above *whom*, and especially as to who was entitled to the high privilege of calling and leading off the first dance: and no little indignation was felt at the lower end of the room when any of the leading couples retired prematurely from their duties, and did not condescend to dance up and down the whole set. We may rejoice that these causes of irritation no longer exist; and that if such feelings as jealousy, rivalry, and discontent ever touch celestial bosoms in the modern ball-room they must arise from different and more recondite sources.

I am tempted to add a little about the difference of personal habits.

7   See 'Spectator,' No. 102, on the Fan Exercise. Old gentlemen who had survived the fashion of wearing swords were known to regret the disuse of that custom, because it put an end to one way of distinguishing those who had, from those who had not, been used to good society. To wear the sword easily was an art which, like swimming and skating, required to be learned in youth. Children could practise it early with their toy swords adapted to their size.

expertas, estos elementos tenían un lenguaje en sí mismos.[8] No cualquier persona se sentía calificada para semejante exhibición pública, y me han contado que las damas que tenían intenciones de bailar el minué se colocaban un adorno especial en sus tocados. También he escuchado otra curiosa anécdota sobre el respeto que infundía el minué: los guantes inmaculados eran considerados un requisito para este baile, por lo cual muchas damas tenían la precaución de llevar dos pares con ellas. El minué dejó de bailarse a finales del siglo pasado, pero a pesar de ello ha sido enseñado a niños y niñas para que adquieran una postura elegante.

El *hornpipe,* el *reel* y el cotillón se bailaban ocasionalmente, pero la principal atracción de la velada era el interminable baile campestre en el que todos podían participar. Esta danza era una gran fuente de diversión pero no estaba exenta de dificultades: las damas y los caballeros se ubicaban en filas opuestas, con lo cual no era fácil el coqueteo o la conversación interesante que ambas partes deseaban. Muchas quejas y descontentos surgían sobre *quién* debía estar por delante de *quién,* y especialmente sobre quién tenía el gran privilegio de llamar y liderar el primer baile; y no se sentía poca indignación en el extremo más lejano de la sala cuando alguna de las parejas principales se retiraban prematuramente de sus deberes y no se dignaban a participar del resto del baile. Podemos alegrarnos de que estos motivos de enojo ya no existen, y si el descontento visita alguna vez los salones de baile modernos, debe surgir de fuentes diferentes y más recónditas.

Quisiera explayarme un poco más sobre las diferencias en los hábitos

---

8   Ver «Fan Excercise», *Spectator,* número 102. Los antiguos caballeros que sobrevivieron a la costumbre de portar sus espadas lamentan que se haya perdido esa moda, que puso fin a una forma de distinción entre la alta sociedad. Manejar una espada era un arte, como podían ser la natación o el patinaje, que requería ser aprendido en la juventud. Los niños podían practicarlo desde temprana edad con espadas de juguete adaptadas a sus alturas.

It may be asserted as a general truth, that less was left to the charge and discretion of servants, and more was done, or superintended, by the masters and mistresses. With regard to the mistresses, it is, I believe, generally understood, that at the time to which I refer, a hundred years ago, they took a personal part in the higher branches of cookery, as well as in the concoction of home-made wines, and distilling of herbs for domestic medicines, which are nearly allied to the same art. Ladies did not disdain to spin the thread of which the household linen was woven. Some ladies liked to wash with their own hands their choice china after breakfast or tea. In one of my earliest child's books, a little girl, the daughter of a gentleman, is taught by her mother to make her own bed before leaving her chamber. It was not so much that they had not servants to do all these things for them, as that they took an interest in such occupations. And it must be borne in mind how many sources of interest enjoyed by this generation were then closed, or very scantily opened to ladies. A very small minority of them cared much for literature or science. Music was not a very common, and drawing was a still rarer, accomplishment; needlework, in some form or other, was their chief sedentary employment.

But I doubt whether the rising generation are equally aware how much gentlemen also did for themselves in those times, and whether some things that I can mention will not be a surprise to them. Two homely proverbs were held in higher estimation in my early days than they are now—'The master's eye makes the horse fat;' and, 'If you would be well served, serve yourself.' Some gentlemen took pleasure in being their own gardeners, performing all the scientific, and some of the manual, work themselves. Well-dressed young men of my acquaintance, who had their coat from a London tailor, would always brush their evening suit themselves, rather than entrust it to the carelessness of a rough servant, and to the risks of dirt and grease in the kitchen; for in those days servants' halls were not common in the houses of the clergy and the smaller country gentry. It was quite natural that Catherine Morland should have contrasted the magnificence of the offices at Northanger Abbey with the few shapeless pantries in her father's parsonage. A young man who expected to have his things packed or unpacked for him by a servant, when he travelled, would have been thought exceptionally fine, or exceptionally lazy. When my uncle undertook to teach me to shoot, his first lesson was how to clean my own gun. It was thought meritorious on the evening of a hunting day, to turn out after dinner,

personales. Puede afirmarse que, en la mayoría de los casos, las tareas del hogar eran manejadas o supervisadas por los señores de la casa y que poco quedaba en las manos y la discreción de los sirvientes. Es posible asegurar casi con certeza que en esos tiempos, es decir cien años atrás, las señoras de la casa eran quienes se ocupaban de manejar las tareas superiores de la cocina, así como de la preparación de vinos caseros y de la destilación de hierbas para medicinas domésticas, que se consideraban casi un mismo arte. No eran ajenas a las tareas de costura o tejido de la casa, y algunas damas lavaban ellas mismas a mano su vajilla preferida luego del desayuno o del té. En un libro de mi temprana infancia, una madre le enseña a su hija, cuyo padre es un caballero, a tender su propia cama antes de dejar su recámara. No era porque no tuvieran personal para hacerlo, sino porque les apetecía ocuparse de esas tareas. Hay que tener presente cuántos de los intereses de los que disfrutan las generaciones presentes estaban entonces vedados o muy escasamente accesibles a las damas: solo a una pequeña minoría le interesaba la literatura o la ciencia, y la música y el dibujo eran destrezas poco habituales. La labor de aguja era el trabajo sedentario habitual.

Pero dudo que la generación actual sepa cuánto hacían los caballeros de ese entonces por sí mismos, y algunas de las tareas que voy a mencionar serán una sorpresa. Dos proverbios muy estimados en mi infancia decían: «El ojo del amo engorda el ganado» y «Si quieres ser bien servido, sírvete a ti mismo». Algunos caballeros encontraban placer en la jardinería y en realizar algunos de los trabajos especializados o incluso manuales de la actividad. Jóvenes bien vestidos que conozco, que poseían abrigos confeccionados por sastres de Londres, cepillaban ellos mismos su traje de noche, en lugar de dejarlo al descuido de un sirviente que podía exponerlo a los riesgos de la suciedad y la grasa de la cocina. En aquellos tiempos los sirvientes no tenían sus propias recámaras en las casas de los clérigos o de la pequeña nobleza rural, con lo cual se comprende que Catherine Morland notara la magnificencia de la abadía de Northanger, en contraste con las pocas habitaciones de la casa parroquial de su padre. Un joven hubiera sido considerado extremadamente educado o muy perezoso si esperaba que un sirviente empacara o desempacara sus cosas cuando viajaba. Cuando mi tío me enseñó a disparar, su primera lección fue cómo limpiar mi propia arma. Era considerado meritorio, al final de un día de caza y luego de la cena, visitar los establos para corroborar que el caballo estuviera bien atendi-

lanthorn in hand, and visit the stable, to ascertain that the horse had been well cared for. This was of the more importance, because, previous to the introduction of clipping, about the year 1820, it was a difficult and tedious work to make a long-coated hunter dry and comfortable, and was often very imperfectly done. Of course, such things were not practised by those who had gamekeepers, and stud-grooms, and plenty of well-trained servants; but they were practised by many who were unequivocally gentlemen, and whose grandsons, occupying the same position in life, may perhaps be astonished at being told that *'such things were.'*

I have drawn pictures for which my own experience, or what I heard from others in my youth, have supplied the materials. Of course, they cannot be universally applicable. Such details varied in various circles, and were changed very gradually; nor can I pretend to tell how much of what I have said is descriptive of the family life at Steventon in Jane Austen's youth. I am sure that the ladies there had nothing to do with the mysteries of the stew-pot or the preserving-pan; but it is probable that their way of life differed a little from ours, and would have appeared to us more homely. It may be that useful articles, which would not now be produced in drawing-rooms, were hemmed, and marked, and darned in the old-fashioned parlour. But all this concerned only the outer life; there was as much cultivation and refinement of mind as now, with probably more studied courtesy and ceremony of manner to visitors; whilst certainly in that family literary pursuits were not neglected.

I remember to have heard of only two little things different from modern customs. One was, that on hunting mornings the young men usually took their hasty breakfast in the kitchen. The early hour at which hounds then met may account for this; and probably the custom began, if it did not end, when they were boys; for they hunted at an early age, in a scrambling sort of way, upon any pony or donkey that they could procure, or, in default of such luxuries, on foot. I have been told that Sir Francis Austen, when seven years old, bought on his own account, it must be supposed with his father's permission, a pony for a guinea and a half; and after riding him with great success for two seasons, sold him for a guinea more. One may wonder how the child could have so much money, and how the animal could have

do. Esto era de suma importancia porque, antes de la introducción del recorte de pelaje en los caballos de caza, alrededor del año 1820, era un trabajo difícil y tedioso mantener a un animal seco y cómodo si tenía pelaje largo, y a menudo se hacía de manera incorrecta. Estas tareas no eran realizadas por sirvientes bien entrenados, guardas de caza o mozos de cuadra sino por señores que indudablemente eran caballeros y cuyos nietos, ocupando la misma posición en la vida, tal vez se asombren al oír que *«tales cosas existían»*.

He descripto lo experimentado por mí mismo, o lo que me han contado otros en mi juventud, y por supuesto que esto no puede ser aplicado en todos los casos. Algunos detalles pueden diferir de acuerdo con determinados círculos sociales, y los cambios han sucedido de forma muy gradual. No pretendo decir qué y cuánto de lo que he relatado describe la vida en Steventon durante los años jóvenes de Jane Austen. Estoy seguro de que las damas de esa época no tenían nada que ver con las tareas de la cocina, aunque es probable que su forma de vida fuera un poco diferente a la nuestra y que nos hubiera parecido más sencilla. Es posible que prendas de la vida cotidiana que ahora no se ven en los salones se doblaran, marcaran y zurcieran en la sala de estar tradicional. Pero todo lo que describo solo concierne a las apariencias, porque en la familia había tanta cultura y refinamiento mental como existen en nuestros días, así como una cortesía y un trato más formal con las visitas. Además, no caben dudas de que las actividades literarias familiares eran muy importantes.

Recuerdo haber escuchado solo dos pequeñas costumbres diferentes a lo que hoy conocemos. Una de ellas es que, en las mañanas de cacería, los jóvenes tomaban un rápido desayuno en la cocina antes de salir. La hora temprana en que los cazadores se reunían en aquel entonces puede explicar esta costumbre que probablemente comenzó cuando eran niños, ya que participaban de las cacerías desde la edad más temprana posible, sobre cualquier poni o burro que consiguieran o, a falta de tales lujos, a pie. Me han contado que sir Francis Austen, a los siete años, compró un poni con su propio dinero —se supone que con permiso de su padre— que le costó una guinea y media, y que luego de utilizarlo con gran éxito por dos temporadas lo vendió por una guinea más de lo que había pagado. Uno se puede preguntar cómo es que el niño tenía

been obtained for so little. The same authority informs me that his first cloth suit was made from a scarlet habit, which, according to the fashion of the times, had been his mother's usual morning dress. If all this is true, the future admiral of the British Fleet must have cut a conspicuous figure in the hunting-field. The other peculiarity was that, when the roads were dirty, the sisters took long walks in pattens. This defence against wet and dirt is now seldom seen. The few that remain are banished from good society, and employed only in menial work; but a hundred and fifty years ago they were celebrated in poetry, and considered so clever a contrivance that Gay, in his 'Trivia,' ascribes the invention to a god stimulated by his passion for a mortal damsel, and derives the name 'Patten' from 'Patty.'

> The patten now supports each frugal dame,
> Which from the blue-eyed Patty takes the name.

But mortal damsels have long ago discarded the clumsy implement. First it dropped its iron ring and became a clog; afterwards it was fined down into the pliant galoshe—lighter to wear and more effectual to protect—a no less manifest instance of gradual improvement than Cowper indicates when he traces through eighty lines of poetry his 'accomplished sofa' back to the original three-legged stool.

As an illustration of the purposes which a patten was intended to serve, I add the following epigram, written by Jane Austen's uncle, Mr. Leigh Perrot, on reading in a newspaper the marriage of Captain Foote to Miss Patten:

> Through the rough paths of life, with a patten your guard,
> May you safely and pleasantly jog;
> May the knot never slip, nor the ring press too hard,
> Nor the *Foot* find the *Patten* a clog.

At the time when Jane Austen lived at Steventon, a work was carried on in the neighbouring cottages which ought to be recorded, be-

ese dinero y cómo puede haber comprado un animal por tan poco. Esa misma fuente me cuenta que el primer traje de cazador de sir Francis fue realizado con un viejo vestido color escarlata que, de acuerdo con la moda de la época, habría sido el traje de mañana habitual de su madre. Si todo esto es cierto, quien iba a ser el futuro almirante de la Flota británica seguramente tuvo un lugar destacado en la cacería. La otra peculiaridad es que, cuando los caminos estaban muy embarrados, las hermanas daban largos paseos con zuecos. Esta defensa contra la humedad y la suciedad ya no se ve con frecuencia. Las pocas veces que se utilizan sucede fuera de la buena sociedad y se emplean únicamente en trabajos domésticos, pero hace ciento cincuenta años eran celebrados en la poesía y considerados una invención tan ingeniosa que Gay, en su obra *Trivia,* atribuye esta invención a un dios inspirado por su pasión por una damisela mortal, y que la palabra zueco (*patten*) deriva de Patty, el nombre de la dama:

> Los zuecos que ahora sostienen a las damas frugales,
> que de Patty, la de ojos azules, toman el nombre.

Pero las «damas frugales» han dejado de utilizar ese rústico aditamento, que primero perdió el aro de hierro de su base para convertirse en una chancla, y que luego se refinó hasta volverse un flexible botín más ligero de llevar y más eficaz para proteger el calzado, en un ejemplo cabal de la mejora gradual que Cowper describe cuando, a lo largo de ochenta versos de poesía, remonta el origen de su «sofá completo» al taburete original de tres patas.

Como ilustración de los propósitos que pretendía cumplir el zueco, añado el siguiente epigrama, escrito por el tío de Jane Austen, el señor Leigh Perrot, al leer en un periódico sobre el matrimonio del capitán Foote con la señorita Patten:

> Por los ásperos caminos de la vida, con un zueco como tu protección,
> que puedas trotar seguro y placentero;
> que el nudo nunca se deslice, ni la anilla presione demasiado,
> ni que el pie [Foot] encuentre en el zueco [Patten] un obstáculo.

En la época en que Jane Austen vivió en Steventon, se estaba llevando a cabo una obra en las casas vecinas de la que conviene dejar constan-

cause it has long ceased to exist.

Up to the beginning of the present century, poor women found profitable employment in spinning flax or wool. This was a better occupation for them than straw plaiting, inasmuch as it was carried on at the family hearth, and did not admit of gadding and gossiping about the village. The implement used was a long narrow machine of wood, raised on legs, furnished at one end with a large wheel, and at the other with a spindle on which the flax or wool was loosely wrapped, connected together by a loop of string. One hand turned the wheel, while the other formed the thread. The outstretched arms, the advanced foot, the sway of the whole figure backwards and forwards, produced picturesque attitudes, and displayed whatever of grace or beauty the work-woman might possess.[8] Some ladies were fond of spinning, but they worked in a quieter manner, sitting at a neat little machine of varnished wood, like Tunbridge ware, generally turned by the foot, with a basin of water at hand to supply the moisture required for forming the thread, which the cottager took by a more direct and natural process from her own mouth. I remember two such elegant little wheels in our own family.

It may be observed that this hand-spinning is the most primitive of female accomplishments, and can be traced back to the earliest times. Ballad poetry and fairy tales are full of allusions to it. The term 'spinster' still testifies to its having been the ordinary employment of the English young woman. It was the labour assigned to the ejected nuns by the rough earl who said, 'Go spin, ye jades, go spin.' It was the employment at which Roman matrons and Grecian princesses presided amongst their handmaids. Heathen mythology celebrated it in the three Fates spinning and measuring out the thread of human life. Holy Scripture honours it in those 'wise-hearted women' who 'did spin with their hands, and brought that which they had spun' for the construction of the Tabernacle in the wilderness: and an old English proverb carries it still farther back to the time 'when Adam delved and Eve span.' But, at last, this time-honoured domestic manufacture is quite extinct amongst us—crushed by the power of steam, overborne by a countless host of spinning jennies, and I can only just remember some of its last struggles for existence in the Steventon cottages.

8   Mrs. Gaskell, in her tale of 'Sylvia's Lovers,' declares that this hand-spinning rivalled harp-playing in its gracefulness.

cia, ya que hace tiempo que dejó de existir.

Hasta principios de este siglo, las mujeres sin recursos encontraban en el hilado de lana o lino un empleo rentable. Esta ocupación era mejor que la de trenzar paja, ya que se realizaba en el hogar familiar y no implicaba deambular o pasar chismes por el pueblo. El instrumento utilizado era una máquina de madera larga y estrecha, sostenida por patas, con una rueda grande en un extremo y un huso en el otro en el que se enrollaba el lino o la lana sin apretar, amarrados con un lazo de cuerda. Mientras con una mano se giraba la rueda, con la otra se formaba el hilo. Con los brazos extendidos, el pie hacia adelante y el balanceo de todo su cuerpo, realizando esta labor las trabajadoras podían mostrar toda la gracia o belleza que podían poseer.[9] A ciertas damas les agradaba hilar pero lo hacían de manera discreta, en pequeñas máquinas de madera lustrada que funcionaban a pedal, y con una vasija con agua para aportar la humedad necesaria para la formación del hilo, aunque la campesina utilizaba la saliva de su propia boca, en un proceso más directo y natural. Recuerdo haber visto dos pequeñas y elegantes ruedas en nuestra familia.

Se puede decir que el hilado a mano es la más primitiva de las labores femeninas y que se remonta a tiempos remotos. La poesía balada y los cuentos de hadas abundan en alusiones a esta labor. Era el trabajo que las matronas romanas y las princesas griegas lideraban entre sus criadas; la mitología pagana la celebraba con las tres Parcas hilando y midiendo el hilo de la vida humana, mientras que las Sagradas Escrituras honran a aquellas «mujeres de corazón sabio» que «hilaban con sus manos y traían lo que habían hilado» para la construcción del Tabernáculo en el desierto. Un antiguo proverbio inglés lo remonta aún más al tiempo «en que Adán cavaba y Eva tejía». Pero esta venerada tarea doméstica quedó completamente aplastada por el poder del vapor y dominada por una incontable hueste de hilanderos, y apenas puedo recordar algunas de sus últimas luchas por su existencia en las casas rurales de Steventon.

---

9   La señora Gaskell, en su libro *Los amantes de Sylvia (Sylvia's lovers)*, declara que esta forma de hilado manual rivalizaba con el arpa en la gracia de su ejecución.

CHAPTER III

Early Compositions—Friends at Ashe—A very old Letter—Lines on the Death of Mrs. Lefroy—Observations on Jane Austen's Letter-writing—Letters.

I know little of Jane Austen's childhood. Her mother followed a custom, not unusual in those days, though it seems strange to us, of putting out her babies to be nursed in a cottage in the village. The infant was daily visited by one or both of its parents, and frequently brought to them at the parsonage, but the cottage was its home, and must have remained so till it was old enough to run about and talk; for I know that one of them, in after life, used to speak of his foster mother as 'Movie,' the name by which he had called her in his infancy. It may be that the contrast between the parsonage house and the best class of cottages was not quite so extreme then as it would be now, that the one was somewhat less luxurious, and the other less squalid. It would certainly seem from the results that it was a wholesome and invigorating system, for the children were all strong and healthy. Jane was probably treated like the rest in this respect. In childhood every available opportunity of instruction was made use of. According to the ideas of the time, she was well educated, though not highly accomplished, and she certainly enjoyed that important element of mental training, associating at home with persons of cultivated intellect. It cannot be doubted that her early years were bright and happy, living, as she did, with indulgent parents, in a cheerful home, not without agreeable variety of society. To these sources of enjoyment must be added the first stirrings of talent within her, and the absorbing interest of original composition. It is impossible to say at how early an age she began to write. There are copy books extant containing tales some of which must have been composed while she was a young girl, as they had amounted to a considerable number by the time she was sixteen. Her earliest stories are of a slight and flimsy texture, and are generally intended to be nonsensical, but the nonsense has much spirit in it. They are usually preceded by a dedication of mock solemnity to some one of her family. It would seem that the grandiloquent dedications prevalent in those days had not escaped her youthful penetration. Perhaps the most characteristic feature in these early productions is that, however puerile the matter, they are always composed in pure simple English, quite free from

CAPÍTULO III

Los primeros escritos. Los amigos de Ashe. Una carta muy antigua. Un poema sobre la muerte de la señora Lefroy. Observaciones sobre la escritura de las cartas de Jane Austen. Cartas.

No poseo mucha información sobre la infancia de Jane Austen. Su madre, siguiendo una costumbre de la época que ahora puede parecernos extraña, dejaba a sus bebés para que fueran criados en una casa rural del pueblo. El infante era visitado una vez al día por alguno de sus padres o por ambos y era llevado a la casa parroquial con frecuencia, aunque su hogar era la casa rural y allí permanecía hasta que tenía edad suficiente para caminar y hablar. Sé que alguno de ellos se ha referido a esa madre sustituta como Movie, que es el nombre con el que la llamaba de pequeño. Tal vez el contraste entre la casa parroquial y las mejores casas rurales no fuera tan extremo en esa época como lo es ahora, ya que el hogar del párroco era algo menos lujoso y la otra tal vez no tan paupérrima. Por sus resultados se podría afirmar que ese sistema era beneficioso y estimulante para los niños, ya que todos crecieron sanos y fuertes. Es probable que Jane haya sido criada como el resto de los niños, con la instrucción disponible en ese entonces. De acuerdo con las costumbres del momento, mi tía era una mujer culta, aunque no demasiado, y ciertamente tuvo la ventaja de relacionarse dentro de su hogar con personas educadas que influyeron en su formación. No hay duda de que su niñez fue feliz gracias a la indulgencia de sus padres, que la criaron en un hogar alegre rodeado de un círculo social agradable. Es probable que estas fuentes de recreación, además de su propio talento, hayan sido la base de su interés por la escritura. No es posible asegurar a qué edad comenzó a escribir, pero se conservan cuadernos que contienen cuentos que debe haber escrito cuando era niña, y esos volúmenes ya conformaban un número considerable cuando alcanzó los dieciséis años. Sus primeros relatos poseen una estructura ligera, endeble, y pretenden ser absurdos, pero estos absurdos contienen mucha esencia. Estaban siempre dedicados a alguien de su familia, con una solemnidad graciosa que imitaba las dedicatorias grandilocuentes habituales de la época, que no pasaban desapercibidas para su joven espíritu. Una característica de esas obras tempranas es que, sin importar su puerilidad, estaban escritas en un inglés sencillo que eludía el estilo sobreornamentado que podía haberse esperado de una novel escritora. A continuación, una muestra de las obras que Jane aportaba con fre-

the over-ornamented style which might be expected from so young a writer. One of her juvenile effusions is given, as a specimen of the kind of transitory amusement which Jane was continually supplying to the family party.

THE MYSTERY. AN UNFINISHED COMEDY.

DEDICATION.

To the Rev. George Austen.

Sir,—I humbly solicit your patronage to the following Comedy, which, though an unfinished one, is, I flatter myself, as complete a *Mystery* as any of its kind.

I am, Sir, your most humble Servant, The Author.

THE MYSTERY, A COMEDY.

DRAMATIS PERSONÆ.

Men.	*Women.*
Col. Elliott.	Fanny Elliott.
OLD Humbug.	Mrs. Humbug
Young Humbug.	*and*
Sir Edward Spangle	Daphne.
and	
Corydon.	

ACT I.

Scene I.—*A Garden.*

Enter Corydon.

Corydon. But hush: I am interrupted. [*Exit* Corydon.

cuencia a las veladas familiares:

EL MISTERIO. UNA COMEDIA SIN FINAL.

DEDICATORIA.

Al reverendo George Austen.

Señor: Solicito humildemente su patrocinio para la siguiente comedia que, aunque inconclusa, me jacto de que sea un *misterio* tan completo como cualquier otro de su tipo.

Soy, señor, su más humilde servidora.

La autora.

EL MISTERIO. UNA COMEDIA.

Personajes dramáticos.

Hombres:	*Mujeres:*
Coronel Elliott	Fanny Elliot
El viejo Humbug	La señora Humbug
El joven Humbug	*y*
Sir Edward Spangle	Daphne
y	
Corydon	

ACTO I.

Escena I. *Un jardín.*

(Entra Corydon).

CORYDON: Pero silencio: me interrumpen.

(Sale Corydon).

Enter Old Humbug *and his* Son, *talking*.

Old Hum. It is for that reason that I wish you to follow my advice. Are you convinced of its propriety?

Young Hum. I am, sir, and will certainly act in the manner you have pointed out to me.

Old Hum. Then let us return to the house. [*Exeunt.*

***

SCENE II.—*A parlour in* Humbug's *house*. Mrs. Humbug *and* Fanny *discovered at work*.

Mrs. Hum. You understand me, my love?

Fanny. Perfectly, ma'am: pray continue your narration.

Mrs. Hum. Alas! it is nearly concluded; for I have nothing more to say on the subject.

Fanny. Ah! here is Daphne.

Enter Daphne.

Daphne. My dear Mrs. Humbug, how d'ye do? Oh! Fanny, it is all over.

Fanny. Is it indeed!

Mrs. Hum. I'm very sorry to hear it.

Fanny. Then 'twas to no purpose that I—

Daphne. None upon earth.

(Entran el viejo Humbug *y su* hijo, *hablando)*

VIEJO HUMBUG: Por eso quiero que sigas mi consejo. ¿Estás convencido de su procedencia?

JOVEN HUMBUG: Lo estoy, señor, y sin duda actuaré como me ha indicado.

VIEJO HUMBUG: Entonces, volvamos a la casa.

(Salen).

***

Escena II. *Un salón en casa de Humbug.*

(La señora Humbug *y* Fanny *hacen labores manuales).*

SEÑORA HUMBUG: ¿Me entiendes, cariño?

FANNY: Perfectamente, señora, por favor, continúe con su narración.

SEÑORA HUMBUG: ¡Ay! Ya casi termina; no tengo nada más que decir al respecto.

FANNY: ¡Ah! Aquí está Daphne.

(Entra Daphne).

DAPHNE: Mi querida señora Humbug, ¿cómo está? Ah, Fanny, se acabó todo.

FANNY: ¡De verdad!

SEÑORA HUMBUG: Lo siento mucho.

FANNY: Entonces no sirvió de nada que yo...

DAPHNE: Nadie en el mundo.

Mrs. Hum. And what is to become of—?

Daphne. Oh! 'tis all settled. (*Whispers* Mrs. Humbug.)

Fanny. And how is it determined?

Daphne. I'll tell you. (*Whispers* Fanny.)

Mrs. Hum. And is he to—?

Daphne. I'll tell you all I know of the matter. (*Whispers* Mrs. Humbug *and* Fanny.)

Fanny. Well, now I know everything about it, I'll go away.

Mrs. Hum. and *Daphne.* And so will I. [*Exeunt.*

***

SCENE III.—*The curtain rises, and discovers* Sir Edward Spangle *reclined in an elegant attitude on a sofa fast asleep.*

Enter Col. Elliott.

Col. E. My daughter is not here, I see. There lies Sir Edward. Shall I tell him the secret? No, he'll certainly blab it. But he's asleep, and won't hear me;—so I'll e'en venture. (*Goes up to* SIR EDWARD, *whispers him, and exit.*)

END OF THE FIRST ACT.

FINIS.

SEÑORA HUMBUG: ¿Y qué será de...?

DAPHNE: ¡Oh! Está todo decidido.

(Susurra la señora Humbug).

FANNY: ¿Y cómo se decide?

DAPHNE: Te lo diré.

(Susurra Fanny).

SEÑORA HUMBUG: ¿Y él va a...?

DAPHNE: Te diré todo lo que sé del asunto.

(Susurran la señora Humbug *y* Fanny).

FANNY: Bueno, ahora que lo sé todo, me voy.

SEÑORA HUMBUG Y FANNY: Y yo también.

(Salen).

***

ESCENA III. *Se levanta el telón y descubre a* Sir Edward Spangle *reclinado en elegante postura en un sofá, profundamente dormido.*

(Entra el coronel Elliott).

CORONEL ELLIOT: Veo que mi hija no está aquí. Ahí yace sir Edward. ¿Le cuento el secreto? No, seguro que lo contará a otros. Pero está dormido y no me oirá; así que me aventuraré.

(Se acerca a sir Edward, *le susurra algo y sale).*

FIN DEL PRIMER ACTO.

FIN.

***

Her own mature opinion of the desirableness of such an early habit of composition is given in the following words of a niece:—

'As I grew older, my aunt would talk to me more seriously of my reading and my amusements. I had taken early to writing verses and stories, and I am sorry to think how I troubled her with reading them. She was very kind about it, and always had some praise to bestow, but at last she warned me against spending too much time upon them. She said—how well I recollect it!—that she knew writing stories was a great amusement, and *she* thought a harmless one, though many people, she was aware, thought otherwise; but that at my age it would be bad for me to be much taken up with my own compositions. Later still—it was after she had gone to Winchester—she sent me a message to this effect, that if I would take her advice I should cease writing till I was sixteen; that she had herself often wished she had read more, and written less in the corresponding years of her own life.' As this niece was only twelve years old at the time of her aunt's death, these words seem to imply that the juvenile tales to which I have referred had, some of them at least, been written in her childhood.

But between these childish effusions, and the composition of her living works, there intervened another stage of her progress, during which she produced some stories, not without merit, but which she never considered worthy of publication. During this preparatory period her mind seems to have been working in a very different direction from that into which it ultimately settled. Instead of presenting faithful copies of nature, these tales were generally burlesques, ridiculing the improbable events and exaggerated sentiments which she had met with in sundry silly romances. Something of this fancy is to be found in 'Northanger Abbey,' but she soon left it far behind in her subsequent course. It would seem as if she were first taking note of all the faults to be avoided, and curiously considering how she ought *not* to write before she attempted to put forth her strength in the right direction. The family have, rightly, I think, declined to let these early works be published. Mr. Shortreed observed very pithily of Walter Scott's early rambles on the borders, 'He was makin' himself a' the time; but he didna ken, may be, what he was about till years had passed. At first he thought of little, I dare say, but the queerness and

***

Siendo adulta, su propia opinión sobre la conveniencia de ejercitar el hábito de la composición a edad temprana se expresa en este relato de una de sus sobrinas: «A medida que fui creciendo, mi tía me hablaba con más seriedad sobre mis lecturas y mis entretenimientos. Comencé de pequeña a escribir versos e historias y me apena pensar que le impuse su lectura. Ella era muy amable y siempre tenía algo amable para decir, pero finalmente me aconsejó que no le dedicara tanto tiempo. Me dijo, si mal no recuerdo, que sabía que esas historias eran un entretenimiento que *ella* consideraba inofensivo, aunque sabía que mucha gente pensaba lo contrario; y que a mi edad no era bueno dejarme llevar por mi afición. Luego, cuando ya se había marchado a Winchester, me envió un mensaje en tal sentido diciendo que, si yo seguía su consejo, debería dejar de escribir hasta cumplir los dieciséis años; que ella misma deseaba a menudo haber leído más y escrito menos a esa edad». Esta sobrina tenía doce años cuando Jane murió, y sus palabras dejan entrever que las historias a las que he hecho referencia fueron escritas, al menos muchas de ellas, durante su infancia.

Pero entre esa etapa infantil y las composiciones de su vida adulta Jane escribió muchas historias que, aunque meritorias, no consideró dignas de ser publicadas. Durante este periodo preparatorio su mente pareció ir en una dirección diferente a la que finalmente tomó. En lugar de ser fieles representaciones de la naturaleza de las personas, en general esas historias eran parodias que ridiculizaban acontecimientos improbables y sentimientos exagerados con los que se había encontrado en diversos romances absurdos. Algo de esto puede encontrarse en *La abadía de Northanger,* aunque al poco tiempo abandonó este estilo. Parecía que estaba tomando nota de los errores que no debía cometer, considerando con curiosidad cómo *evitarlos* antes de enfocar sus esfuerzos en la dirección correcta. La familia, creo que con razón, decidió que esos primeros trabajos no fueran publicados. El señor Shortreed observó, sobre los primeros trabajos de Walter Scott: «Se estaba haciendo a sí mismo todo el tiempo, pero quizá no supo qué traía entre manos hasta que pasaron los años. Me atrevería a decir que, al principio, solo se enfocaba en lo raro y lo divertido». Entonces, de una forma más humilde, Jane Austen se estaba haciendo a sí misma, pensando muy poco en su

the fun.' And so, in a humbler way, Jane Austen was 'makin' hersell,' little thinking of future fame, but caring only for 'the queerness and the fun;' and it would be as unfair to expose this preliminary process to the world, as it would be to display all that goes on behind the curtain of the theatre before it is drawn up.

It was, however, at Steventon that the real foundations of her fame were laid. There some of her most successful writing was composed at such an early age as to make it surprising that so young a woman could have acquired the insight into character, and the nice observation of manners which they display. 'Pride and Prejudice,' which some consider the most brilliant of her novels, was the first finished, if not the first begun. She began it in October 1796, before she was twenty-one years old, and completed it in about ten months, in August 1797. The title then intended for it was 'First Impressions.' 'Sense and Sensibility' was begun, in its present form, immediately after the completion of the former, in November 1797 but something similar in story and character had been written earlier under the title of 'Elinor and Marianne;' and if, as is probable, a good deal of this earlier production was retained, it must form the earliest specimen of her writing that has been given to the world. 'Northanger Abbey,' though not prepared for the press till 1803, was certainly first composed in 1798.

Amongst the most valuable neighbours of the Austens were Mr. and Mrs. Lefroy and their family. He was rector of the adjoining parish of Ashe; she was sister to Sir Egerton Brydges, to whom we are indebted for the earliest notice of Jane Austen that exists. In his autobiography, speaking of his visits at Ashe, he writes thus: 'The nearest neighbours of the Lefroys were the Austens of Steventon. I remember Jane Austen, the novelist, as a little child. She was very intimate with Mrs. Lefroy, and much encouraged by her. Her mother was a Miss Leigh, whose paternal grandmother was sister to the first Duke of Chandos. Mr. Austen was of a Kentish family, of which several branches have been settled in the Weald of Kent, and some are still remaining there. When I knew Jane Austen, I never suspected that she was an authoress; but my eyes told me that she was fair and handsome, slight and elegant, but with cheeks a little too full.' One may wish that Sir Egerton had dwelt rather longer on the subject of these memoirs, instead of being drawn away by his extreme love for genealogies

futuro prestigio y más en «lo raro y lo divertido». Sería injusto exponer al mundo este proceso preliminar, como lo sería exhibir todo lo que sucede detrás del telón de un teatro antes de que sea levantado.

Sin embargo, fue en Steventon donde se fundaron las bases de su notoriedad. Algunas de sus obras más famosas fueron escritas a una edad temprana y sorprende que una joven mujer haya podido describir tan a fondo sus personajes y hacer una agradable observación de sus modales. Comenzó a escribir *Orgullo y prejuicio,* considerada por muchos su mejor novela, antes de cumplir veintiún años, en octubre de 1796, y fue terminada diez meses después, en agosto de 1797. Su título original era *Primeras impresiones.* Pocos meses más tarde, en noviembre del mismo año, comenzó a escribir *Sentido y sensibilidad,* aunque con anterioridad había escrito una historia similar en personajes y desarrollo titulada *Elinor y Marianne* y si, como es probable, conservó gran parte de esta producción anterior, debe constituir uno de los ejemplos más tempranos de su obra que se ha dado a conocer. *La abadía de Northanger* fue escrita en 1798, aunque no fue publicada hasta 1803.

Entre los muy valorados vecinos de los Austen se encontraban el señor Lefroy y su familia. El señor Lefroy era el rector de la parroquia vecina de Ashe, y su esposa era la hermana de sir Egerton Brydges, quien fue la primera persona en descubrir la existencia de la escritora que iba a ser Jane Austen. En su autobiografía, sir Brydges describe sus visitas a Ashe y dice: «Los vecinos más cercanos de los Lefroy eran los Austen, de Steventon. Recuerdo haber conocido a Jane Austen, la novelista, cuando era pequeña. Ella era muy apegada a la señora Lefroy, quien la alentaba. La madre de Jane se apellidaba Leigh de soltera. Su bisabuela fue hermana del primer duque de Chandos. El señor Austen provenía de una familia de Kent, con miembros que se asentaron en el Weald de Kent y que aún permanecen allí. Cuando conocí a Jane Austen nunca sospeché que se convertiría en escritora. Mis ojos vieron que era atractiva, serena, delgada y elegante, aunque con mejillas un poco rellenas». Hubiera sido preferible que sir Egerton se detuviera más en la descripción de Jane en sus *Memorias,* en lugar de dejarse llevar por su extremo inte-

to her great-grandmother and ancestors. That great-grandmother however lives in the family records as Mary Brydges, a daughter of Lord Chandos, married in Westminster Abbey to Theophilus Leigh of Addlestrop in 1698. When a girl she had received a curious letter of advice and reproof, written by her mother from Constantinople. Mary, or 'Poll,' was remaining in England with her grandmother, Lady Bernard, who seems to have been wealthy and inclined to be too indulgent to her granddaughter. This letter is given. Any such authentic document, two hundred years old, dealing with domestic details, must possess some interest. This is remarkable, not only as a specimen of the homely language in which ladies of rank then expressed themselves, but from the sound sense which it contains. Forms of expression vary, but good sense and right principles are the same in the nineteenth that they were in the seventeenth century.

'My deares Poll,

'Yr letters by Cousin Robbert Serle arrived here not before the 27th of Aprill, yett were they hartily wellcome to us, bringing ye joyful news which a great while we had longed for of my most dear Mother & all other relations & friends good health which I beseech God continue to you all, & as I observe in yrs to yr Sister Betty ye extraordinary kindness of (as I may truly say) the best Mothr & Gnd Mothr in the world in pinching herself to make you fine, so I cannot but admire her great good Housewifry in affording you so very plentifull an allowance, & yett to increase her Stock at the rate I find she hath done; & think I can never sufficiently mind you how very much it is yr duty on all occasions to pay her yr gratitude in all humble submission & obedience to all her commands soe long as you live. I must tell you 'tis to her bounty & care in ye greatest measure you are like to owe yr well living in this world, & as you cannot but be very sensible you are an extra-ordinary charge to her so it behoves you to take particular heed tht in ye whole course of yr life, you render her a proportionable comfort, especially since 'tis ye best way you can ever hope to make her such amends as God requires of yr hands. but Poll! it grieves me a little yt I am forced to take notice of & reprove you for some vaine expressions in yr lettrs to yr Sister—you say concerning yr allowance "you aime to bring yr bread & cheese even" in this I do not discommend you, for a foule shame indeed it would be should you out run the Constable having soe liberall a

rés por la genealogía de la tatarabuela y sus ancestros. Esa tatarabuela está anotada en los registros familiares como Mary Brydges, hija de lord Chandos, que en 1698 contrajo matrimonio con Theophilus Leigh, de Addlestropen, en la abadía de Westminster. Siendo una niña había recibido una curiosa carta de consejo y reproche, escrita por su madre, desde Constantinopla. Mary, o «Poll», se encontraba en Inglaterra con su abuela, lady Bernard, quien parece haber sido una mujer adinerada y propensa a ser demasiado indulgente con su nieta. Esta carta escrita hace doscientos años existe y es auténtica, y posee detalles domésticos que pueden ser de interés. Resulta interesante no solo como muestra del lenguaje hogareño que utilizaban las damas de cierto rango sino también por sus consejos sensatos. Las formas de expresarlo varían, pero los buenos consejos y los principios rectos son los mismos en este siglo diecinueve que hace doscientos años atrás.

Mi queridísima Poll:

Las cartas de tu primo Robbert Serle no arribaron antes del 27 de abril y sin embargo fueron cálidamente recibidas, trayéndonos noticias felices que tanto tiempo esperamos sobre mi querida madre y todos los demás parientes y amigos, sobre su buena salud, que ruego a Dios que les conceda a todos ustedes, y como observa tu hermana Betty la extraordinaria bondad (como puedo decir con verdad) de la mejor madre y abuela del mundo al esforzarse para que estés bien, así que no puedo más que admirarla como una gran ama de casa al proporcionarte una asignación tan generosa y, además, aumentar su patrimonio al ritmo que veo que lo ha hecho; y creo que nunca podré dejar de recordarte lo mucho que es tu deber en todo momento mostrarle tu gratitud con humilde sumisión y obediencia a todas sus órdenes, mientras vivas. Debo decirte que es gracias a su generosidad y cuidado a lo que en gran medida debes tu buen vivir en este mundo, y no puedes dejar de ser muy consciente de que eres una carga extraordinaria para ella, así que te corresponde tener especial cuidado en brindarle un consuelo único en todo el curso de tu vida, especialmente porque es la mejor manera en que puedes esperar compensarla como Dios espera de ti. Pero Poll, me apena un poco verme obligada a tomar nota y reprenderte por algunas expresiones banales en tus cartas a tu hermana: dices respecto a tu asignación: «Hasta debes traer el pan y el queso». En esto no lo repruebo, porque sería una verdadera vergüenza, teniendo una

provision made you for yr maintenance—but ye reason you give for yr resolution I cannot at all approve for you say "to spend more you can't" thats because you have it not to spend, otherwise it seems you would. So yt 'tis yr Grandmothrs discretion & not yours tht keeps you from extravagancy, which plainly appears in ye close of yr sentence, saying yt you think it simple covetousness to save out of yrs but 'tis my opinion if you lay all on yr back 'tis ten tymes a greater sin & shame thn to save some what out of soe large an allowance in yr purse to help you at a dead lift. Child, we all know our beginning, but who knows his end? Ye best use tht can be made of fair weathr is to provide against foule & 'tis great discretion & of noe small commendations for a young woman betymes to shew herself housewifly & frugal. Yr Mother neither Maide nor wife ever yett bestowed forty pounds a yeare on herself & yett if you never fall undr a worse reputation in ye world thn she (I thank God for it) hath hitherto done, you need not repine at it, & you cannot be ignorant of ye difference tht was between my fortune & what you are to expect. You ought likewise to consider tht you have seven brothers & sisters & you are all one man's children & therefore it is very unreasonable that one should expect to be preferred in finery soe much above all ye rest for 'tis impossible you should soe much mistake yr ffather's condition as to fancy he is able to allow every one of you forty pounds a yeare a piece, for such an allowance with the charge of their diett over and above will amount to at least five hundred pounds a yeare, a sum yr poor ffather can ill spare, besides doe but bethink yrself what a ridiculous sight it will be when yr grandmothr & you come to us to have noe less thn seven waiting gentlewomen in one house, for what reason can you give why every one of yr Sistrs should not have every one of ym a Maide as well as you, & though you may spare to pay yr maide's wages out of yr allowance yett you take no care of ye unnecessary charge you put yr ffathr to in yr increase of his family, whereas if it were not a piece of pride to have ye name of keeping yr maide she yt waits on yr good Grandmother might easily doe as formerly you know she hath done, all ye business you have for a maide unless as you grow oldr you grow a veryer Foole which God forbid!

'Poll, you live in a place where you see great plenty & splendour but let not ye allurements of earthly pleasures tempt you to forget or neglect ye duty of a good Christian in dressing yr bettr part which is yr soule, as will best please God. I am not against yr going decent

provisión tan liberal para tu manutención; pero no puedo aprobar en absoluto la razón que das para tu decisión, pues dices: «No puedo gastar más». Pero no tienes esa asignación para gastarla, de lo contrario pareciera que es así. Es la discreción de tu abuela, y no la tuya, la que te impide la extravagancia, lo cual se ve claramente al final de tu frase, diciendo que crees que es simple codicia ahorrar de tu bolsillo, pero en mi opinión, gastarlo todo es diez veces mayor pecado y vergüenza que ahorrar algo de una asignación tan generosa que tienes sin hacer nada a cambio. Hija, todos conocemos cómo comenzamos, pero ¿quién conoce su fin? El mejor uso que se puede hacer del tiempo es prevenir el mal, y una gran discreción y un buen elogio para una joven es mostrarse frugal y hogareña. Tu madre, ni como doncella ni como esposa, jamás ha gastado cuarenta libras al año, y sin embargo, si tú nunca has tenido en el mundo peor reputación que la que ella ha tenido hasta ahora (doy gracias a Dios por ello), no tienes por qué lamentarte, y no puedes ignorar la diferencia que había entre mi fortuna y lo que puedes esperar. Deberías también considerar que tienes siete hermanos y hermanas y que son todos hijos de un mismo hombre y, por lo tanto, no es razonable que ninguno espere ser preferido por encima de todos los demás, pues es imposible equivoques tanto la condición de tu padre como para imaginar que puede permitir a cada uno de ustedes cuarenta libras al año cada uno, pues tal asignación, con la dieta de su cargo, ascendería al menos a quinientas libras al año, una suma de la que tu pobre padre difícilmente puede prescindir. Además, piensa en el espectáculo ridículo que darán cuando tu abuela y tú nos visiten, al no contar con al menos siete damas de compañía en una casa. ¿Qué razón puedes dar para que cada una de tus hermanas no tenga doncellas, al igual que tú? Poll, vives en un lugar donde ves abundancia y esplendor, pero no dejes que los atractivos de los placeres terrenales te tienten a olvidar o descuidar tu deber como buena cristiana: vestir tu mejor parte, que es tu alma, como mejor le plazca a Dios. No me opongo a que vayas decente y pulcra como corresponde a la hija de tu padre, pero vestirte con lujo y lucir modas ostentosas nunca es conveniente. En lugar de honrarte y conseguirte buenas referencias, es la forma más fácil para asustar a todos los hombres sensatos que evitan tomar como esposas a mujeres que viven por encima de su fortuna. Y si esta es una forma sabia de gastar el dinero, ¡júzgalo tú! Además, piensa en lo extraño que resultaría para un desconocido que venga a nuestra casa ver a tu abuela, a tu madre y

& neate as becomes yr ffathers daughter but to clothe yrself rich & be running into every gaudy fashion can never become yr circumstances & instead of doing you creditt & getting you a good prefernt it is ye readiest way you can take to fright all sober men from ever thinking of matching thmselves with women that live above thyr fortune, & if this be a wise way of spending money judge you! & besides, doe but reflect what an od sight it will be to a stranger that comes to our house to see yr Grandmothr yr Mothr & all yr Sisters in a plane dress & you only trickd up like a bartlemew-babby—you know what sort of people those are tht can't faire well but they must cry rost meate now what effect could you imagine yr writing in such a high straine to yr Sisters could have but either to provoke thm to envy you or murmur against us. I must tell you neithr of yr Sisters have ever had twenty pounds a yeare allowance from us yett, & yett theyr dress hath not disparaged neithr thm nor us & without incurring ye censure of simple covetousness they will have some what to shew out of their saving that will doe thm creditt & I expect yt you tht are theyr elder Sister shd rather sett thm examples of ye like nature thn tempt thm from treading in ye steps of their good Grandmothr & poor Mothr. This is not half what might be saide on this occasion but believing thee to be a very good natured dutyfull child I shd have thought it a great deal too much but yt having in my coming hither past through many most desperate dangers I cannot forbear thinking & preparing myself for all events, & therefore not knowing how it may please God to dispose of us I conclude it my duty to God & thee my dr child to lay this matter as home to thee as I could, assuring you my daily prayers are not nor shall not be wanting that God may give you grace always to remember to make a right use of this truly affectionate counsell of yr poor Mothr. & though I speak very plaine down-right english to you yett I would not have you doubt but that I love you as hartily as any child I have & if you serve God and take good courses I promise you my kindness to you shall be according to yr own hart's desire, for you may be certain I can aime at nothing in what I have now writ but yr real good which to promote shall be ye study & care day & night

'Of my dear Poll

'thy truly affectionate Mothr.

a todas tus hermanas con un vestido liso y a ti arreglada como una muñeca de feria. ¿Sabes qué clase de personas son esas a las que no les va bien pero deben ostentar y sirven carne asada? Ahora bien, ¿qué efecto imaginas que el contenido de tus cartas puede tener en tus hermanas, además de crear tensión, provocarles envidia y hacer que hablen mal de ti? Debo decirte que ninguna de tus hermanas ha recibido de nosotros veinte libras al año todavía y, sin embargo, su vestimenta no las ha denigrado, ni a ellas ni a nosotros, y sin incurrir en la censura de la simple codicia, tendrán que mostrar que hacen honor de sus ahorros y espero que tú, que eres su hermana mayor, prefieras darles un ejemplo de esta naturaleza antes que tentarlas a que se alejen de los pasos de su buena abuela y su pobre madre. Esto no es ni la mitad de lo que puedo decir en esta ocasión y parecerá excesivo, ya que eres una niña muy bondadosa y obediente; sin embargo, habiendo pasado por tantos peligros en mi vida, no puedo evitar pensar y prepararme para cualquier eventualidad. Por lo tanto, sin saber cómo dispondrá Dios de nosotros, concluyo que es mi deber hacia Dios y hacia ti, mi querida hija, explicarte este asunto lo mejor posible, asegurándote que mis oraciones diarias no faltan ni faltarán para que Dios te conceda la gracia de recordar siempre hacer buen uso de este consejo tan cariñoso de tu pobre madre. Y aunque te hablo un inglés muy claro y directo, no quiero que dudes de que te amo tan profundamente como a cualquier hijo que tengo, y si sirves a Dios y tomas buenos caminos, te prometo que mi bondad hacia ti estará acorde al deseo de tu corazón, porque puedes estar segura de que en lo que te he escrito no aspiro a nada que no sea para tu verdadero bien, el cual promoveré con cariño y cuidado día y noche.

Tu madre afectuosa.

'Eliza Chandos.

'Pera of Galata, May ye 6th 1686.

'P.S.—Thy ffathr & I send thee our blessing, & all thy brothrs & sistrs theyr service. Our harty & affectionate service to my brothr & sistr Childe & all my dear cozens. When you see my Lady Worster & cozen Howlands pray present thm my most humble service.'

This letter shows that the wealth acquired by trade was already manifesting itself in contrast with the straitened circumstances of some of the nobility. Mary Brydges's 'poor ffather,' in whose household economy was necessary, was the King of England's ambassador at Constantinople; the grandmother, who lived in 'great plenty and splendour,' was the widow of a Turkey merchant. But then, as now, it would seem, rank had the power of attracting and absorbing wealth.

At Ashe also Jane became acquainted with a member of the Lefroy family, who was still living when I began these memoirs, a few months ago; the Right Hon. Thomas Lefroy, late Chief Justice of Ireland. One must look back more than seventy years to reach the time when these two bright young persons were, for a short time, intimately acquainted with each other, and then separated on their several courses, never to meet again; both destined to attain some distinction in their different ways, one to survive the other for more than half a century, yet in his extreme old age to remember and speak, as he sometimes did, of his former companion, as one to be much admired, and not easily forgotten by those who had ever known her.

Mrs. Lefroy herself was a remarkable person. Her rare endowments of goodness, talents, graceful person, and engaging manners, were sufficient to secure her a prominent place in any society into which she was thrown; while her enthusiastic eagerness of disposition rendered her especially attractive to a clever and lively girl. She was killed by a fall from her horse on Jane's birthday, Dec. 16, 1804. The following lines to her memory were written by Jane four years afterwards, when she was thirty-three years old. They are given, not for their merits as poetry, but to show how deep and lasting was the impression made by the elder friend on the mind of the younger:—

Eliza Chandos

Pera de Gálata, 6 de mayo de 1686.

P. D.: Tu padre y yo te enviamos nuestra bendición, y todos tus hermanos y hermanas su apoyo. Nuestro más sincero y afectuoso saludo a mi hermano, a mi hermana Childe y a todos mis queridos primos. Cuando veas a lady Worster y a mi primo Howlands, por favor, preséntales mi más humilde saludo.

Esta carta es una muestra de cómo la fortuna adquirida por comercio se consolidaba por sí misma, en contraste con la obtenida por herencia familiar o nobleza. El padre de Mary Brydges, en cuya casa era necesario el ahorro, era embajador del rey de Inglaterra en Constantinopla, mientras que la abuela de Mary, que vivía a todo esplendor, era la viuda de un comerciante turco. En esa época, como ahora, el rango tenía el poder de atraer y absorber la riqueza.

En Ashe, Jane también conoció a otro miembro de la familia Lefroy: el honorable Thomas Lefroy, quien fuera presidente del Tribunal de Justicia de Irlanda, y que todavía estaba vivo hace unos meses cuando comencé a escribir estas memorias. Es necesario remontarse a más de setenta años atrás para llegar al momento en que estos dos jóvenes brillantes se conocieron durante un corto tiempo y luego separaron sus caminos para no volver a encontrarse jamás. Ambos estaban destinados a alcanzar cierta distinción en sus vidas; uno sobrevivió al otro durante más de medio siglo, pero aún siendo muy anciano solía recordar y mencionar a su antigua compañera, que sería admirada y difícilmente olvidada por quienes la conocieron.

La señora Lefroy también fue una persona sobresaliente por sus dotes de bondad, talento, elegancia y modales encantadores, que eran suficientes para asegurarle un lugar prominente en cualquier sociedad en la que se desenvolviera, y su disposición entusiasta la hacía especialmente atractiva para una muchacha inteligente y vivaz como Jane. Murió al caer de un caballo el 16 de diciembre de 1804, día del cumpleaños de Jane, y el siguiente texto fue escrito por mi tía cuatro años más tarde, cuando tenía treinta y tres años. Si bien no tiene gran valor poético, muestra la profunda y perdurable impresión que la señora Lefroy dejó en la mente de la joven Jane:

JAMES EDWARD AUSTEN-LEIGH

To the Memory of Mrs. Lefroy.

1.

The day returns again, my natal day;
What mix'd emotions in my mind arise!
Beloved Friend; four years have passed away
Since thou wert snatched for ever from our eyes.

2.

The day commemorative of my birth,
Bestowing life, and light, and hope to me,
Brings back the hour which was thy last on earth.
O! bitter pang of torturing memory!

3.

Angelic woman! past my power to praise
In language meet thy talents, temper, mind,
Thy solid worth, thy captivating grace,
Thou friend and ornament of human kind.

4.

But come, fond Fancy, thou indulgent power;
Hope is desponding, chill, severe, to thee:
Bless thou this little portion of an hour;
Let me behold her as she used to be.

5.

I see her here with all her smiles benign,
Her looks of eager love, her accents sweet,
That voice and countenance almost divine,
Expression, harmony, alike complete.

En memoria de la señora Lefroy

1

El día regresa, mi día natal;
¡Qué sentimientos encontrados surgen en mi mente!
Querido amiga, cuatro años han pasado
desde que fueras arrebatada para siempre de nuestra vida.

2.

El día conmemorativo de mi nacimiento,
que me dio vida, luz y esperanza,
trae de vuelta la hora que fue tu última en la tierra.
¡Oh! ¡Amarga punzada de un recuerdo atormentador!

3.

¡Mujer angelical! Más allá de mi poder de alabanza
en las palabras se encuentran tus talentos, temperamento, mente,
tu sólido valor, tu gracia cautivadora,
tú, amiga y ornamento de la humanidad.

4.

Pero ven, dulce fantasía, con tu poder indulgente;
la esperanza es desalentadora, fría, severa;
bendice esta pequeña fracción de hora;
déjame contemplarla como solía ser.

5.

La veo aquí con su sonrisa benigna,
sus miradas de ilusionado amor, sus modos dulces,
esa voz y semblante casi divinos,
expresión, armonía, igualmente completas.

6.

Listen! It is not sound alone, 'tis sense,
'Tis genius, taste, and tenderness of soul:
'Tis genuine warmth of heart without pretence,
And purity of mind that crowns the whole.

7.

She speaks! 'Tis eloquence, that grace of tongue,
So rare, so lovely, never misapplied
By her, to palliate vice, or deck a wrong:
She speaks and argues but on virtue's side.

8.

Hers is the energy of soul sincere;
Her Christian spirit, ignorant to feign,
Seeks but to comfort, heal, enlighten, cheer,
Confer a pleasure or prevent a pain.

9.

Can aught enhance such goodness? yes, to me
Her partial favour from my earliest years
Consummates all: ah! give me but to see
Her smile of love! The vision disappears.

10.

'Tis past and gone. We meet no more below,
Short is the cheat of Fancy o'er the tomb.
Oh! might I hope to equal bliss to go,
To meet thee, angel, in thy future home.

6.

¡Escuchen! No es solo sonido, es sentido.
Es genio, gusto y ternura de alma:
es genuina calidez de corazón sin pretensiones
y pureza de mente que lo corona todo.

7.

¡Ella habla! Es elocuencia, esa gracia de lengua
tan excepcional, tan hermosa, jamás mal aplicada
por ella para paliar un vicio o disimular una ofensa:
ella habla y argumenta, pero desde el lado de la virtud.

8.

Suya es la energía de un alma sincera;
su espíritu cristiano, que no sabe fingir,
solo busca consolar, sanar, iluminar, animar,
dar un placer o evitar un dolor.

9.

¿Puede algo aumentar tal bondad? Sí, para mí.
Su afecto personal desde mis primeros años
lo consuma todo. ¡Ah! ¡Déjame solo ver
su sonrisa de amor! La visión desaparece.

10.

Es pasado y se ha ido. Ya no nos vemos abajo.
Corto es el engaño de la fantasía sobre la tumba.
¡Oh! Ojalá pudiera igualar la dicha de ir
a encontrarte, ángel, en tu futuro hogar.

11.

> Fain would I feel an union with thy fate:
> Fain would I seek to draw an omen fair
> From this connection in our earthly date.
> Indulge the harmless weakness. Reason, spare.

The loss of their first home is generally a great grief to young persons of strong feeling and lively imagination; and Jane was exceedingly unhappy when she was told that her father, now seventy years of age, had determined to resign his duties to his eldest son, who was to be his successor in the Rectory of Steventon, and to remove with his wife and daughters to Bath. Jane had been absent from home when this resolution was taken; and, as her father was always rapid both in forming his resolutions and in acting on them, she had little time to reconcile herself to the change.

***

A wish has sometimes been expressed that some of Jane Austen's letters should be published. Some entire letters, and many extracts, will be given in this memoir; but the reader must be warned not to expect too much from them. With regard to accuracy of language indeed every word of them might be printed without correction. The style is always clear, and generally animated, while a vein of humour continually gleams through the whole; but the materials may be thought inferior to the execution, for they treat only of the details of domestic life. There is in them no notice of politics or public events; scarcely any discussions on literature, or other subjects of general interest. They may be said to resemble the nest which some little bird builds of the materials nearest at hand, of the twigs and mosses supplied by the tree in which it is placed; curiously constructed out of the simplest matters.

Her letters have very seldom the date of the year, or the signature of her christian name at full length; but it has been easy to ascertain their dates, either from the post-mark, or from their contents.

***

11.

Quisiera sentirme unida a tu destino;
quisiera extraer un presagio hermoso
de esta conexión en nuestro encuentro terrenal.
Consiente la inofensiva debilidad. Razón, perdón.

Algunos jóvenes sensibles y con gran imaginación sufren con más intensidad la pérdida del primer hogar, y este fue el caso de Jane, que se sintió extremadamente desdichada cuando su padre, a los setenta años de edad, delegó sus obligaciones a su hijo mayor nombrándolo su sucesor en la rectoría de Steventon y decidió mudarse a Bath con su esposa e hijas. Jane no estaba en su hogar cuando esta decisión fue tomada por su padre, siempre expeditivo en ejecutar sus resoluciones, con lo cual tuvo muy poco tiempo para aceptar el cambio.

***

Muchas veces se ha expresado el deseo de que las cartas de Jane Austen fueran publicadas. Si bien muchas, algunas en su totalidad y otras en extractos, han sido incluidas en estas memorias, el lector no debe esperar mucho de ellas. En cuanto a la precisión del lenguaje, cada palabra podría imprimirse sin necesidad de corrección; el estilo es siempre claro y en general animado, mientras que su sentido del humor brilla en todas ellas. Pero su contenido se basa solo en detalles de la vida doméstica, sin mención de ningún evento público o político o conversación sobre literatura o asuntos de interés general. Se puede decir que se parecen al nido que algún pajarito construye con los materiales que tiene a mano, con las ramitas y musgos que le proporciona el árbol en el que está colocado, construido con los materiales más simples.

Sus cartas raramente contienen fechas o están firmadas con su nombre completo, pero no ha sido difícil ubicarlas en el tiempo gracias a sus sellos, o por su contenido.

***

The two following letters are the earliest that I have seen. They were both written in November 1800; before the family removed from Steventon. Some of the same circumstances are referred to in both.

The first is to her sister Cassandra, who was then staying with their brother Edward at Godmersham Park, Kent:—

'Steventon, Saturday evening, Nov. 8th.

'My dear Cassandra,

'I thank you for so speedy a return to my two last, and particularly thank you for your anecdote of Charlotte Graham and her cousin, Harriet Bailey, which has very much amused both my mother and myself. If you can learn anything farther of that interesting affair, I hope you will mention it. I have two messages; let me get rid of them, and then my paper will be my own. Mary fully intended writing to you by Mr. Chute's frank, and only happened entirely to forget it, but will write soon; and my father wishes Edward to send him a memorandum of the price of the hops. The tables are come, and give general contentment. I had not expected that they would so perfectly suit the fancy of us all three, or that we should so well agree in the disposition of them; but nothing except their own surface can have been smoother. The two ends put together form one constant table for everything, and the centre piece stands exceedingly well under the glass, and holds a great deal most commodiously, without looking awkwardly. They are both covered with green baize, and send their best love. The Pembroke has got its destination by the sideboard, and my mother has great delight in keeping her money and papers locked up. The little table which used to stand there has most conveniently taken itself off into the best bedroom; and we are now in want only of the chiffonniere, which is neither finished nor come. So much for that subject; I now come to another, of a very different nature, as other subjects are very apt to be. Earle Harwood has been again giving uneasiness to his family and talk to the neighbourhood; in the present instance, however, he is only unfortunate, and not in fault.

'About ten days ago, in cocking a pistol in the guard-room at

Las dos cartas que transcribo a continuación son las más antiguas que he visto. Ambas fueron escritas en noviembre de 1800, antes de que la familia se fuera de Steventon. En ambas se hace referencia a circunstancias similares.

La primera está dirigida a Cassandra, que estaba en ese momento visitando a su hermano Edward en Godmersham Park, Kent:

Steventon, sábado por la tarde, 8 de noviembre.

Mi querida Cassandra:

Gracias por tu pronta respuesta a mis dos últimas cartas, y sobre todo gracias por la anécdota sobre Charlotte Graham y su prima Harriet Bailey, que nos ha divertido mucho a mi madre y a mí. Si puedes averiguar algo más sobre este asunto tan interesante espero que nos lo cuentes. Tengo dos mensajes, que ya mismo te digo así recupero para mí el contenido de esta carta: Mary tenía toda la intención de escribirte por medio del señor Chute pero se olvidó por completo de hacerlo, aunque te escribirá pronto; y mi padre desea que Edward le envíe un memorándum con el precio del lúpulo. Las mesas han llegado, para satisfacción de todos. No esperaba que se adaptaran tan perfectamente al gusto de los tres, o que estuviéramos tan de acuerdo en su disposición, pero todo resultó tan impecable como la superficie de las mesas. Los dos extremos juntos forman una mesa fija, y la pieza central, que se mantiene perfectamente bajo el cristal, forma un gran espacio con comodidad y sin que parezca extraño. Ambas están cubiertas con paño verde y son adorables. El Pembroke tiene ahora su lugar junto al aparador y mi madre disfruta mucho guardando su dinero y papeles bajo llave. La pequeña mesa que estaba allí ahora ocupa un lugar en el mejor dormitorio. Solo esperamos que llegue el armario, que todavía no está terminado. Paso ahora a otro tema, de naturaleza muy distinta, como suele ocurrir con otros temas. Earle Harwood ha vuelto a causar inquietud a su familia y cotilleos en el vecindario; pero en este caso, sin embargo, el evento es desafortunado y no es su culpa. Hace unos diez días, estando en el cuerpo de guardia de Marcau, se disparó accidentalmente en el muslo al amartillar una pistola. Dos jóvenes cirujanos escoceses que estaban en la isla se ofrecieron amablemente a cortarle el muslo pero él no dio su consentimiento,

Marcau, he accidentally shot himself through the thigh. Two young Scotch surgeons in the island were polite enough to propose taking off the thigh at once, but to that he would not consent; and accordingly in his wounded state was put on board a cutter and conveyed to Haslar Hospital, at Gosport, where the bullet was extracted, and where he now is, I hope, in a fair way of doing well. The surgeon of the hospital wrote to the family on the occasion, and John Harwood went down to him immediately, attended by James,[9] whose object in going was to be the means of bringing back the earliest intelligence to Mr. and Mrs. Harwood, whose anxious sufferings, particularly those of the latter, have of course been dreadful. They went down on Tuesday, and James came back the next day, bringing such favourable accounts as greatly to lessen the distress of the family at Deane, though it will probably be a long while before Mrs. Harwood can be quite at ease. *One* most material comfort, however, they have; the assurance of its being really an accidental wound, which is not only positively declared by Earle himself, but is likewise testified by the particular direction of the bullet. Such a wound could not have been received in a duel. At present he is going on very well, but the surgeon will not declare him to be in no danger.[10] Mr. Heathcote met with a genteel little accident the other day in hunting. He got off to lead his horse over a hedge, or a house, or something, and his horse in his haste trod upon his leg, or rather ancle, I believe, and it is not certain whether the small bone is not broke. Martha has accepted Mary's invitation for Lord Portsmouth's ball. He has not yet sent out his own invitations, but *that* does not signify; Martha comes, and a ball there is to be. I think it will be too early in her mother's absence for me to return with her.

'*Sunday Evening*.—We have had a dreadful storm of wind in the fore part of this day, which has done a great deal of mischief among our trees. I was sitting alone in the dining-room when an odd kind of crash startled me—in a moment afterwards it was repeated. I then went to the window, which I reached just in time to see the last of our two highly valued elms descend into the Sweep!!!! The other, which had fallen, I suppose, in the first crash, and which was the nearest to the pond, taking a more easterly direction, sunk among our

9 James, the writer's eldest brother.
10 The limb was saved.

por lo cual fue trasladado al hospital Haslar en Gosport donde le extrajeron la bala y ahora está, espero, en vías de recuperarse. El cirujano del hospital le escribió a la familia y John Harwood acudió a su lado inmediatamente acompañado por James,[10] cuya misión era solo regresar con las últimas noticias para calmar la ansiedad de sus padres. John y James partieron el martes y James volvió al día siguiente con las buenas noticias que tranquilizaron a la familia en Deane, aunque creo que pasará un buen tiempo hasta que la señora Harwood pueda sentirse tranquila. *Sin embargo,* tienen como consuelo la seguridad de que fue una herida accidental, lo que no solo lo declara el propio Earle sino que también lo atestigua la dirección de la bala. Una herida de ese tipo no podría haberse producido en un duelo. Por el momento está bien, pero el cirujano no lo ha declarado fuera de peligro.[11]

El señor Heathcote tuvo un pequeño accidente el otro día, mientras cazaba. Se bajó de su caballo para pasar por un seto o una casa, o algo así, y el caballo, en su prisa, le pisó la pierna o más bien el tobillo, creo, y no es seguro que el pequeño hueso no esté roto.

Martha aceptó la invitación de Mary al baile de Lord Portsmouth. Él aún no ha enviado sus propias invitaciones, pero *eso* no significa nada: Martha viene, y habrá un baile. Creo que será demasiado pronto, debido a la ausencia de su madre, para que yo pueda regresar con ella.

Domingo por la tarde. Hemos tenido una horrible tormenta de viento durante gran parte del día, que ha dañado mucho nuestros árboles. Estaba sentada sola en el comedor cuando un extraño estruendo me sobresaltó, y a continuación, otro. Me acerqué a la ventana, a la que llegué justo a tiempo para ver cómo caía el último de nuestros dos preciados olmos. El otro, que imagino había caído primero y que era el más cercano al estanque, tomando una dirección más al este, se hundió en medio de los castaños y los abetos, derribando un

---

10   James, el hermano mayor de Jane.
11   La pierna pudo ser salvada.

screen of chestnuts and firs, knocking down one spruce-fir, beating off the head of another, and stripping the two corner chestnuts of several branches in its fall. This is not all. One large elm out of the two on the left-hand side as you enter what I call the elm walk, was likewise blown down; the maple bearing the weathercock was broke in two, and what I regret more than all the rest is, that all the three elms which grew in Hall's meadow, and gave such ornament to it, are gone; two were blown down, and the other so much injured that it cannot stand. I am happy to add, however, that no greater evil than the loss of trees has been the consequence of the storm in this place, or in our immediate neighbourhood. We grieve, therefore, in some comfort.

'I am yours ever,

'J. A.'

The next letter, written four days later than the former, was addressed to Miss Lloyd, an intimate friend, whose sister (my mother) was married to Jane's eldest brother:—

'Steventon, Wednesday evening, Nov. 12th.

'My dear Martha,

'I did not receive your note yesterday till after Charlotte had left Deane, or I would have sent my answer by her, instead of being the means, as I now must be, of lessening the elegance of your new dress for the Hurstbourne ball by the value of 3*d*. You are very good in wishing to see me at Ibthorp so soon, and I am equally good in wishing to come to you. I believe our merit in that respect is much upon a par, our self-denial mutually strong. Having paid this tribute of praise to the virtue of both, I shall here have done with panegyric, and proceed to plain matter of fact. In about a fortnight's time I hope to be with you. I have two reasons for not being able to come before. I wish so to arrange my visit as to spend some days with you after your mother's return. In the 1st place, that I may have the pleasure of seeing her, and in the 2nd, that I may have a better chance of bringing you back with me. Your promise in my favour was not quite absolute, but if your will is not perverse, you and I will do all

abeto, golpeando la cabeza de otro y despojando a los dos castaños de las esquinas de varias ramas en su caída. Y esto no es todo: un gran olmo, de los dos que estaban a la izquierda al entrar a lo que llamo el camino de los olmos, también fue derribado; el arce que sostenía la veleta se partió en dos, y lo que más lamento es que los tres olmos que crecían en el prado de Hall y le daban tanta alegría hayan desaparecido: dos fueron derribados y el otro quedó tan dañado que no puede mantenerse en pie. Pero puedo decir con alivio que las consecuencias de esta tormenta fueron solo la pérdida de los árboles, tanto aquí como en la vecindad. Nos afligimos, pero con algún consuelo.

Siempre tuya.

J. A.

La siguiente carta, escrita cuatro días después, estaba dirigida a la señorita Lloyd, una amiga íntima cuya hermana (mi madre) estaba casada con el hermano mayor de Jane:

Steventon, miércoles por la tarde, 12 de noviembre.

Mi querida Martha:

Ayer no recibí tu nota hasta después de que Charlotte se marchara de Deane, de lo contrario hubiera enviado mi respuesta por medio de ella en lugar de hacerlo, como ahora, desmereciendo por tres peniques la elegancia de tu nuevo vestido para el baile de Hurstbourne. Comparto tu deseo de vernos en Ibthorp, yo también anhelo ir a visitarte. Creo que nuestros deseos en ese aspecto son muy similares, y nuestra mutua abnegación es fuerte. Pero habiendo rendido este homenaje de alabanza a la virtud de ambas, termino aquí con el panegírico y pasaré a los hechos concretos. Espero estar contigo dentro de unas dos semanas, y tengo dos razones para no poder ir antes: deseo organizar mi visita para pasar unos días allí después del regreso de tu madre, primero porque así puedo tener el placer de verla y segundo porque quizás así tenga la oportunidad de traerte de vuelta conmigo. Tu promesa no fue del todo absoluta, pero si tu voluntad es firme, tú y yo haremos todo lo que esté a

in our power to overcome your scruples of conscience. I hope we shall meet next week to talk all this over, till we have tired ourselves with the very idea of my visit before my visit begins. Our invitations for the 19th are arrived, and very curiously are they worded.[11] Mary mentioned to you yesterday poor Earle's unfortunate accident, I dare say. He does not seem to be going on very well. The two or three last posts have brought less and less favourable accounts of him. John Harwood has gone to Gosport again to-day. We have two families of friends now who are in a most anxious state; for though by a note from Catherine this morning there seems now to be a revival of hope at Manydown, its continuance may be too reasonably doubted. Mr. Heathcote,[12] however, who has broken the small bone of his leg, is so good as to be going on very well. It would be really too much to have three people to care for.

'You distress me cruelly by your request about books. I cannot think of any to bring with me, nor have I any idea of our wanting them. I come to you to be talked to, not to read or hear reading; I can do that at home; and indeed I am now laying in a stock of intelligence to pour out on you as my share of the conversation. I am reading Henry's History of England, which I will repeat to you in any manner you may prefer, either in a loose, desultory, unconnected stream, or dividing my recital, as the historian divides it himself, into seven parts:—The Civil and Military: Religion: Constitution: Learning and Learned Men: Arts and Sciences: Commerce, Coins, and Shipping: and Manners. So that for every evening in the week there will be a different subject. The Friday's lot—Commerce, Coins, and Shipping—you will find the least entertaining; but the next evening's portion will make amends. With such a provision on my part, if you will do yours by repeating the French Grammar, and Mrs.

11 The invitation, the ball dress, and some other things in this and the preceding letter refer to a ball annually given at Hurstbourne Park, on the anniversary of the Earl of Portsmouth's marriage with his first wife. He was the Lord Portsmouth whose eccentricities afterwards became notorious, and the invitations, as well as other arrangements about these balls, were of a peculiar character.
12 The father of Sir William Heathcote, of Hursley, who was married to a daughter of Mr. Bigg Wither, of Manydown, and lived in the neighbourhood.

nuestro alcance para vencer tus escrúpulos. Espero que nos veamos la semana que viene para hablar de todo esto, hasta que nos cansemos de la idea de mi visita antes de que comience. Nuestras invitaciones para el 19 ya han llegado, y están redactadas de forma muy curiosa.[12] Mary te mencionó ayer el infortunado accidente del pobre Earle, y debo decir que no parece estar recuperándose. Las dos últimas cartas traen noticias cada vez menos favorables sobre él; John Harwood viajó hoy nuevamente a Gosport. Y ahora son dos las familias amigas que están pasando por una gran ansiedad: nos enteramos esta mañana por una nota que nos envió Catherine de que si bien ha vuelto la esperanza a Manydown, es razonable pensar que no perdurará. Sin embargo, el señor Heathcote,[13] quien se fracturó el hueso pequeño de la pierna, tiene la suerte de estar muy bien. Sería realmente demasiado tener que cuidar a tres personas.

Me afliges mucho con tu solicitud de libros. No se me ocurre ninguno que pueda llevar, ni tengo idea de por qué los necesitamos. Voy a visitarlas para que me hablen, no para leer o escuchar lectura; eso puedo hacerlo en casa y, de hecho, ahora estoy haciéndome una reserva de temas para compartirlos con ustedes como parte de la conversación. Estoy leyendo la *Historia de Inglaterra* de Henry, que les repetiré de la manera que prefieran, ya sea de forma suelta, inconexa y sin orden, o dividiendo mi relato como lo divide el propio historiador, en siete partes: lo civil y lo militar, la religión, la constitución, los hombres cultos y eruditos, las artes y las ciencias, el comercio, las monedas y los envíos, y las costumbres. Así que cada noche de la semana habrá un tema diferente. El tema del viernes (comercio, monedas y envíos) les resultará menos entretenido; pero la parte de la noche siguiente lo compensará. Con tal disposición de mi parte, si tú haces lo tuyo repitiendo la gramática francesa, y la se-

12 La invitación, el vestido para el baile y otros temas a los que se refieren esta carta y la precedente hacen referencia al baile anual organizado en Hurstbourne Park como celebración del aniversario de casamiento del conde de Portsmouth con su esposa. Se trataba de lord Portsmouth cuyas excentricidades se hicieron notorias a través de los años. Las invitaciones, así como otros preparativos para estos bailes, eran muy peculiares.
13 El padre de sir William Heathcote, de Hursley, estaba casado con la hija del señor Bigg Wither, de Mandydown. Vivían en el vecindario.

Stent[13] will now and then ejaculate some wonder about the cocks and hens, what can we want? Farewell for a short time. We all unite in best love, and I am your very affectionate

'J. A.'

The two next letters must have been written early in 1801, after the removal from Steventon had been decided on, but before it had taken place. They refer to the two brothers who were at sea, and give some idea of a kind of anxieties and uncertainties to which sisters are seldom subject in these days of peace, steamers, and electric telegraphs. At that time ships were often windbound or becalmed, or driven wide of their destination; and sometimes they had orders to alter their course for some secret service; not to mention the chance of conflict with a vessel of superior power—no improbable occurrence before the battle of Trafalgar. Information about relatives on board men-of-war was scarce and scanty, and often picked up by hearsay or chance means; and every scrap of intelligence was proportionably valuable:—

'My dear Cassandra,

'I should not have thought it necessary to write to you so soon, but for the arrival of a letter from Charles to myself. It was written last Saturday from off the Start, and conveyed to Popham Lane by Captain Boyle, on his way to Midgham. He came from Lisbon in the "Endymion." I will copy Charles's account of his conjectures about Frank: "He has not seen my brother lately, nor does he expect to find him arrived, as he met Captain Inglis at Rhodes, going up to take command of the 'Petrel,' as he was coming down; but supposes he will arrive in less than a fortnight from this time, in some ship which is expected to reach England about that time with dispatches from Sir Ralph Abercrombie." The event must show what sort of a conjuror Captain Boyle is. The "Endymion" has not been plagued with any more prizes. Charles spent three pleasant days in Lisbon.

---

13 A very dull old lady, then residing with Mrs. Lloyd.

ñora Stent[14] de vez en cuando nos cuenta alguna maravilla sobre los gallos y las gallinas, ¿qué más podemos desear? Adiós por un rato. Todos nos unimos en el más profundo amor, con todo mi afecto.

J. A.

Las siguientes dos cartas pueden haber sido escritas a inicios de 1801, luego de que se tomó la decisión de dejar Steventon, o justo antes de que sucediera. Se refieren a los dos hermanos que estaban en altamar y dan una idea de la ansiedad y la incertidumbre que pasaba la familia, tan diferente a la que se vive en estos días de paz, de barcos de vapor y de telégrafos eléctricos. En aquella época los barcos a menudo encallaban por el viento, eran encalmados o desviados de su destino; a veces recibían órdenes de alterar su rumbo por algún servicio secreto o enfrentaban la posibilidad de un conflicto con un buque de mayor porte, algo habitual antes de la batalla de Trafalgar. La información sobre familiares a bordo de buques de guerra era escasa y a menudo se obtenía de oídas o por casualidad, y cualquier información se consideraba valiosa.

Mi estimada Cassandra:

No hubiera creído necesario escribirte tan pronto, pero he recibido una carta de Charles, escrita el sábado desde el Start y llevada a Popham Lane en camino a Midgham por el capitán Boyle, quien llegó de Lisboa a bordo del Endymion. Copiaré el relato de Charles sobre sus conjeturas acerca de Frank: «No ha visto a mi hermano últimamente ni espera encontrarlo, ya que se reunió con el capitán Inglis en Rodas al dirigirse a tomar el mando del Petrel cuando él lo dejaba; pero supone que llegará en menos de quince días, a partir de ahora, en algún barco que se espera que llegue a Inglaterra por esas fechas con despachos de sir Ralph Abercrombie». El evento debe demostrar qué clase de mago es el capitán Boyle. El Endymion ya no ha sido acosado por más presas. Charles pasó tres días agradables en Lisboa.

---

14   Una anciana muy aburrida que vivía con la señora Lloyd.

> 'They were very well satisfied with their royal passenger,[14] whom they found jolly and affable, who talks of Lady Augusta as his wife, and seems much attached to her.
>
> 'When this letter was written, the "Endymion" was becalmed, but Charles hoped to reach Portsmouth by Monday or Tuesday. He received my letter, communicating our plans, before he left England; was much surprised, of course, but is quite reconciled to them, and means to come to Steventon once more while Steventon is ours.'

From a letter written later in the same year:—

> 'Charles has received 30*l.* for his share of the privateer, and expects 10*l.* more; but of what avail is it to take prizes if he lays out the produce in presents to his sisters? He has been buying gold chains and topaze crosses for us. He must be well scolded. The "Endymion" has already received orders for taking troops to Egypt, which I should not like at all if I did not trust to Charles being removed from her somehow or other before she sails. He knows nothing of his own destination, he says, but desires me to write directly, as the "Endymion" will probably sail in three or four days. He will receive my yesterday's letter, and I shall write again by this post to thank and reproach him. We shall be unbearably fine.'

---

14 The Duke of Sussex, son of George III., married, without royal consent, to the Lady Augusta Murray.

> Quedaron muy satisfechos con su pasajero real,[15] a quien encontraron alegre y afable, que habla de lady Augusta como su esposa y parece muy apegado a ella.
>
> Cuando esta carta fue escrita, el Endymion estaba en calma, pero Charles esperaba llegar a Portsmouth el lunes o el martes. Recibió mi carta comunicándole nuestros planes antes de salir de Inglaterra; se sorprendió mucho, por supuesto, pero se ha resignado a ellos y piensa volver a Steventon mientras todavía sea nuestra.

De una carta escrita más tarde ese mismo año:

> Charles ha recibido 30 libras por su misión y espera 10 libras más; pero ¿de qué sirve cobrar premios si lo gasta en regalos para sus hermanas? Ha estado comprándonos cadenas de oro y cruces de topacios. Hay que reprenderlo. El Endymion ya ha recibido órdenes de llevar tropas a Egipto, lo cual no me gusta nada, pero confío en que Charles se desvinculará de él de alguna manera antes de zarpar. Dice que no sabe nada sobre su destino, pero me pide que le escriba directamente, ya que el Endymion probablemente zarpará en tres o cuatro días. Recibirá mi carta de ayer, y le escribiré de nuevo por este correo para agradecerle y reprocharle. Estaremos insoportablemente bien.

---

15   El duque de Sussex, hijo de Jorge III, casado con lady Augusta Murray sin el consentimiento real.

CHAPTER IV

Removal from Steventon—Residences at Bath and at Southampton—Settling at Chawton.

The family removed to Bath in the spring of 1801, where they resided first at No. 4 Sydney Terrace, and afterwards in Green Park Buildings. I do not know whether they were at all attracted to Bath by the circumstance that Mrs. Austen's only brother, Mr. Leigh Perrot, spent part of every year there. The name of Perrot, together with a small estate at Northleigh in Oxfordshire, had been bequeathed to him by a great uncle. I must devote a few sentences to this very old and now extinct branch of the Perrot family; for one of the last survivors, Jane Perrot, married to a Walker, was Jane Austen's great grandmother, from whom she derived her Christian name. The Perrots were settled in Pembrokeshire at least as early as the thirteenth century. They were probably some of the settlers whom the policy of our Plantagenet kings placed in that county, which thence acquired the name of 'England beyond Wales,' for the double purpose of keeping open a communication with Ireland from Milford Haven, and of overawing the Welsh. One of the family seems to have carried out this latter purpose very vigorously; for it is recorded of him that he slew *twenty-six men* of Kemaes, a district of Wales, and *one wolf*. The manner in which the two kinds of game are classed together, and the disproportion of numbers, are remarkable; but probably at that time the wolves had been so closely killed down, that *lupicide* was become a more rare and distinguished exploit than *homicide*. The last of this family died about 1778, and their property was divided between Leighs and Musgraves, the larger portion going to the latter. Mr. Leigh Perrot pulled down the mansion, and sold the estate to the Duke of Marlborough, and the name of these Perrots is now to be found only on some monuments in the church of Northleigh.

Mr. Leigh Perrot was also one of several cousins to whom a life interest in the Stoneleigh property in Warwickshire was left, after the extinction of the earlier Leigh peerage, but he compromised his claim to the succession in his lifetime. He married a niece of Sir Montague Cholmeley of Lincolnshire. He was a man of considerable natural power, with much of the wit of his uncle, the Master of Balliol, and wrote clever epigrams and riddles, some of which, though with-

CAPÍTULO IV

Mudanza de Steventon. Residencias en Bath y Southampton. Radicación en Chawton.

La familia se mudó a Bath en la primavera de 1801, donde residió primero en 4 Sydney Terrace y luego en Green Park Buildings. No puedo decir si decidieron residir en Bath debido a que el único hermano de la señora Austen, el señor Leigh Perrot, pasaba parte del año allí. El nombre Perrot, junto con una pequeña propiedad en Northleigh, en Oxfordshire, le había sido legado por un tío abuelo. Debo dedicar unas líneas a esta antigua y ahora extinguida rama de la familia Perrot: una de sus últimas sobrevivientes, Jane Perrot, casada con un Walker, fue la bisabuela de Jane y fue por ella que recibió su nombre. Los Perrot se asentaron en Pembrokeshire a principios del siglo XIII. Es probable que hayan sido algunos de los colonos a quienes la política de nuestros reyes Plantagenet colocó en ese condado, que de allí adquirió el nombre de «Inglaterra más allá de Gales», con el doble propósito de mantener abierta una comunicación con Irlanda desde Milford Haven y de atemorizar a los galeses. Un miembro de la familia parece haber llevado a cabo este último propósito con mucho vigor, pues se dice que mató a *veintiséis hombres* de Kemaes (distrito de Gales) y a *un lobo*. Es curiosa la manera como se juntan los dos tipos de caza y la desproporción en sus números, pero es probable que en esa época los lobos hubieran sido aniquilados en tal cantidad que el *lupicidio* se hubiera convertido en una hazaña más rara y distinguida que el *homicidio*. El último miembro de la familia murió en 1778 y sus propiedades fueron divididas entre los Leigh y los Musgrave, habiendo recibido estos últimos la mayor porción. El señor Leigh Perrot demolió su mansión y vendió su propiedad al duque de Marlborough. De esta forma, el nombre de esos Perrot se puede encontrar solo en algunos monumentos en la iglesia de Northleigh.

El señor Leigh Perrot también fue uno de los varios primos a quienes se les dejó un interés vitalicio de la propiedad de Stoneleigh en Warwickshire, después de la extinción del título nobiliario del anterior Leigh, pero comprometió su reclamo a la sucesión durante su vida. Se casó con una sobrina de sir Montague Cholmeley, de Lincolnshire. Era un hombre de un poder natural considerable, con mucho del humor de su tío, el master de Balliol, que escribió ingeniosos epigramas y acerti-

out his name, found their way into print; but he lived a very retired life, dividing his time between Bath and his place in Berkshire called Scarlets. Jane's letters from Bath make frequent mention of this uncle and aunt.

The unfinished story, now published under the title of 'The Watsons,' must have been written during the author's residence in Bath. In the autumn of 1804 she spent some weeks at Lyme, and became acquainted with the Cobb, which she afterwards made memorable for the fall of Louisa Musgrove. In February 1805, her father died at Bath, and was buried at Walcot Church. The widow and daughters went into lodgings for a few months, and then removed to Southampton. The only records that I can find about her during those four years are the three following letters to her sister; one from Lyme, the others from Bath. They shew that she went a good deal into society, in a quiet way, chiefly with ladies; and that her eyes were always open to minute traits of character in those with whom she associated:—

Extract from a letter from Jane Austen to her Sister.

'Lyme, Friday, Sept. 14 (1804).

'My dear Cassandra,—I take the first sheet of fine striped paper to thank you for your letter from Weymouth, and express my hopes of your being at Ibthorp before this time. I expect to hear that you reached it yesterday evening, being able to get as far as Blandford on Wednesday. Your account of Weymouth contains nothing which strikes me so forcibly as there being no ice in the town. For every other vexation I was in some measure prepared, and particularly for your disappointment in not seeing the Royal Family go on board on Tuesday, having already heard from Mr. Crawford that he had seen you in the very act of being too late. But for there being no ice, what could prepare me! You found my letter at Andover, I hope, yesterday, and have now for many hours been satisfied that your kind anxiety on my behalf was as much thrown away as kind anxiety usually is. I continue quite well; in proof of which I have bathed again this morning. It was absolutely necessary that I should have the little fever and indisposition which I had: it has been all the fashion this week in Lyme. We are quite settled in our lodgings by this time, as

jos, algunos de los cuales, aunque sin su nombre, llegaron a publicarse, pero vivió una vida muy retirada, dividiendo su tiempo entre Bath y su lugar en Berkshire llamado Scarlets. Las cartas de Jane desde Bath mencionan frecuentemente a su tío y a su tía.

La historia no finalizada y publicada con el título de *Los Watson* posiblemente fue escrita durante los años de residencia en Bath. En el otoño de 1804 Jane pasó varias semanas en Lyme y conoció el muelle de Cobb, que luego se volvió memorable por la caída de Louisa Musgrove. En febrero de 1805 fallece su padre, que es sepultado en Walcot Church. La viuda y las hijas se alojaron en un hospedaje durante unos meses y luego se mudaron a Southampton. Los únicos testimonios que pude encontrar sobre Jane durante esos años son las tres cartas que le envió a su hermana, una desde Lyme y las otras dos desde Bath. Estas cartas demuestran que Jane frecuentaba la sociedad, de manera discreta y principalmente entre damas, y que sus ojos estaban siempre abiertos a captar los más mínimos rasgos de carácter de aquellos con quienes se relacionaba.

Extracto de una carta de Jane Austen a su hermana.

Lyme, viernes, 14 de septiembre (1804).

Mi querida Cassandra:

Tomo esta primera hoja de fino papel para agradecer tu carta desde Weymouth y para expresar mi deseo de que arribes a Ibthorp a tiempo. Espero saber que has llegado ayer por la tarde, y a Blandford el miércoles. Tu relato sobre Weymouth no contiene nada que me impacte tanto como la falta de hielo en la ciudad. Estaba preparada para cualquier otro disgusto, y en particular para tu decepción al no ver a la familia real embarcar el martes, tras haber oído del señor Crawford que te había visto en el preciso instante de llegar demasiado tarde. ¡Pero no estaba preparada para saber que no hay hielo! Espero que ayer hayas encontrado mi carta en Andover y que ahora sepas, desde hace varias horas, que tu cariñosa inquietud por mí ha sido tan desperdiciada como suele suceder con las cariñosas inquietudes. Yo estoy bien, y como prueba te cuento que esta mañana me he bañado nuevamente. Era absolutamente necesario haber tenido la leve fiebre y la indisposición que padecí: ha esta-

you may suppose, and everything goes on in the usual order. The servants behave very well, and make no difficulties, though nothing certainly can exceed the inconvenience of the offices, except the general dirtiness of the house and furniture, and all its inhabitants. I endeavour, as far as I can, to supply your place, and be useful, and keep things in order. I detect dirt in the water decanters, as fast as I can, and keep everything as it was under your administration... The ball last night was pleasant, but not full for Thursday. My father staid contentedly till half-past nine (we went a little after eight), and then walked home with James and a lanthorn, though I believe the lanthorn was not lit, as the moon was up; but sometimes this lanthorn may be a great convenience to him. My mother and I staid about an hour later. Nobody asked me the two first dances; the two next I danced with Mr. Crawford, and had I chosen to stay longer might have danced with Mr. Granville, Mrs. Granville's son, whom my dear friend Miss A. introduced to me, or with a new odd-looking man who had been eyeing me for some time, and at last, without any introduction, asked me if I meant to dance again. I think he must be Irish by his ease, and because I imagine him to belong to the honbl B.'s, who are son, and son's wife of an Irish viscount, bold queer-looking people, just fit to be quality at Lyme. I called yesterday morning (ought it not in strict propriety to be termed yester-morning?) on Miss A. and was introduced to her father and mother. Like other young ladies she is considerably genteeler than her parents. Mrs. A. sat darning a pair of stockings the whole of my visit. But do not mention this at home, lest a warning should act as an example. We afterwards walked together for an hour on the Cobb; she is very converseable in a common way; I do not perceive wit or genius, but she has sense and some degree of taste, and her manners are very engaging. She seems to like people rather too easily.

'Yours affectly, 'J. A.'

Letter from Jane Austen to her sister Cassandra at Ibthorp, alluding to the sudden death of Mrs. Lloyd at that place:—

do de moda esta semana en Lyme. Como puedes suponer, ya estamos bien acomodadas en nuestro hospedaje y todo está en orden. Los sirvientes se portan muy bien y no ponen dificultades, aunque ciertamente nada puede superar las molestias de las habitaciones, excepto la suciedad general de la casa, de los muebles y de todos sus habitantes. Me esfuerzo, en la medida de lo posible, por ocupar tu puesto, de ser útil y de mantener el orden. Detecto suciedad en los botellones de agua lo más rápido posible y mantengo todo como estaba bajo tu administración [...] El baile de anoche fue agradable, pero no lo suficientemente concurrido para un jueves. Mi padre se quedó a gusto hasta las nueve y media (llegamos un poco antes de las ocho) y volvió a casa caminando con James. Llevaban una linterna que no hizo falta porque había luz de luna, pero creo que a veces esta linterna puede ser de gran utilidad. Mi madre y yo nos quedamos una hora más. Nadie me invitó a bailar los dos primeros bailes; los dos siguientes los bailé con el señor Crawford, y si hubiera querido quedarme más tiempo podría haber bailado con el señor Granville, el hijo de la señora Granville, que me fue presentado por mi querida amiga la señorita A., o con un hombre desconocido, de aspecto extraño, que me había estado observando durante un tiempo y que, por fin, sin presentación alguna, me preguntó si quería bailar otra vez. Creo que debe ser irlandés, por su desenvoltura, y porque lo imagino como parte de la familia del honorable B., hijo de un vizconde irlandés, gente atrevida y de aspecto peculiar, digno de la calidad de Lyme. Visité ayer por la mañana a la señorita A. y fui presentada a sus padres. La señora A. estuvo zurciendo un par de medias durante toda mi visita, pero no menciones esto en casa, para que no sirva de ejemplo. Luego caminamos juntas por Cobb durante una hora; ella es muy comunicativa para las cosas cotidianas, pero no le veo genio ni ingenio, aunque tiene buen ojo y cierto gusto y sus modales son muy atractivos. Parece que le cae bien la gente con demasiada facilidad.

Con afecto,

J. A.

Carta de Jane Austen a su hermana Cassandra en Ibthorp, mencionando la súbita muerte de la señora Lloyd:

'25 Gay Street (Bath), Monday,

April 8, 1805.

'My dear Cassandra,—Here is a day for you. Did Bath or Ibthorp ever see such an 8th of April? It is March and April together; the glare of the one and the warmth of the other. We do nothing but walk about. As far as your means will admit, I hope you profit by such weather too. I dare say you are already the better for change of place. We were out again last night. Miss Irvine invited us, when I met her in the Crescent, to drink tea with them, but I rather declined it, having no idea that my mother would be disposed for another evening visit there so soon; but when I gave her the message, I found her very well inclined to go; and accordingly, on leaving Chapel, we walked to Lansdown. This morning we have been to see Miss Chamberlaine look hot on horseback. Seven years and four months ago we went to the same riding-house to see Miss Lefroy's performance![15] What a different set are we now moving in! But seven years, I suppose, are enough to change every pore of one's skin and every feeling of one's mind. We did not walk long in the Crescent yesterday. It was hot and not crowded enough; so we went into the field, and passed close by S. T. and Miss S.[16] again. I have not yet seen her face, but neither her dress nor air have anything of the dash or stylishness which the Browns talked of; quite the contrary; indeed, her dress is not even smart, and her appearance very quiet. Miss Irvine says she is never speaking a word. Poor wretch; I am afraid she is *en pénitence*. Here has been that excellent Mrs. Coulthart calling, while my mother was out, and I was believed to be so. I always respected her, as a good-hearted friendly woman. And the Browns have been here; I find their affidavits on the table. The "Ambuscade" reached Gibraltar on the 9th of March, and found all well; so say the papers. We have had no letters from anybody, but we expect to hear from Edward to-morrow, and from you soon afterwards. How happy they are at Godmersham now! I shall be very glad of a letter from Ibthorp, that I may know how you all are, but particularly yourself. This is nice weather for Mrs. J. Austen's going to Speen, and I hope she

15 Here is evidence that Jane Austen was acquainted with Bath before it became her residence in 1801.
16 A gentleman and lady lately engaged to be married.

25 Gay Street (Bath), lunes, 8 de abril de 1805.

Mi querida Cassandra:

¡Qué día tan especial para ti! ¿Habían visto alguna vez Bath o Ibthorp un 8 de abril como este? Es marzo y abril juntos; el resplandor de uno y el calor del otro. No hacemos más que pasear. En la medida de tus posibilidades, espero que también te beneficies de este tiempo. Me atrevo a decir que ya te sientes mejor con el cambio de lugar. Anoche salimos. Cuando nos encontramos en Crescent, la señorita Irvine nos invitó a tomar el té con ellos. No acepté la invitación, pensando que mi madre no querría pasar otra velada allí tan pronto, pero cuando le di el mensaje se mostró muy entusiasmada por asistir y en consecuencia, al salir de Chapel, caminamos hasta Lansdown. Esta mañana fuimos a ver a la señorita Chamberlaine luciéndose sobre su caballo. ¡Hace siete años y cuatro meses fuimos al mismo picadero para ver la actuación de la señorita Lefroy![16] ¡En qué mundo tan diferente nos movemos ahora! Pero siete años, supongo, bastan para cambiar cada poro de la piel y cada pensamiento. Ayer no caminamos mucho por Crescent, hacía calor y había mucha gente, así que fuimos hacia el campo, pasando cerca de S. T. y la señorita S.[17] nuevamente. Aún no he visto su rostro, pero ni su vestido ni su porte tienen nada del brillo o estilo del que hablaban los Brown, sino todo lo contrario. De hecho, su vestido ni siquiera es elegante y su apariencia es muy tranquila. La señorita Irvine dice que nunca habla. Pobre desdichada, me temo que está *en pénitence*. Aquí estuvo la exquisita señora Coulthart de visita, mientras mi madre estaba ausente, y se creía que yo también. Siempre la respeté como a una mujer bondadosa y amable. Y los Brown también estuvieron aquí, encontré su nota sobre la mesa. Los periódicos dicen que el Ambuscade llegó bien a Gibraltar el 9 de marzo. No hemos recibido cartas de nadie, pero esperamos saber de Edward mañana, y luego de ti. ¡Qué felices están ahora en Godmersham! Me alegraría mucho recibir una carta de Ibthorp para saber cómo están todos, pero sobre todo tú. El tiempo está bueno para que la señora J. Austen vaya a Speen, y espero que tenga una agradable visita. Espero

---

16 Esto demuestra que Jane Austen conocía Bath antes de que se convirtiera en su lugar de residencia en 1801.

17 Un caballero y una dama comprometidos.

will have a pleasant visit there. I expect a prodigious account of the christening dinner; perhaps it brought you at last into the company of Miss Dundas again.

'*Tuesday.*—I received your letter last night, and wish it may be soon followed by another to say that all is over; but I cannot help thinking that nature will struggle again, and produce a revival. Poor woman! May her end be peaceful and easy as the exit we have witnessed! And I dare say it will. If there is no revival, suffering must be all over; even the consciousness of existence, I suppose, was gone when you wrote. The nonsense I have been writing in this and in my last letter seems out of place at such a time, but I will not mind it; it will do you no harm, and nobody else will be attacked by it. I am heartily glad that you can speak so comfortably of your own health and looks, though I can scarcely comprehend the latter being really approved. Could travelling fifty miles produce such an immediate change? You were looking very poorly here, and everybody seemed sensible of it. Is there a charm in a hack postchaise? But if there were, Mrs. Craven's carriage might have undone it all. I am much obliged to you for the time and trouble you have bestowed on Mary's cap, and am glad it pleases her; but it will prove a useless gift at present, I suppose. Will not she leave Ibthorp on her mother's death? As a companion you are all that Martha can be supposed to want, and in that light, under these circumstances, your visit will indeed have been well timed.'

Thursday.—I was not able to go on yesterday; all my wit and leisure were bestowed on letters to Charles and Henry. To the former I wrote in consequence of my mother's having seen in the papers that the "Urania" was waiting at Portsmouth for the convoy for Halifax. This is nice, as it is only three weeks ago that you wrote by the "Camilla." I wrote to Henry because I had a letter from him in which he desired to hear from me very soon. His to me was most affectionate and kind, as well as entertaining; there is no merit to him in *that*; he cannot help being amusing. He offers to meet us on the sea coast, if the plan of which Edward gave him some hint takes place. Will not this be making the execution of such a plan more desirable and delightful than ever? He talks of the rambles we took together last summer with pleasing affection.

también un relato detallado de la cena de bautizo; quizás te haya permitido finalmente estar de nuevo en compañía de la señorita Dundas.

Martes. Recibí tu carta anoche y ojalá pronto le siguiera otra para decirte que todo ha terminado; pero no puedo evitar desear que la naturaleza luche de nuevo y que resurja. ¡Pobre mujer! ¡Que su fin sea tan tranquilo y fácil como la salida que hemos presenciado! Y me atrevo a decir que así será. Si no hay resurgimiento, el sufrimiento debe haber terminado por completo; incluso la conciencia de la existencia, supongo, ya se había desvanecido cuando escribiste. Las tonterías que he estado escribiendo en esta y en mi última carta parecen fuera de lugar en un momento como este, pero no me importa; no te harán daño y nadie se sentirá afectado por ellas. Me alegra de corazón que puedas hablar con tanta tranquilidad de tu salud y aspecto, aunque me cuesta comprender que esto último sea realmente tan notable. ¿Puede un viaje de ochenta kilómetros producir un cambio tan inmediato? Tenías muy mal aspecto aquí, y todos parecían darse cuenta. ¿Tiene algún encanto la silla de posta del coche de alquiler? Pero si lo tuviera, el carruaje de la señora Craven podría haberlo arruinado todo. Te agradezco mucho el tiempo y el esfuerzo que has dedicado a la cofia de Mary y me alegra que le guste, pero supongo que será un regalo inútil por ahora. ¿No se marchará de Ibthorp tras la muerte de su madre? Como compañera, tú eres todo lo que Martha podría desear, y en esas circunstancias tu visita habrá sido sin duda muy oportuna.

Jueves. No pude continuar ayer; dediqué todo mi ingenio y tiempo libre a escribir cartas a Charles y a Henry. Al primero le escribí porque mi madre había visto en los periódicos que el Urania esperaba en Portsmouth el convoy para Halifax. Qué bonito, ya que hace solo tres semanas que escribiste por el Camilla. Le escribí a Henry porque recibí una carta suya en la que deseaba tener noticias mías muy pronto. Su trato conmigo fue sumamente cariñoso y amable, además de entretenido, aunque no tiene ningún mérito en *ello:* no puede evitar ser divertido. Se ofrece a reunirse con nosotros en la costa si se lleva a cabo el plan de Edward. ¿No hará esto que la ejecución de ese plan sea más deseable y placentera? Habla con cariño de los paseos que hicimos juntos el verano pasado.

'Yours ever,

'J. A.'

From the same to the same.

'Gay St. Sunday Evening,

'April 21 (1805).

My dear Cassandra,—I am much obliged to you for writing to me again so soon; your letter yesterday was quite an unexpected pleasure. Poor Mrs. Stent! it has been her lot to be always in the way; but we must be merciful, for perhaps in time we may come to be Mrs. Stents ourselves, unequal to anything, and unwelcome to everybody... My morning engagement was with the Cookes, and our party consisted of George and Mary, a Mr. L., Miss B., who had been with us at the concert, and the youngest Miss W. Not Julia; we have done with her; she is very ill; but Mary. Mary W.'s turn is actually come to be grown up, and have a fine complexion, and wear great square muslin shawls. I have not expressly enumerated myself among the party, but there I was, and my cousin George was very kind, and talked sense to me every now and then, in the intervals of his more animated fooleries with Miss B., who is very young, and rather handsome, and whose gracious manners, ready wit, and solid remarks, put me somewhat in mind of my old acquaintance L. L. There was a monstrous deal of stupid quizzing and common-place nonsense talked, but scarcely any wit; all that bordered on it or on sense came from my cousin George, whom altogether I like very well. Mr. B. seems nothing more than a tall young man. My evening engagement and walk was with Miss A., who had called on me the day before, and gently upbraided me in her turn with a change of manners to her since she had been in Bath, or at least of late. Unlucky me! that my notice should be of such consequence, and my manners so bad! She was so well disposed, and so reasonable, that I soon forgave her, and made this engagement with her in proof of it. She is really an agreeable girl, so I think I may like her; and her great want of a companion at home, which may well make any tolerable acquaintance important to her, gives her another claim on my attention. I shall endeavour as much as possible to keep my intimacies in their prop-

Con cariño.

J.A.

De Jane a Cassandra:

Gay Street, domingo por la tarde, 21 de abril (1805).

Mi querida Cassandra:

Agradezco mucho que hayas respondido tan pronto mi carta; recibirla ayer fue un placer inesperado. ¡Pobre señora Stent! A ella le ha tocado estar siempre en el camino, pero debemos ser misericordiosos, porque quizá con el tiempo lleguemos a ser como la señora Stent, incapaces de hacer nada y no bienvenidas en ningún lugar [...] Mi cita de esta mañana fue con los Cooke, y también estuvieron George y Mary, el señor L., la señorita B., que estuvo con nosotros en el concierto, y la más joven de las señoritas W. No Julia, que está muy enferma, sino Mary. Ahora le toca a Mary W. ser la mayor, tener una tez fina y usar grandes chales cuadrados de muselina. No me he incluido expresamente entre el grupo pero allí estaba, y mi primo George fue muy amable y conversó conmigo de vez en cuando, en los intervalos de sus bromas más animadas con la señorita B., que es muy joven y bastante guapa, y cuyos modales, ingenio y comentarios acertados me recuerdan un poco a mi viejo conocido L. L. Hubo muchas preguntas estúpidas, tonterías y poco ingenio; todo lo que rozaba la sensatez provenía de mi primo George, a quien, en general, aprecio mucho. El señor B. no parece más que un joven alto. Mi compromiso y paseo de la tarde fue con la señorita A., quien me había visitado el día anterior y, a su vez, me había reprendido amablemente por mi cambio de modales desde que había estado en Bath, o al menos últimamente. ¡Qué mala suerte! ¡Que mi atención fuera tan importante y mis modales tan malos! Pero fue tan amable y razonable que pronto la perdoné y, como prueba de ello, me comprometí a verla. Es una muchacha realmente agradable y la falta de una compañía en su casa, que puede hacer que cualquier persona conocida y relativamente tolerable sea importante para ella, le da derecho a mi atención. Me esforzaré al máximo por mantener mis amistades íntimas en su debido lugar y evitar que se enfrenten. Entre tantos amigos será mejor que no me meta en líos, y ahora llega la

er place, and prevent their clashing. Among so many friends, it will be well if I do not get into a scrape; and now here is Miss Blashford come. I should have gone distracted if the Bullers had staid ... When I tell you I have been visiting a countess this morning, you will immediately, with great justice, but no truth, guess it to be Lady Roden. No: it is Lady Leven, the mother of Lord Balgonie. On receiving a message from Lord and Lady Leven through the Mackays, declaring their intention of waiting on us, we thought it right to go to them. I hope we have not done too much, but the friends and admirers of Charles must be attended to. They seem very reasonable, good sort of people, very civil, and full of his praise.[17] We were shewn at first into an empty drawing-room, and presently in came his lordship, not knowing who we were, to apologise for the servant's mistake, and to say himself what was untrue, that Lady Leven was not within. He is a tall gentlemanlike looking man, with spectacles, and rather deaf. After sitting with him ten minutes we walked away; but Lady Leven coming out of the dining parlour as we passed the door, we were obliged to attend her back to it, and pay our visit over again. She is a stout woman, with a very handsome face. By this means we had the pleasure of hearing Charles's praises twice over. They think themselves excessively obliged to him, and estimate him so highly as to wish Lord Balgonie, when he is quite recovered, to go out to him. There is a pretty little Lady Marianne of the party, to be shaken hands with, and asked if she remembered Mr. Austen:...

'I shall write to Charles by the next packet, unless you tell me in the meantime of your intending to do it.

'Believe me, if you chuse,

'Yr affte Sister.'

Jane did not estimate too highly the 'Cousin George' mentioned in the foregoing letter; who might easily have been superior in sense and wit to the rest of the party. He was the Rev. George Leigh Cooke, long known and respected at Oxford, where he held important offic-

17 It seems that Charles Austen, then first lieutenant of the 'Endymion,' had had an opportunity of shewing attention and kindness to some of Lord Leven's family.

señorita Blashford. Me hubiera vuelto loca si los Buller se hubieran quedado...

Cuando les diga que he estado visitando a una condesa esta mañana, de inmediato y con gran razón, aunque no acertadamente, adivinarán que es lady Roden. Pero no: es lady Leven, la madre de lord Balgonie. Recibí un mensaje de lord y lady Leven a través de los Mackay, declarando su intención de visitarnos, y pensamos que era correcto ir a verlos. Espero no habernos excedido, pero debemos atender a los amigos y admiradores de Charles. Parecen muy discretos, buena gente, muy corteses y llenos de elogios hacia él.[18] Primero nos llevaron a una sala vacía y de inmediato entró su señoría, sin saber quiénes éramos, para disculparse por el error del sirviente y decir él mismo lo que no era cierto: que lady Leven no estaba. Es un hombre alto, con aspecto de caballero, con gafas y algo sordo. Tras diez minutos de estar con él nos marchamos; pero al ver a lady Leven salir del comedor cuando pasábamos por la puerta nos vimos obligados a detenernos. Es una mujer corpulenta, de rostro muy atractivo. De esta manera tuvimos el placer de escuchar elogios sobre Charles por partida doble. Se sienten sumamente agradecidos con él y lo estiman tanto que desean que lord Balgonie, cuando se haya recuperado del todo, vaya a visitarlo. Hay una bella lady Marianne entre nosotros, y le preguntamos si recordaba al señor Austen [...] Le escribiré a Charles en el próximo envío, a menos que me digas que mientras tanto piensas hacerlo. Créeme, si lo prefieres.

Tu hermana mayor.

Jane no tenía en muy alta estima al «primo George» mencionado en la carta anterior, aunque fácilmente podría haber superado en sensatez e ingenio al resto del grupo. Se trataba del reverendo George Leigh Cooke, conocido y respetado en Oxford, donde ocupó importantes cargos y

---

18   Al parecer, Charles Austen, entonces primer teniente del Endymion, había tenido la oportunidad de brindar su atención y amabilidad a algunos miembros de la familia de lord Leven.

es, and had the privilege of helping to form the minds of men more eminent than himself. As Tutor in Corpus Christi College, he became instructor to some of the most distinguished undergraduates of that time: amongst others to Dr. Arnold, the Rev. John Keble, and Sir John Coleridge. The latter has mentioned him in terms of affectionate regard, both in his Memoir of Keble, and in a letter which appears in Dean Stanley's 'Life of Arnold.' Mr. Cooke was also an impressive preacher of earnest awakening sermons. I remember to have heard it observed by some of my undergraduate friends that, after all, there was more good to be got from George Cooke's plain sermons than from much of the more laboured oratory of the University pulpit. He was frequently Examiner in the schools, and occupied the chair of the Sedleian Professor of Natural Philosophy, from 1810 to 1853.

Before the end of 1805, the little family party removed to Southampton. They resided in a commodious old-fashioned house in a corner of Castle Square.

I have no letters of my aunt, nor any other record of her, during her four years' residence at Southampton; and though I now began to know, and, what was the same thing, to love her myself, yet my observations were only those of a young boy, and were not capable of penetrating her character, or estimating her powers. I have, however, a lively recollection of some local circumstances at Southampton, and as they refer chiefly to things which have been long ago swept away, I will record them. My grandmother's house had a pleasant garden, bounded on one side by the old city walls; the top of this wall was sufficiently wide to afford a pleasant walk, with an extensive view, easily accessible to ladies by steps. This must have been a part of the identical walls which witnessed the embarkation of Henry V. before the battle of Agincourt, and the detection of the conspiracy of Cambridge, Scroop, and Grey, which Shakspeare has made so picturesque; when, according to the chorus in Henry V., the citizens saw

> The well-appointed King at Hampton Pier
> Embark his royalty.

Among the records of the town of Southampton, they have a min-

tuvo el privilegio de contribuir a la formación intelectual de hombres más eminentes que él. Como tutor del Corpus Christi College fue el instructor de algunos de los más distinguidos graduados de la época, entre los cuales se encuentran el doctor Arnold, el reverendo John Keble y sir John Coleridge, quien lo mencionó en afectuosos términos tanto en sus memorias de Keble como en su carta que aparece en *La vida de Arnold* de Dean Stanley. El señor Cooke era también un impresionante predicador de sinceros y reveladores sermones. Recuerdo haber oído a algunos de mis amigos estudiantes comentar que, después de todo, los sermones más sencillos de George Cooke eran más beneficiosos que la oratoria más elaborada del púlpito universitario. Fue inspector de escuelas y ocupó la cátedra de la Cátedra Sedleiana de Filosofía Natural, de 1810 a 1853.

Antes de terminar el año 1805 la familia se mudó a Southampton, donde residió en una espaciosa casa antigua en un rincón de Castle Square.

No poseo cartas de mi tía o algún otro registro de ella durante esos cuatro años que pasaron en Southampton, y aunque allí empecé a conocerla y a amarla yo mismo, mis observaciones eran solo las de un muchacho joven que no era capaz de penetrar su carácter o de estimar sus poderes. Sin embargo, tengo un recuerdo muy vivo de algunas circunstancias locales en Southampton, y como se refieren principalmente a cosas que han sido olvidadas hace mucho tiempo, las registraré. La casa de mi abuela tenía un bello jardín, delimitado por un lado por las antiguas murallas de la ciudad; la parte superior de esta muralla era lo suficientemente ancha como para ofrecer un agradable paseo, con una extensa vista, al que las damas podían acceder fácilmente mediante escaleras. Debe haber sido parte de las mismas paredes que presenciaron el embarque de Enrique V antes de la batalla de Agincourt, y el descubrimiento de la conspiración de Cambridge, Scroop y Grey, que Shakespeare hizo tan pintoresca; cuando, según el coro de *Enrique V,* los ciudadanos vieron

> al bien equipado rey
> en el muelle de Hampton
> embarcar su realeza.

En los registros de la ciudad de Southampton se encuentra un relato

ute and authentic account, drawn up at that time, of the encampment of Henry V. near the town, before his embarkment for France. It is remarkable that the place where the army was encamped, then a low level plain, is now entirely covered by the sea, and is called Westport.[18] At that time Castle Square was occupied by a fantastic edifice, too large for the space in which it stood, though too small to accord well with its castellated style, erected by the second Marquis of Lansdowne, half-brother to the well-known statesman, who succeeded him in the title. The Marchioness had a light phaeton, drawn by six, and sometimes by eight little ponies, each pair decreasing in size, and becoming lighter in colour, through all the grades of dark brown, light brown, bay, and chestnut, as it was placed farther away from the carriage. The two leading pairs were managed by two boyish postilions, the two pairs nearest to the carriage were driven in hand. It was a delight to me to look down from the window and see this fairy equipage put together; for the premises of this castle were so contracted that the whole process went on in the little space that remained of the open square. Like other fairy works, however, it all proved evanescent. Not only carriage and ponies, but castle itself, soon vanished away, 'like the baseless fabric of a vision.' On the death of the Marquis in 1809, the castle was pulled down. Few probably remember its existence; and any one who might visit the place now would wonder how it ever could have stood there.

In 1809 Mr. Knight was able to offer his mother the choice of two houses on his property; one near his usual residence at Godmersham Park in Kent; the other near Chawton House, his occasional residence in Hampshire. The latter was chosen; and in that year the mother and daughters, together with Miss Lloyd, a near connection who lived with them, settled themselves at Chawton Cottage.

Chawton may be called the *second*, as well as the *last* home of Jane Austen; for during the temporary residences of the party at Bath and Southampton she was only a sojourner in a strange land; but here she found a real home amongst her own people. It so happened that during her residence at Chawton circumstances brought several of

18 See Wharton's note to Johnson and Steevens' Shakspeare.

minucioso y auténtico, elaborado en aquella época, del campamento de Enrique V cerca de la ciudad antes de embarcar hacia Francia. Es notable que el lugar donde acampó el ejército, entonces una llanura baja, esté ahora completamente cubierto por el mar y se llama Westport.[19] En aquella época, Castle Square estaba ocupada por un edificio fantástico, demasiado grande para el espacio que ocupaba, aunque demasiado pequeño para armonizar bien con su estilo almenado, erigido por el segundo marqués de Lansdowne, hermanastro del conocido estadista, quien le sucedió en el título. La marquesa tenía un faetón ligero tirado por seis u ocho ponis pequeños, y cada par decrecía en tamaño y se aclaraba en color, pasando por todos los tonos de marrón oscuro, marrón claro, castaño moteado de negro y castaño, a medida que se alejaba del carruaje. Las dos parejas de caballos que iban delante eran conducidas por dos postillones jóvenes, y las dos parejas más cercanas al carruaje eran conducidas a mano. Fue un deleite para mí observar desde la ventana cómo se armaba este carruaje mágico, pues el recinto del castillo era tan reducido que todo el proceso se desarrollaba en el pequeño espacio que quedaba de la plaza abierta. Sin embargo, como tantos otros cuentos de hadas, todo resultó efímero. No solo el carruaje y los ponis, sino también el propio castillo pronto se desvanecieron, «como la estructura sin fundamento de una visión». A la muerte del marqués en 1809 el castillo fue demolido. Probablemente pocos recuerdan su existencia, y cualquiera que visite el lugar ahora se preguntará cómo pudo haberse erigido allí.

En 1809 el señor Knight (el segundo hermano de Jane, que había sido adoptado por su primo, del cual tomó el apellido y luego heredó sus propiedades) ofreció a la madre de Jane la opción de elegir entre dos casas en su propiedad: una cerca de su residencia habitual en Godmersham Park, Kent, y la otra cerca de Chawton House, su residencia ocasional en Hampshire. Se eligió esta última y ese mismo año la madre y las hijas, junto con la señorita Lloyd, una pariente cercana que vivía con ellas, se instalaron en Chawton Cottage.

Chawton puede llamarse el *segundo* y *último* hogar de Jane Austen, ya que su paso por Bath y Southampton la encontraron como una viajera en tierras extrañas. Pero en Chawton encontró un verdadero hogar entre su gente, ya que durante ese periodo diversas circunstancias hicie-

---

19 Ver las notas de Wharton sobre Johnson, y de Steevens sobre Shakespeare.

her brothers and their families within easy distance of the house. Chawton must also be considered the place most closely connected with her career as a writer; for there it was that, in the maturity of her mind, she either wrote or rearranged, and prepared for publication the books by which she has become known to the world. This was the home where, after a few years, while still in the prime of life, she began to droop and wither away, and which she left only in the last stage of her illness, yielding to the persuasion of friends hoping against hope.

CHAWTON CHURCH

This house stood in the village of Chawton, about a mile from Alton, on the right hand side, just where the road to Winchester branches off from that to Gosport. It was so close to the road that the front door opened upon it; while a very narrow enclosure, paled in on each side, protected the building from danger of collision with any runaway vehicle. I believe it had been originally built for an inn, for which purpose it was certainly well situated. Afterwards it had been occupied by Mr. Knight's steward; but by some additions to the house, and some judicious planting and skreening, it was made a pleasant and commodious abode. Mr. Knight was experienced and adroit at such arrangements, and this was a labour of love to him. A good-sized entrance and two sitting-rooms made the length of the house, all intended originally to look upon the road, but the large drawing-room window was blocked up and turned into a book-case, and another opened at the side which gave to view only turf and trees, as a high wooden fence and hornbeam hedge shut out the Winchester road,

ron que sus hermanos, junto a sus familias, vivieran a corta distancia de la casa. Chawton también puede considerarse el lugar más conectado con su carrera de escritora, ya que fue allí, en la madurez de sus pensamientos, que escribió y preparó para su publicación los libros que la harían conocida en el mundo. Este fue el hogar donde, luego de algunos años y aún en la plenitud de su vida, comenzó a decaer y marchitarse, y que abandonó solo en la última etapa de su enfermedad, cediendo a la persuasión de amigos que tenían fe, contra toda esperanza.

La casa estaba en la aldea de Chawton, a una milla de Alton, justo donde el camino a Winchester se bifurca para Gosport. Estaba tan cerca de la carretera que la puerta principal daba a ella, mientras que un estrecho cercado, con empalizadas a cada lado, protegía el edificio del peligro de colisión de cualquier vehículo desbocado. Creo que originalmente se construyó como posada, para lo cual estaba sin duda bien situada. Posteriormente fue ocupada por el mayordomo del señor Knight; pero gracias a algunas ampliaciones, una plantación y unos árboles se convirtió en una vivienda agradable y espaciosa. El señor Knight era experto y hábil en tales arreglos, y esta era una obra hecha con sus manos. Una entrada de buen tamaño y dos salas de estar ocupaban la casa, todas con vistas a la calle, pero el gran ventanal del salón fue tapado y convertido en una biblioteca. Otro ventanal se abría a un lado, dejando a la vista césped y árboles, ya que una alta valla de madera y un seto de carpes impedían el paso a la carretera de Winchester, que bordeaba la pequeña finca en toda su longitud. Se plantaron árboles a cada lado

which skirted the whole length of the little domain. Trees were planted each side to form a shrubbery walk, carried round the enclosure, which gave a sufficient space for ladies' exercise. There was a pleasant irregular mixture of hedgerow, and gravel walk, and orchard, and long grass for mowing, arising from two or three little enclosures having been thrown together. The house itself was quite as good as the generality of parsonage-houses then were, and much in the same style; and was capable of receiving other members of the family as frequent visitors. It was sufficiently well furnished; everything inside and out was kept in good repair, and it was altogether a comfortable and ladylike establishment, though the means which supported it were not large.

I give this description because some interest is generally taken in the residence of a popular writer. Cowper's unattractive house in the street of Olney has been pointed out to visitors, and has even attained the honour of an engraving in Southey's edition of his works: but I cannot recommend any admirer of Jane Austen to undertake a pilgrimage to this spot. The building indeed still stands, but it has lost all that gave it its character. After the death of Mrs. Cassandra Austen, in 1845, it was divided into tenements for labourers, and the grounds reverted to ordinary uses.

para formar un paseo de arbustos que rodeaba el recinto, lo que proporcionaba suficiente espacio para el ejercicio de las damas. Había una agradable mezcla de setos irregulares, un camino de grava, un huerto y hierba alta para segar. La casa en sí era buena como la mayoría de las casas parroquiales de la época y de estilo muy similar, preparada además para recibir visitas frecuentes de otros miembros de la familia. Estaba bastante bien amueblada. Todo, tanto por dentro como por fuera, se mantenía en buen estado, y en general era un alojamiento cómodo y elegante, aunque los recursos que la sustentaban no eran cuantiosos.

Doy esta descripción porque la residencia de una famosa escritora siempre despierta interés. La poco atractiva casa de Cowper, en la calle Olney, ha sido señalada a los visitantes e incluso ha merecido el honor de contar con un grabado en la edición de Southey de las obras de mi tía. Sin embargo, no recomiendo a ningún admirador de Jane Austen que peregrine a este lugar. Si bien el edificio sigue en pie, ha perdido todo lo que le otorgaba cierto carácter. Tras la muerte de Cassandra Austen en 1845, se dividió en viviendas para trabajadores y los terrenos volvieron a destinarse a usos comunes.

CHAPTER V

Description of Jane Austen's person, character, and tastes.

As my memoir has now reached the period when I saw a great deal of my aunt, and was old enough to understand something of her value, I will here attempt a description of her person, mind, and habits. In person she was very attractive; her figure was rather tall and slender, her step light and firm, and her whole appearance expressive of health and animation. In complexion she was a clear brunette with a rich colour; she had full round cheeks, with mouth and nose small and well formed, bright hazel eyes, and brown hair forming natural curls close round her face. If not so regularly handsome as her sister, yet her countenance had a peculiar charm of its own to the eyes of most beholders. At the time of which I am now writing, she never was seen, either morning or evening, without a cap; I believe that she and her sister were generally thought to have taken to the garb of middle age earlier than their years or their looks required; and that, though remarkably neat in their dress as in all their ways, they were scarcely sufficiently regardful of the fashionable, or the becoming.

She was not highly accomplished according to the present standard. Her sister drew well, and it is from a drawing of hers that the likeness prefixed to this volume has been taken. Jane herself was fond of music, and had a sweet voice, both in singing and in conversation; in her youth she had received some instruction on the pianoforte; and at Chawton she practised daily, chiefly before breakfast. I believe she did so partly that she might not disturb the rest of the party who were less fond of music. In the evening she would sometimes sing, to her own accompaniment, some simple old songs, the words and airs of which, now never heard, still linger in my memory.

She read French with facility, and knew something of Italian. In those days German was no more thought of than Hindostanee, as part of a lady's education. In history she followed the old guides—Goldsmith, Hume, and Robertson. Critical enquiry into the usually received statements of the old historians was scarcely begun. The history of the early kings of Rome had not yet been dissolved into legend. Historic characters lay before the reader's eyes in broad light or shade, not much broken up by details. The virtues of King Henry

CAPITULO V

Descripción física de Jane Austen, su personalidad y sus gustos.

Estas memorias llegan al periodo de la vida de mi tía donde yo ya tenía edad suficiente como para comprender su importancia y su valor, y por eso haré ahora un intento de describir su persona, su mente y sus hábitos. Jane era una mujer muy atractiva. Su figura era alta y esbelta; su andar, ligero y firme, y toda ella desprendía buena salud y ánimo. Su tez era morena clara con un color intenso; sus ojos eran castaños, al igual que el cabello que se rizaba alrededor de su tez. Tenía las mejillas rellenas, y tanto su nariz como su boca eran pequeñas pero bien formadas. Si bien no era tan atractiva como su hermana, sus facciones tenían cierto encanto para quien posaba sus ojos en ella. En la época que ahora describo nunca se la veía, ni por la mañana ni por la noche, sin cofia; creo que ella y su hermana habían adoptado este atuendo característico de las mujeres maduras antes de que sus años o su apariencia lo hubieran requerido y que, aunque notablemente pulcras en tanto en su vestir como en sus modales, no tenían en consideración la moda o las tendencias.

Jane no tenía muchos talentos, de acuerdo con los criterios actuales. Su hermana dibujaba bien, y la imagen que figura en este volumen pertenece a un dibujo de Cassandra. A Jane le gustaba la música y tenía una voz dulce, tanto para cantar como para conversar. En su juventud había recibido algunas clases de pianoforte; en Chawton practicaba diariamente y creo que lo hacía, en general, antes del desayuno, para no molestar a quienes quizás no apreciaban la música. Por las noches a veces cantaba, con su propio acompañamiento, algunas canciones antiguas y sencillas cuyas palabras y melodías, ya pasadas de moda, aún permanecen en mi memoria.

Leía en francés con facilidad y sabía algo de italiano. En aquellos días el alemán era algo tan extravagante como el hindi y no formaba parte de la educación de una dama. En historia seguía las antiguas enseñanzas de Goldsmith, Hume y Robertson. La historia de los primeros reyes de Roma aún no se había convertido en leyenda y los personajes históricos se presentaban al lector con pocas descripciones, sin detalles. Las virtudes del rey Enrique VIII aún no se habían descubierto, ni se había arrojado mucha luz sobre las inconsistencias de la reina Isabel: uno era

VIII. were yet undiscovered, nor had much light been thrown on the inconsistencies of Queen Elizabeth; the one was held to be an unmitigated tyrant, and an embodied Blue Beard; the other a perfect model of wisdom and policy. Jane, when a girl, had strong political opinions, especially about the affairs of the sixteenth and seventeenth centuries. She was a vehement defender of Charles I. and his grandmother Mary; but I think it was rather from an impulse of feeling than from any enquiry into the evidences by which they must be condemned or acquitted. As she grew up, the politics of the day occupied very little of her attention, but she probably shared the feeling of moderate Toryism which prevailed in her family. She was well acquainted with the old periodicals from the 'Spectator' downwards. Her knowledge of Richardson's works was such as no one is likely again to acquire, now that the multitude and the merits of our light literature have called off the attention of readers from that great master. Every circumstance narrated in Sir Charles Grandison, all that was ever said or done in the cedar parlour, was familiar to her; and the wedding days of Lady L. and Lady G. were as well remembered as if they had been living friends. Amongst her favourite writers, Johnson in prose, Crabbe in verse, and Cowper in both, stood high. It is well that the native good taste of herself and of those with whom she lived, saved her from the snare into which a sister novelist had fallen, of imitating the grandiloquent style of Johnson. She thoroughly enjoyed Crabbe; perhaps on account of a certain resemblance to herself in minute and highly finished detail; and would sometimes say, in jest, that, if she ever married at all, she could fancy being Mrs. Crabbe; looking on the author quite as an abstract idea, and ignorant and regardless what manner of man he might be. Scott's poetry gave her great pleasure; she did not live to make much acquaintance with his novels. Only three of them were published before her death; but it will be seen by the following extract from one of her letters, that she was quite prepared to admit the merits of 'Waverley'; and it is remarkable that, living, as she did, far apart from the gossip of the literary world, she should even then have spoken so confidently of his being the author of it:—

> 'Walter Scott has no business to write novels; especially good ones. It is not fair. He has fame and profit enough as a poet, and ought not to be taking the bread out of other people's mouths. I do not mean to like "Waverley," if I can help it, but I fear I must. I am quite de-

considerado un tirano sin paliativos, la personificación de Barba Azul, y la otra era un modelo perfecto de sabiduría y política. La joven Jane tenía fuertes opiniones políticas, en especial sobre temas de los siglos XVI y XVII. Era una vehemente defensora de Carlos I y de su abuela Mary, pero creo que era más por un impulso sentimental que por alguna investigación de las evidencias que podían condenarlos o absolverlos. Con el paso de los años la política fue ocupando cada vez menos de su atención, aunque es posible que haya compartido los sentimientos que prevalecían en su familia sobre el Partido Conservador. Seguía las publicaciones periódicas como el *Spectator* y otras de la época. Su conocimiento de las obras de Richardson era profundo y creo que irrepetible, ahora que la cantidad y calidad de la literatura actual han desviado la atención de los lectores sobre este gran maestro. Cada circunstancia narrada en *Sir Charles Grandison*, o todo lo que se decía o hacía en el salón de cedro, le resultaba familiar, y los días de la boda de lady L. y lady G. eran bien recordados, como si hubieran sido amigas reales. Entre sus escritores favoritos se destacaban Johnson en prosa, Crabbe en verso y Cowper en ambos. Afortunadamente, el buen gusto innato, tanto de ella como de quienes la rodeaban, la salvó de la trampa en la que había caído una novelista de la época al imitar el estilo grandilocuente de Johnson. Disfrutaba de Crabbe, quizá por cierto parecido con su propio estilo en cuanto a los detalles minuciosos, y solía decir, como una broma, que si alguna vez se casaba podía imaginarse siendo la señora Crabbe, pensando en el autor como una idea abstracta, sin saber qué clase de persona era. La poesía de Scott le proporcionaba un gran placer y no llegó a conocer muchas de sus novelas, ya que solo tres de ellas se publicaron antes de su muerte. Pero se verá por el siguiente extracto de una de sus cartas que estaba completamente preparada para admitir los méritos de *Waverley*, y es notable que, alejada del mundo literario como vivió, se haya expresado con tanta seguridad sobre el autor:

Walter Scott no debería escribir novelas, en especial si son buenas. No es justo. Ya posee fama y dinero como poeta; no debería quitarle el pan de la boca a otros. No pretendo que me guste *Waverley*, si puedo evitarlo, pero me temo que sucederá. Sin embargo, estoy de-

termined, however, not to be pleased with Mrs. ---'s, should I ever meet with it, which I hope I may not. I think I can be stout against anything written by her. I have made up my mind to like no novels really, but Miss Edgeworth's, E.'s, and my own.'

It was not, however, what she *knew*, but what she *was*, that distinguished her from others. I cannot better describe the fascination which she exercised over children than by quoting the words of two of her nieces. One says:—

'As a very little girl I was always creeping up to aunt Jane, and following her whenever I could, in the house and out of it. I might not have remembered this but for the recollection of my mother's telling me privately, that I must not be troublesome to my aunt. Her first charm to children was great sweetness of manner. She seemed to love you, and you loved her in return. This, as well as I can now recollect, was what I felt in my early days, before I was old enough to be amused by her cleverness. But soon came the delight of her playful talk. She could make everything amusing to a child. Then, as I got older, when cousins came to share the entertainment, she would tell us the most delightful stories, chiefly of Fairyland, and her fairies had all characters of their own. The tale was invented, I am sure, at the moment, and was continued for two or three days, if occasion served.'

Again:

'When staying at Chawton, with two of her other nieces, we often had amusements in which my aunt was very helpful. She was the one to whom we always looked for help. She would furnish us with what we wanted from her wardrobe; and she would be the entertaining visitor in our make-believe house. She amused us in various ways. Once, I remember, in giving a conversation as between myself and my two cousins, supposing we were all grown up, the day after a ball.'

Very similar is the testimony of another niece:—

'Aunt Jane was the general favourite with children; her ways with them being so playful, and her long circumstantial stories so delightful. These were continued from time to time, and were begged

cidida a no complacer a la señora … si alguna vez la encuentro, lo cual espero que no suceda. Creo que puedo oponerme firmemente a cualquier cosa escrita por ella. He decidido que no me gustará ninguna novela, salvo las de la señorita Edgeworth, las de E. y las mías.

Sin embargo, lo que distinguía a Jane de los demás no era lo que *sabía*, sino lo que *era* como persona. No puedo describir mejor la fascinación que Jane ejercía sobre los niños más que citando las palabras de dos de sus sobrinas. Una de ellas dice:

> Cuando era pequeña estaba siempre trepada a la tía Jane y la seguía a todas partes, tanto dentro como fuera de la casa. Mi madre me decía en privado que no debía ser una molestia para mi tía, pero su dulzura era un imán para los niños. Parecía amarte, y tú la amabas también. Este es mi recuerdo de pequeña, antes de tener la edad suficiente para disfrutar de su inteligencia y su conversación amena. Podía hacer que todo fuera divertido para un niño. Luego, al crecer, cuando mis primos venían también, nos contaba historias encantadoras, principalmente sobre el país de las hadas. Sus hadas eran personajes propios y estoy segura de que inventaba los relatos en el momento; esas historias podían prolongarse por dos o tres días, si tenía la oportunidad.

Y asimismo:

> Cuando nos alojábamos en Chawton con otras dos de sus sobrinas solíamos divertirnos gracias a mi tía. Siempre acudíamos a ella en busca de ayuda. Nos proporcionaba de su armario lo que necesitábamos y cuando jugábamos a la casita era la visita más entretenida. Recuerdo una vez, jugando con mis dos primas mayores, que conversábamos como si fuera el día después de un baile.

Otra de sus sobrinas da un testimonio similar:

> Entre los niños, Jane era la tía favorita. Siempre jugaba con nosotros, y sus historias inventadas eran maravillosas. Muchas veces le pedíamos que las continuara en distintas ocasiones y ella lo hacía

for on all possible and impossible occasions; woven, as she proceeded, out of nothing but her own happy talent for invention. Ah! if but one of them could be recovered! And again, as I grew older, when the original seventeen years between our ages seemed to shrink to seven, or to nothing, it comes back to me now how strangely I missed her. It had become so much a habit with me to put by things in my mind with a reference to her, and to say to myself, I shall keep this for aunt Jane.'

A nephew of hers used to observe that his visits to Chawton, after the death of his aunt Jane, were always a disappointment to him. From old associations he could not help expecting to be particularly happy in that house; and never till he got there could he realise to himself how all its peculiar charm was gone. It was not only that the chief light in the house was quenched, but that the loss of it had cast a shade over the spirits of the survivors. Enough has been said to show her love for children, and her wonderful power of entertaining them; but her friends of all ages felt her enlivening influence. Her unusually quick sense of the ridiculous led her to play with all the common-places of everyday life, whether as regarded persons or things; but she never played with its serious duties or responsibilities, nor did she ever turn individuals into ridicule. With all her neighbours in the village she vas on friendly, though not on intimate, terms. She took a kindly interest in all their proceedings, and liked to hear about them. They often served for her amusement; but it was her own nonsense that gave zest to the gossip. She was as far as possible from being censorious or satirical. She never abused them or *quizzed* them—*that* was the word of the day; an ugly word, now obsolete; and the ugly practice which it expressed is much less prevalent now than it was then. The laugh which she occasionally raised was by imagining for her neighbours, as she was equally ready to imagine for her friends or herself, impossible contingencies, or by relating in prose or verse some trifling anecdote coloured to her own fancy, or in writing a fictitious history of what they were supposed to have said or done, which could deceive nobody.

The following specimens may be given of the liveliness of mind which imparted an agreeable flavour both to her correspondence and her conversation:—

con su propio talento. ¡Ah, si tan solo pudiera recuperar alguna de ellas! Y al crecer, cuando los diecisiete años que nos separaban parecieron reducirse a siete, o a nada, vuelvo a recordarla y a extrañarla. Se convirtió en un hábito de mi vida pensar en cosas que quisiera compartir con ella.

Un sobrino suyo solía comentar que, tras la muerte de su tía Jane, sus visitas a Chawton terminaban en decepción, ya que sobrevolaba el recuerdo de la felicidad pasada y la tristeza por la pérdida de su peculiar encanto. No solo se había apagado la luz principal de la casa sino que su partida había opacado el ánimo de los sobrevivientes. Mucho se ha dicho sobre su amor por los niños y su maravilloso poder para entretenerlos, pero sus amigos de todas las edades disfrutaron de su amena influencia. Su inusual y rápido sentido del ridículo la llevó a jugar con todos los lugares comunes de la vida cotidiana, referidos a personas o cosas, pero nunca tomando a broma los deberes o responsabilidades serios ni ofendiendo a nadie. Con sus vecinos del pueblo era amigable, pero no intimaba. A menudo eran una fuente de diversión, pero eran sus propias tonterías las que daban entusiasmo a sus historias, y jamás juzgaba o se burlaba. Nunca insultaba o *interrogaba,* que era *la palabra* que se usaba en la época; una palabra fea, ahora obsoleta que refleja lo que sucedía en ese entonces. Las risas que de vez en cuando provocaba venían al imaginar a sus vecinos, como estaba igualmente dispuesta a hacerlo con sus amigos o con ella misma, en contingencias imposibles, relatando en prosa o verso alguna anécdota insignificante adornada según su propia fantasía, o escribiendo una historia ficticia de lo que se suponía que habían dicho o hecho, que no podía engañar a nadie.

Estos ejemplos muestran la vivacidad que poseían su correspondencia y su conversación:

On reading in the newspapers the marriage of Mr. Gell to Miss Gill, of Eastbourne.

At Eastbourne Mr. Gell,
From being perfectly well,
Became dreadfully ill,
For love of Miss Gill.

So he said, with some sighs,
I'm the slave of your *iis*;
Oh, restore, if you please,
By accepting my *ees*.

On the marriage of a middle-aged Flirt with a Mr. Wake, whom, it was supposed, she would scarcely have accepted in her youth.

Maria, good-humoured, and handsome, and tall,
For a husband was at her last stake;
And having in vain danced at many a ball,
Is now happy to *jump at a Wake*.

'We were all at the play last night to see Miss O'Neil in Isabella. I do not think she was quite equal to my expectation. I fancy I want something more than can be. Acting seldom satisfies me. I took two pockethandkerchiefs, but had very little occasion for either. She is an elegant creature, however, and hugs Mr. Young delightfully.'

'So, Miss B. is actually married, but I have never seen it in the papers; and one may as well be single if the wedding is not to be in print.'

Once, too, she took it into her head to write the following mock panegyric on a young friend, who really was clever and handsome:—

De la lectura en los periódicos sobre el casamiento del señor Gell y la señorita Gill, de Eastbourne:

En Eastbourne el señor Gell,
de estar sano y estar bien,
cayó enfermo, pobre doncel,
por amor a la señorita Gill, como un rehén.

—Soy esclavo —dijo, con pena—
de tus ojos, dulce condena;
devuélveme la calma, te ruego,
si aceptas este ruego sincero.

Sobre el matrimonio de una mujer de mediana edad con un tal señor Wake a quien, se suponía, difícilmente habría aceptado en su juventud:

María, aún guapa, simpática y alta,
ya jugaba su última carta nupcial;
tras años bailando sin suerte ni falta,
se lanza feliz... *¡a un funeral!*

Anoche todos fuimos a ver *Isabella,* la obra en la que actuaba la señorita O'Neil. No ha estado a la altura de mis expectativas. Creo que anhelaba algo más de lo que se podía esperar. La actuación rara vez me satisface. Llevé dos pañuelos, pero no tuve necesidad de ninguno. Sin embargo, es una mujer elegante y abraza al señor Young con deleite.

Así que la señorita B. se ha casado, pero nunca lo he visto en los periódicos. Más vale estar soltera, si no se publica la boda.

En otra ocasión, escribió el siguiente panegírico burlándose de una joven amiga, que en realidad era inteligente y bonita:

JAMES EDWARD AUSTEN-LEIGH

1.

In measured verse I'll now rehearse
The charms of lovely Anna:
And, first, her mind is unconfined
Like any vast savannah.

2.

Ontario's lake may fitly speak
Her fancy's ample bound:
Its circuit may, on strict survey
Five hundred miles be found.

3.

Her wit descends on foes and friends
Like famed Niagara's Fall;
And travellers gaze in wild amaze,
And listen, one and all.

4.

Her judgment sound, thick, black, profound,
Like transatlantic groves,
Dispenses aid, and friendly shade
To all that in it roves.

5.

If thus her mind to be defined
America exhausts,
And all that's grand in that great land
In similes it costs—

1.

En versos medidos ahora recitaré
los encantos de la encantadora Anna;
primero, que su mente no tiene confines,
tal como una vasta savana.

2.

El lago Ontario puede expresar
la vasta idea de su interior;
su contorno, medido sin despreciar,
es de quinientas millas, sin error.

3.

Su ingenio cae sobre el rival
y el amigo por igual,
como el Niágara inmortal,
dejando a todos sin hablar.

4.

Su juicio es firme, denso, oscuro
como un bosque en el confín;
da su amparo fiel y seguro
a todo ser que deambula en él sin fin.

5.

Si así su mente hay que explicar,
América desaparecería entera;
pues todo lo grande en su inmensidad
se rinde al compararla a ella.

6.

Oh how can I her person try
To image and portray?
How paint the face, the form how trace
In which those virtues lay?

7.

Another world must be unfurled,
Another language known,
Ere tongue or sound can publish round
Her charms of flesh and bone.

I believe that all this nonsense was nearly extempore, and that the fancy of drawing the images from America arose at the moment from the obvious rhyme which presented itself in the first stanza.

The following extracts are from letters addressed to a niece who was at that time amusing herself by attempting a novel, probably never finished, certainly never published, and of which I know nothing but what these extracts tell. They show the good-natured sympathy and encouragement which the aunt, then herself occupied in writing 'Emma,' could give to the less matured powers of the niece. They bring out incidentally some of her opinions concerning compositions of that kind:—

Extracts.

'Chawton, Aug. 10, 1814.

'Your aunt C. does not like desultory novels, and is rather fearful that yours will be too much so; that there will be too frequent a change from one set of people to another, and that circumstances will be sometimes introduced, of apparent consequence, which will lead to nothing. It will not be so great an objection to me. I allow much more latitude than she does, and think nature and spirit cover many sins of a wandering story. And people in general do not care much about it, for your comfort...'

6.

Oh, ¿cómo he de intentar mostrar
su imagen con pincel o voz?
¿Cómo el rostro dibujar,
y el cuerpo donde habita Dios?

7.

Otro mundo hay que desplegar,
otra lengua hay que entender,
antes que voz pueda anunciar
su encanto de carne y ser.

Creo que todos estos chascarrillos fueron casi improvisados y que la fantasía sobre América surgió por la necesidad de la rima que se presentó en la primera estrofa.

Los siguientes son extractos de cartas enviadas a su sobrina, que en ese momento intentaba escribir una novela que posiblemente no terminó, seguramente jamás publicó, y de la que no tengo más información que la que surge de estos extractos. En ellos se aprecia la simpatía y el aliento que Jane, ocupada en ese momento escribiendo *Emma*, le daba a su sobrina, y destacan algunas de sus opiniones sobre ese tipo de composiciones.

Chawton, 10 de agosto de 1814.

Tu tía C. no aprecia las novelas inconsistentes, y teme que la tuya lo sea demasiado. Hay cambios muy frecuentes de personajes y a veces se presentan circunstancias, aparentemente importantes, que no conducen a nada. No es una gran objeción para mí; yo le doy más importancia a la libertad que ella, y creo que la naturaleza y el espíritu cubren muchos de los pecados de una historia errática. Y para tu tranquilidad, a la gente, en general, no le importa mucho...

'Sept. 9.

'You are now collecting your people delightfully, getting them exactly into such a spot as is the delight of my life. Three or four families in a country village is the very thing to work on; and I hope you will write a great deal more, and make full use of them while they are so very favourably arranged.'

'Sept. 28.

'Devereux Forrester being ruined by his vanity is very good: but I wish you would not let him plunge into a "vortex of dissipation." I do not object to the thing, but I cannot bear the expression: it is such thorough novel slang; and so old that I dare say Adam met with it in the first novel that he opened.'

'Hans Place (Nov. 1814).

'I have been very far from finding your book an evil, I assure you. I read it immediately, and with great pleasure. Indeed, I do think you get on very fast. I wish other people of my acquaintance could compose as rapidly. Julian's history was quite a surprise to me. You had not very long known it yourself, I suspect; but I have no objection to make to the circumstance; it is very well told, and his having been in love with the aunt gives Cecilia an additional interest with him. I like the idea; a very proper compliment to an aunt! I rather imagine, indeed, that nieces are seldom chosen but in compliment to some aunt or other. I dare say your husband was in love with me once, and would never have thought of you if he had not supposed me dead of a scarlet fever.'

Jane Austen was successful in everything that she attempted with her fingers. None of us could throw spilikins in so perfect a circle, or take them off with so steady a hand. Her performances with cup and ball were marvellous. The one used at Chawton was an easy one, and she has been known to catch it on the point above an hundred times in succession, till her hand was weary. She sometimes found a resource in that simple game, when unable, from weakness in her eyes, to read or write long together. A specimen of her clear strong handwriting is here given. Happy would the compositors for

9 de septiembre.

Ahora reúnes a tus personajes de una manera encantadora. Tres o cuatro familias en un pueblo rural, mi lugar preferido, es justo lo que se necesita, y espero que escribas mucho más sobre ellas y las aproveches al máximo, mientras esté bien organizado.

28 de septiembre.

Que Devereux Forrester se arruine por su vanidad es muy bueno, pero ojalá no lo dejaras caer en un torbellino de degradación. No me opongo, pero no soporto esa expresión; es un lenguaje novelesco tan exhaustivo y antiguo que me atrevería a decir que Adán ya lo encontró en la primera novela que leyó.

Hans Place (noviembre de 1814).

Te aseguro que tu libro no me ha parecido malo en absoluto. Lo leí de inmediato y con gran placer. De hecho, creo que progresas muy rápido; ojalá otros conocidos pudieran escribir con la misma rapidez. La historia de Julian me sorprendió bastante. Sospecho que tú también lo has descubierto hace poco, pero no tengo objeción. Está muy bien contada, y el hecho de que él haya estado enamorado de la tía le da a Cecilia un interés adicional por él. Me gusta la idea, ¡un cumplido muy apropiado para una tía! Me imagino, en realidad, que las sobrinas rara vez son elegidas, excepto como un cumplido hacia alguna tía. Me atrevo a decir que tu marido estuvo enamorado de mí una vez y que nunca hubiera pensado en ti si no hubiera supuesto que yo ya estaba muerta por escarlatina.

Jane Austen era habilidosa en los juegos de mano. Ninguno de nosotros podía jugar a los palillos y formar en un círculo perfecto o sacarlos con tanta firmeza como ella. Sus habilidades con el balero eran extraordinarias. El que usó en Chawton era simple, y se sabe que atrapaba la bola cien veces seguidas, hasta que su mano se cansaba. A veces este sencillo juego la ayudaba a distraerse cuando, por la debilidad de su vista, no podía leer o escribir largas líneas. Aquí se presenta una muestra de su caligrafía, clara y firme. Los trabajadores de las imprentas serían felices si siempre tuvieran manuscritos tan legibles. Pero no solo en la

the press be if they had always so legible a manuscript to work from. But the writing was not the only part of her letters which showed superior handiwork. In those days there was an art in folding and sealing. No adhesive envelopes made all easy. Some people's letters always looked loose and untidy; but her paper was sure to take the right folds, and her sealing-wax to drop into the right place. Her needlework both plain and ornamental was excellent, and might almost have put a sewing machine to shame. She was considered especially great in satin stitch. She spent much time in these occupations, and some of her merriest talk was over clothes which she and her companions were making, sometimes for themselves, and sometimes for the poor. There still remains a curious specimen of her needlework made for a sister-in-law, my mother. In a very small bag is deposited a little rolled up housewife, furnished with minikin needles and fine thread. In the housewife is a tiny pocket, and in the pocket is enclosed a slip of paper, on which, written as with a crow quill, are these lines:—

> This little bag, I hope, will prove
> To be not vainly made;
> For should you thread and needles want,
> It will afford you aid.
>
> And, as we are about to part,
> 'T will serve another end:
> For, when you look upon this bag,
> You'll recollect your friend.

It is the kind of article that some benevolent fairy might be supposed to give as a reward to a diligent little girl. The whole is of flowered silk, and having been never used and carefully preserved, it is as fresh and bright as when it was first made seventy years ago; and shows that the same hand which painted so exquisitely with the pen could work as delicately with the needle.

I have collected some of the bright qualities which shone, as it were, on the surface of Jane Austen's character, and attracted most notice; but underneath them there lay the strong foundations of sound sense and judgment, rectitude of principle, and delicacy of feeling, qualifying her equally to advise, assist, or amuse. She was, in fact, as ready

caligrafía su correspondencia era superior: en aquellos días, doblar y sellar una carta se consideraba un arte. No había adhesivos para sellar los sobres, por lo cual las cartas siempre parecían mal cerradas, pero las de Jane siempre tenían los dobleces correctos y el sello de cera colocado en el lugar perfecto. Sus labores de aguja, tanto el común como el ornamental, eran tan excelentes que podrían haber competido con los de una máquina. Una de sus especialidades era la costura del satén. Pasaba muchas horas haciendo estas manualidades y algunas de sus conversaciones más animadas se daban mientras cosían la ropa que ella y sus compañeras estaban haciendo, a veces para ellas mismas y a veces para los pobres. Aún se conserva un ejemplar de su labor de costura, hecho para mi cuñada. En una bolsita se guarda un pequeño costurero, provisto de miniagujas e hilo fino, que posee un pequeño bolsillo que guarda un trozo de papel en el que, escrito con una fina pluma, se leen estas líneas:

> Esta bolsita, espero yo,
> no haya sido hecha en vano;
> si aguja o hilo faltan, doy
> ayuda con mi mano.
>
> Y al tener que separarnos hoy,
> tendrá otro cometido:
> pues al mirarla, pensarás
> en quien te la ha ofrecido.

Es el tipo de obsequio que un hada buena daría como recompensa a una niña diligente. Es de seda floreada, y al haber sido cuidadosamente conservada y nunca usada, parece tan nueva como cuando se hizo hace setenta años y demuestra que la misma mano que manejaba con tanta exquisitez la pluma podía trabajar con la misma delicadeza con la aguja.

He relatado algunas de las maravillosas cualidades de carácter que brillaban en la superficie de Jane Austen, aquellas que llamaban la atención. Pero en lo profundo se encontraban los sólidos cimientos de su sentido común, el juicio, la rectitud de principios y una delicadeza de sentimientos que la capacitaban para aconsejar, ayudar o divertir.

to comfort the unhappy, or to nurse the sick, as she was to laugh and jest with the lighthearted. Two of her nieces were grown up, and one of them was married, before she was taken away from them. As their minds became more matured, they were admitted into closer intimacy with her, and learned more of her graver thoughts; they know what a sympathising friend and judicious adviser they found her to be in many little difficulties and doubts of early womanhood.

I do not venture to speak of her religious principles: that is a subject on which she herself was more inclined to *think* and *act* than to *talk*, and I shall imitate her reserve; satisfied to have shown how much of Christian love and humility abounded in her heart, without presuming to lay bare the roots whence those graces grew. Some little insight, however, into these deeper recesses of the heart must be given, when we come to speak of her death.

Siempre estaba dispuesta a consolar a los desafortunados, a cuidar a los enfermos o a reír con quien estaba feliz. Dos de sus sobrinas ya eran adultas y una de ellas estaba casada en el momento de su muerte, y a medida que sus mentes maduraron pudieron conocer de cerca sus pensamientos más profundos. Sabían que era comprensiva y juiciosa para mediar en pequeñas dificultades o incertidumbres de juventud.

No me atrevo a hablar sobre sus creencias religiosas, ya que este era un tema en el que ella misma prefería *pensar* y *actuar* antes que *hablar*. Por eso imitaré su discreción, sabiendo que he demostrado cuánto de amor cristiano y humildad había en su corazón, sin pretender descubrir las raíces de donde brotaron esos dones. Sin embargo, será necesario ofrecer una pequeña perspectiva de estos rincones más profundos de su corazón cuando hablemos de su muerte.

CHAPTER VI

Habits of Composition resumed after a long interval—First publication—The interest taken by the Author in the success of her Works.

It may seem extraordinary that Jane Austen should have written so little during the years that elapsed between leaving Steventon and settling at Chawton; especially when this cessation from work is contrasted with her literary activity both before and after that period. It might rather have been expected that fresh scenes and new acquaintance would have called forth her powers; while the quiet life which the family led both at Bath and Southampton must have afforded abundant leisure for composition; but so it was that nothing which I know of, certainly nothing which the public have seen, was completed in either of those places. I can only state the fact, without assigning any cause for it; but as soon as she was fixed in her second home, she resumed the habits of composition which had been formed in her first, and continued them to the end of her life. The first year of her residence at Chawton seems to have been devoted to revising and preparing for the press 'Sense and Sensibility,' and 'Pride and Prejudice'; but between February 1811 and August 1816, she began and completed 'Mansfield Park,' 'Emma,' and 'Persuasion,' so that the last five years of her life produced the same number of novels with those which had been written in her early youth. How she was able to effect all this is surprising, for she had no separate study to retire to, and most of the work must have been done in the general sitting-room, subject to all kinds of casual interruptions. She was careful that her occupation should not be suspected by servants, or visitors, or any persons beyond her own family party. She wrote upon small sheets of paper which could easily be put away, or covered with a piece of blotting paper. There was, between the front door and the offices, a swing door which creaked when it was opened; but she objected to having this little inconvenience remedied, because it gave her notice when anyone was coming. She was not, however, troubled with companions like her own Mrs. Allen in 'Northanger Abbey,' whose 'vacancy of mind and incapacity for thinking were such that, as she never talked a great deal, so she could never be entirely silent; and therefore, while she sat at work, if she lost her needle, or broke her thread, or saw a speck of dirt on her gown, she must observe it, whether there were any one at leisure to answer her or

CAPITULO VI

Hábitos de composición retomados después de un largo intervalo. Primera publicación. El interés de la autora por el éxito de sus obras.

Puede parecer increíble que Jane Austen haya escrito tan poco durante los años que transcurrieron entre que dejó Steventon y se instaló en Chawton, en especial cuando esta época de inactividad es un contraste entre el antes y el después de ese periodo. Era de esperar que los nuevos escenarios y vecinos hubieran llamado su imaginación a la acción, mientras que la vida tranquila que la familia llevó tanto en Bath como en Southampton podrían haberle proporcionado tiempo libre para la composición. Pero no tengo conocimiento, ni tampoco lo han tenido sus lectores, de que hubiera terminado alguna obra en ninguno de esos sitios. Solo puedo constatar el hecho, sin asignarle ninguna causa. Pero Jane retomó los hábitos de composición que había formado en Steventon tan pronto como se instaló en su segundo hogar y los continuó hasta el final de su vida. Durante su primer año de residencia en Chawton se dedicó a revisar y a preparar *Sentido y sensibilidad* y *Orgullo y prejuicio* para ser impresos; entre febrero de 1811 y agosto de 1816 comenzó y terminó *Mansfield Park*, *Emma* y *Persuasión*. De modo que en los últimos cinco años de su vida produjo el mismo número de novelas que las que había escrito en su primera juventud. No es fácil comprender cómo pudo hacerlo cuando no contaba con un lugar propio para escribir. Es posible que la mayoría de su trabajo haya sido hecho en el salón general, donde era interrumpida por toda clase de eventos. Evitaba que los sirvientes, los visitantes o personas ajenas a su círculo familiar supieran de su ocupación; escribía en pequeñas hojas de papel que podían esconderse o taparse con facilidad. Entre la puerta principal de entrada y el salón había una puerta vaivén que hacía ruido al abrirse y que, en lugar de molestarle, le servía de aviso ante la llegada de visitantes. Pero no le incomodaba la compañía, como le ocurría a la señora Allen en *La abadía de Northanger,* cuyo «vacío mental e incapacidad para pensar eran tales que, si bien nunca hablaba demasiado, tampoco podía permanecer callada. Entonces, mientras estaba sentada trabajando, si perdía su aguja o rompía su hilo, o notaba alguna pequeña mancha en su vestido, debía decirlo en voz alta, aunque no hubiera nadie disponible para responderle». En esa casa llena de damas es probable que hubiera muchas horas de preciado silencio, durante las cuales su pluma habrá estado ocupada creando la belleza y el carácter de Fanny Price,

not.' In that well occupied female party there must have been many precious hours of silence during which the pen was busy at the little mahogany writing-desk,[19] while Fanny Price, or Emma Woodhouse, or Anne Elliott was growing into beauty and interest. I have no doubt that I, and my sisters and cousins, in our visits to Chawton, frequently disturbed this mystic process, without having any idea of the mischief that we were doing; certainly we never should have guessed it by any signs of impatience or irritability in the writer.

As so much had been previously prepared, when once she began to publish, her works came out in quick succession. 'Sense and Sensibility' was published in 1811, 'Pride and Prejudice' at the beginning of 1813, 'Mansfield Park' in 1814, 'Emma' early in 1816; 'Northanger Abbey' and 'Persuasion' did not appear till after her death, in 1818. It will be shown farther on why 'Northanger Abbey,' though amongst the first written, was one of the last published. Her first three novels were published by Egerton, her last three by Murray. The profits of the four which had been printed before her death had not at that time amounted to seven hundred pounds.

I have no record of the publication of 'Sense and Sensibility,' nor of the author's feelings at this her first appearance before the public; but the following extracts from three letters to her sister give a lively picture of the interest with which she watched the reception of 'Pride and Prejudice,' and show the carefulness with which she corrected her compositions, and rejected much that had been written:—

Chawton, Friday, January 29 (1813).

'I hope you received my little parcel by J. Bond on Wednesday evening, my dear Cassandra, and that you will be ready to hear from me again on Sunday, for I feel that I must write to you to-day. I want to tell you that I have got my own darling child from London. On Wednesday I received one copy sent down by Falkener, with three lines from Henry to say that he had given another to Charles and sent a third by the coach to Godmersham ... The advertisement is in our paper to-day for the first time: 18*s*. He shall ask 1*l*. 1*s*. for my two

19 This mahogany desk, which has done good service to the public, is now in the possession of my sister, Miss Austen.

Emma Woodhouse o Anne Elliot en su pequeño escritorio de caoba.[20] No tengo dudas de que tanto mis hermanas y primos, como yo mismo, habremos alterado ese proceso místico cuando llegábamos de visita a Chawton, sin darnos cuenta de la travesura que estábamos haciendo, y por cierto jamás notamos en Jane signos de impaciencia o irritabilidad que nos lo indicara.

Si bien se tomó tiempo para preparar sus obras, una vez terminadas salieron en rápida sucesión. *Sentido y sensibilidad* fue publicada en 1811; *Orgullo y prejuicio* a principios de 1813; *Mansfield Park* en 1814, *Emma* a principios de 1816; *La abadía de Northanger* y *Persuasión* no lo fueron hasta después de su muerte en 1818. Es notable que *La abadía de Northanger* fue de las primeras obras que escribió y la última en publicarse. Las tres primeras novelas fueron publicadas por Egerton; las tres últimas, por Murray. Las ganancias de las cuatro obras impresas antes de su muerte no llegaban, en aquel momento, a las setecientas libras.

No tengo constancia de la publicación de *Sentido y sensibilidad* ni de los sentimientos de la autora ante su primera obra presentada en público, pero los siguientes extractos de tres cartas dirigidas a su hermana dan una idea clara del interés con el que Jane observó la recepción de *Orgullo y prejuicio,* y muestran el cuidado con el que corregía sus trabajos y rechazaba mucho de lo que había escrito:

Chawton, viernes, 29 de enero (1813).

Espero que hayas recibido mi pequeño paquete de J. Bond el miércoles por la tarde, mi querida Cassandra, y que estés lista para saber de mí nuevamente el domingo, ya que presiento que deberé escribirte todos los días. Quiero contarte que ya ha llegado mi querido hijo desde Londres. El miércoles recibí la copia que me envió Falkener, con unas líneas que escribió Henry diciéndome que le dio una copia a Charles y envió tres por carruaje a Godmersham ... El anuncio sale hoy en nuestro periódico por primera vez: 18 chelines.

20 Ese escritorio de caoba, que fuera tan bien utilizado, ahora es propiedad de mi hermana, la señorita Austen.

next, and 1*l*. 8*s*. for my stupidest of all. Miss B. dined with us on the very day of the book's coming, and in the evening we fairly set at it, and read half the first vol. to her, prefacing that, having intelligence from Henry that such a work would soon appear, we had desired him to send it whenever it came out, and I believe it passed with her unsuspected. She was amused, poor soul! *That* she could not help, you know, with two such people to lead the way, but she really does seem to admire Elizabeth. I must confess that I think her as delightful a creature as ever appeared in print, and how I shall be able to tolerate those who do not like *her* at least I do not know. There are a few typical errors; and a "said he," or a "said she," would sometimes make the dialogue more immediately clear; but "I do not write for such dull elves" as have not a great deal of ingenuity themselves. The second volume is shorter than I could wish, but the difference is not so much in reality as in look, there being a larger proportion of narrative in that part. I have lop't and crop't so successfully, however, that I imagine it must be rather shorter than "Sense and Sensibility" altogether. Now I will try and write of something else.'

Chawton, Thursday, February 4 (1813).

'My dear Cassandra,—Your letter was truly welcome, and I am much obliged to you for all your praise; it came at a right time, for I had had some fits of disgust. Our second evening's reading to Miss B. had not pleased me so well, but I believe something must be attributed to my mother's too rapid way of getting on: though she perfectly understands the characters herself, she cannot speak as they ought. Upon the whole, however, I am quite vain enough and well satisfied enough. The work is rather too light, and bright, and sparkling; it wants shade; it wants to be stretched out here and there with a long chapter of sense, if it could be had; if not, of solemn specious nonsense, about something unconnected with the story; an essay on writing, a critique on Walter Scott, or the history of Buonaparté, or something that would form a contrast, and bring the reader with increased delight to the playfulness and epigrammatism of the general style ... The greatest blunder in the printing that I have met with is in page 220, v. 3, where two speeches are made into one. There might as well be no suppers at Longbourn; but I suppose it was the remains of Mrs. Bennett's old Meryton habits.'

Pedirá 1 libra y 1 chelín por los dos siguientes, y 1 libra y 8 chelines por el más tonto de todos. La señorita B. cenó con nosotros el mismo día en que llegó el libro y luego leímos la mitad del primer volumen ya que, habiendo tenido noticias de Henry de que la obra aparecería pronto, le habíamos pedido que nos la hiciera llegar en cuanto saliera y creo que la envió con ella sin que lo supiera. ¡Estaba encantada, pobre criatura! Parece que realmente admira a Elizabeth, aunque no pudo evitarlo, ya sabes, con dos personas que la guiaban. Debo confesar que me parece la criatura más encantadora que ha aparecido en una obra impresa y no sé cómo podré tolerar a quienes no *les* guste. Hay algunos pequeños errores: un «él dijo» o «ella dijo» harían el diálogo mucho más claro, pero no escribo para duendes aburridos que no tienen ingenio. El segundo volumen es más corto de lo que hubiera deseado, pero la diferencia no está tanto en la realidad como en la apariencia, habiendo una mayor proporción de narrativa en esa parte. Sin embargo, lo he cortado y recortado con tanto éxito que imagino que debe ser bastante más corto que todo *Sentido y sensibilidad*. Ahora intentaré escribir sobre otra cosa.

Chawton, jueves, 4 de febrero (1813).

Mi querida Cassandra:

Tu carta ha sido realmente bienvenida y agradezco muchísimo todos tus halagos, que llegan en el momento indicado, ya que he tenido algunos disgustos. La segunda noche de lectura con la señorita B. no fue de mi agrado, pero creo que algo de ello debe ser atribuido a mi madre, ya que como conoce perfectamente bien los personajes ha leído muy rápido y no ha hablado como ellos deberían hacerlo. Pero a pesar de todo, mi vanidad está bastante satisfecha. La obra es demasiado liviana, luminosa y burbujeante; necesita sombras, quiere extenderse aquí y allá con un largo capítulo de sentido, si lo pudiera tener. O necesita solemnes y especiosos disparates sobre algo no relacionado con la narración: un ensayo sobre la escritura, una crítica a Walter Scott, la historia de Bonaparte o algo que forme un contraste y lleve al lector con mayor deleite al jolgorio del estilo epigramático general [...] El mayor error de impresión que he encontrado está en la página 220, v. 3, donde dos discursos se convierten en uno solo. Es como si no hubiera cenas en Longbourn, pero supongo que son los restos de las antiguas costumbres de la señora

The following letter seems to have been written soon after the last two: in February 1813:—

> 'This will be a quick return for yours, my dear Cassandra; I doubt its having much else to recommend it; but there is no saying; it may turn out to be a very long and delightful letter. I am exceedingly pleased that you can say what you do, after having gone through the whole work, and Fanny's praise is very gratifying. My hopes were tolerably strong of *her*, but nothing like a certainty. Her liking Darcy and Elizabeth is enough. She might hate all the others, if she would. I have her opinion under her own hand this morning, but your transcript of it, which I read first, was not, and is not, the less acceptable. To *me* it is of course all praise, but the more exact truth which she sends you is good enough ... Our party on Wednesday was not unagreeable, though we wanted a master of the house less anxious and fidgety, and more conversable. Upon Mrs. ---'s mentioning that she had sent the rejected addresses to Mrs. H., I began talking to her a little about them, and expressed my hope of their having amused her. Her answer was, "Oh dear yes, very much, very droll indeed, the opening of the house, and the striking up of the fiddles!" What she meant, poor woman, who shall say? I sought no farther. As soon as a whist party was formed, and a round table threatened, I made my mother an excuse and came away, leaving just as many for *their* round table as there were at Mrs. Grant's.[20] I wish they might be as agreeable a set. My mother is very well, and finds great amusement in glove-knitting, and at present wants no other work. We quite run over with books. She has got Sir John Carr's "Travels in Spain," and I am reading a Society octavo, an "Essay on the Military Police and Institutions of the British Empire," by Capt. Pasley of the Engineers, a book which I protested against at first, but which upon trial I find delightfully written and highly entertaining. I am as much in love with the author as I ever was with Clarkson or Buchanan, or even the two Mr. Smiths of the city. The first soldier I ever sighed for; but he does write with extraordinary force and spirit. Yesterday, moreover, brought us "Mrs. Grant's Letters," with Mr. White's compliments; but I have disposed of them, compliments and all, to

---

20 At this time, February 1813, 'Mansfield Park' was nearly finished.

Bennett en Meryton.

La siguiente carta fue escrita inmediatamente después de las anteriores, en febrero de 1813:

> Esta es una breve respuesta a tu carta, querida Cassandra; dudo que tenga mucho que contar, pero ese no es motivo para que no pueda terminar siendo una carta larga y encantadora. Me complace que me digas lo que dices, después de haber revisado toda la obra, y el elogio de Fanny es muy gratificante. Tenía muchas esperanzas puestas en *ella*, pero nada mejor que la certeza. Su simpatía por Darcy y Elizabeth es suficiente y podría odiar a todos los demás, si quisiera. Recibí su opinión escrita a mano esta mañana, pero tu transcripción, que leí primero, no era ni es menos aceptable. Para mí, por supuesto, son todos elogios, pero la verdad más exacta que ella te envía es suficiente [...] Nuestra tertulia del miércoles no fue desagradable, aunque hubiéramos deseado que el señor de la casa estuviera menos ansioso e inquieto y más conversador. Cuando la señora ... mencionó que le había enviado las interpelaciones rechazadas a la señora H., comencé a hablarle un poco sobre ellas y le expresé mi esperanza de que eso la hubiera entretenido. Su respuesta fue: «¡Oh, sí, muchísimo, muy graciosas, la inauguración de la casa y los violines!». ¿Qué quiso decir, pobre mujer, y qué debía contestarle? No lo pensé más. En cuanto se formó una partida de *whist* en una mesa redonda inventé una excusa para mi madre y me marché, dejando tantas personas para *su* mesa como los que había en casa de la señora Grant.[21] Espero que hayan sido un grupo igual de agradable. Mi madre está muy bien y encuentra un gran entretenimiento en el tejido de guantes, y ahora también busca otras tareas. Ya casi hemos terminado los libros. Ella leyó *Viajes por España* de Sir John Carr y yo estoy leyendo *Ensayo sobre la policía militar y las instituciones del Imperio británico* del capitán de ingeniería Pasley, un libro que no me gustó al principio pero que ahora encuentro deliciosamente escrito y muy entretenido. Estoy tan enamorada de su autor como lo estuve de Clarkson o Buchanan, o incluso de los dos señores Smith de la ciudad. Suspiré por el primer soldado, pero escribe con una fuerza y un brío extraordinarios. Ayer, además, nos llegó el libro *Cartas de la señora Grant*, junto a los saludos del señor White. Ya se

---

21 En febrero de 1813, *Mansfield Park* estaba casi terminado.

Miss P., and amongst so many readers or retainers of books as we have in Chawton, I dare say there will be no difficulty in getting rid of them for another fortnight, if necessary. I have disposed of Mrs. Grant for the second fortnight to Mrs. ---. It can make no difference to *her* which of the twenty-six fortnights in the year the 3 vols. lie on her table. I have been applied to for information as to the oath taken in former times of Bell, Book, and Candle, but have none to give. Perhaps you may be able to learn something of its origin where you now are. Ladies who read those enormous great stupid thick quarto volumes which one always sees in the breakfast parlour there must be acquainted with everything in the world. I detest a quarto. Capt. Pasley's book is too good for their society. They will not understand a man who condenses his thoughts into an octavo. I have learned from Sir J. Carr that there is no Government House at Gibraltar. I must alter it to the Commissioner's.'

The following letter belongs to the same year, but treats of a different subject. It describes a journey from Chawton to London, in her brother's curricle, and shows how much could be seen and enjoyed in course of a long summer's day by leisurely travelling amongst scenery which the traveller in an express train now rushes through in little more than an hour, but scarcely sees at all:—

'Sloane Street, Thursday, May 20 (1813).

'My dear Cassandra,

'Before I say anything else, I claim a paper full of halfpence on the drawing-room mantel-piece; I put them there myself, and forgot to bring them with me. I cannot say that I have yet been in any distress for money, but I chuse to have my due, as well as the Devil. How lucky we were in our weather yesterday! This wet morning makes one more sensible of it. We had no rain of any consequence. The head of the curricle was put half up three or four times, but our share of the showers was very trifling, though they seemed to be heavy all round us, when we were on the Hog's-back, and I fancied it might then be raining so hard at Chawton as to make you feel for us much more than we deserved. Three hours and a quarter took

lo he entregado, con los saludos incluidos, a la señorita P., y entre tantos lectores o depositarios de libros como tenemos en Chawton me atrevo a decir que no habrá dificultad en deshacerme de ellos en dos semanas más, si es necesario. Dejé a la señora Grant para la segunda quincena, con la señora ... Para *ella* no puede haber ninguna diferencia sobre cuál de los tres volúmenes se encuentra sobre su mesa durante las veintiséis quincenas del año. Me han solicitado información sobre el antiguo rito de «Campana, Libro y Vela», pero no tengo nada que proporcionar; quizás tú, donde estás ahora, puedas aprender algo sobre su origen. Las damas que leen esos enormes, estúpidos y gruesos volúmenes en cuartos que siempre están en el comedor deben estar familiarizadas con todo lo que pasa en el mundo. Detesto los volúmenes en cuarto. El libro del capitán Pasley es demasiado bueno para esa sociedad. Ellas no comprenderían a un hombre que condensa sus pensamientos en un octavo. Me enteré por sir J. Carr de que no hay casa de Gobierno en Gibraltar; debo cambiarlo.

La siguiente carta es del mismo año pero trata un tema diferente. Narra el viaje de Chawton a Londres en la carriola de su hermano y describe cuánto podía ser visto y disfrutado el paisaje viajando tranquilamente un largo día de verano. En la actualidad, el viajero que lo recorre en poco más de una hora apenas puede apreciarlo.

Sloane Street, 20 de mayo (1813).

Mi querida Cassandra:

Antes que nada, reclamo un sobre con monedas de medio penique que está sobre la repisa de la chimenea del salón. Las puse allí yo misma y olvidé traerlas conmigo. No puedo decir que hasta ahora haya pasado apuros económicos, pero prefiero recibir lo que me corresponde. ¡Qué suerte tuvimos ayer con el tiempo! Esta mañana lluviosa hace que lo apreciemos aún más. No tuvimos ninguna lluvia importante. La parte delantera del carruaje se levantó a medias tres o cuatro veces pero nuestro paso por los chaparrones fue mínimo, aunque parecían ser fuertes a nuestro alrededor cuando viajábamos en el carruaje y me imaginé que entonces llovía tan fuerte en Chawton que habías pensado en nosotros mucho

us to Guildford, where we staid barely two hours, and had only just time enough for all we had to do there; that is, eating a long and comfortable breakfast, watching the carriages, paying Mr. Harrington, and taking a little stroll afterwards. From some views which that stroll gave us, I think most highly of the situation of Guildford. We wanted all our brothers and sisters to be standing with us in the bowling-green, and looking towards Horsham. I was very lucky in my gloves—got them at the first shop I went to, though I went into it rather because it was near than because it looked at all like a glove shop, and gave only four shillings for them; after which everybody at Chawton will be hoping and predicting that they cannot be good for anything, and their worth certainly remains to be proved; but I think they look very well. We left Guildford at twenty minutes before twelve (I hope somebody cares for these minutiæ), and were at Esher in about two hours more. I was very much pleased with the country in general. Between Guildford and Ripley I thought it particularly pretty, also about Painshill; and from a Mr. Spicer's grounds at Esher, which we walked into before dinner, the views were beautiful. I cannot say what we did not see, but I should think there could not be a wood, or a meadow, or palace, or remarkable spot in England that was not spread out before us on one side or other. Claremont is going to be sold: a Mr. Ellis has it now. It is a house that seems never to have prospered. After dinner we walked forward to be overtaken at the coachman's time, and before he did overtake us we were very near Kingston. I fancy it was about half-past six when we reached this house—a twelve hours' business, and the horses did not appear more than reasonably tired. I was very tired too, and glad to get to bed early, but am quite well to-day. I am very snug in the front drawing-room all to myself, and would not say "thank you" for any company but you. The quietness of it does me good. I have contrived to pay my two visits, though the weather made me a great while about it, and left me only a few minutes to sit with Charlotte Craven.[21] She looks very well, and her hair is done up with an elegance to do credit to any education. Her manners are as unaffected and pleasing as ever. She had heard from her mother to-day. Mrs. Craven spends another fortnight at Chilton. I saw nobody but Charlotte, which pleased me best. I was shewn upstairs into a

21 The present Lady Pollen, of Redenham, near Andover, then at a school in London.

más de lo que merecíamos. Tres horas y cuarto tardamos en llegar a Guildford, donde nos quedamos apenas dos horas y tuvimos tiempo para hacer todo lo que teníamos que hacer allí: tomar un desayuno largo y confortable, vigilar los carruajes, pagar al señor Harrington y dar un pequeño paseo después. Hubiéramos querido que todos nuestros hermanos estuvieran con nosotros en la cancha de bolos, mirando hacia Horsham. Tuve mucha suerte con mis guantes. Los compré en la primera tienda que visité, aunque entré más por la cercanía que por su aspecto, y solo pagué cuatro chelines por ellos. En Chawton todos van a opinar que no servirán para nada y que su valor está por demostrarse, pero creo que tienen muy buen aspecto. Salimos de Guildford veinte minutos antes de las doce (espero que alguien se interese por estos detalles) y llegamos a Esher unas dos horas más tarde. Disfruté mucho del paisaje en general. El camino entre Guildford y Ripley me pareció particularmente bonito, al igual que Painshill, y desde los terrenos del señor Spicer en Esher, con quien nos encontramos antes de cenar, los paisajes fueron preciosos. No puedo decir qué nos quedó por ver, pero creo que no hubo bosque, prado, palacio ni lugar destacado en Inglaterra que no se extendiera ante nosotros a un lado y a otro del camino. Claremont se va a vender; ahora está en manos del señor Ellis. Es una casa que parece no haber prosperado nunca. Después de cenar caminamos para encontrar al cochero a la hora indicada, y antes de que nos encontrara estábamos muy cerca de Kingston. Calculo que eran alrededor de las seis y media cuando llegamos a esta casa (una jornada de doce horas); los caballos parecían razonablemente cansados. Yo también estaba muy cansada y me alegré de acostarme temprano, pero hoy me encuentro bastante bien. Estoy muy cómoda en la sala de estar, completamente sola, y la única compañía que agradecería sería la tuya. La tranquilidad me sienta bien. He logrado hacer mis dos visitas, aunque el clima se puso malo y solo me dejó unos minutos para sentarme con Charlotte Craven.[22] La vi muy bien, tenía el cabello peinado con una elegancia que respalda su educación. Sus modales son tan sencillos y agradables como siempre. Hoy tuvo noticias sobre su madre, pasará dos semanas más en Chilton. No vi a nadie más que a Charlotte, lo cual me agradó mucho. Me recibió en una sala de estar cuyo aspecto tan poco literario me divirtió mucho;

---

22 La actual lady Pollen, de Redenham, cerca de Andover, luego en una escuela en Londres.

drawing-room, where she came to me, and the appearance of the room, so totally unschool-like, amused me very much; it was full of modern elegancies.

'Yours very affectly.,

'J. A.'

The next letter, written in the following year, contains an account of another journey to London, with her brother Henry, and reading with him the manuscript of 'Mansfield Park':—

'Henrietta Street, Wednesday, March 2 (1814).

'My dear Cassandra,

'You were wrong in thinking of us at Guildford last night: we were at Cobham. On reaching G. we found that John and the horses were gone on. We therefore did no more than we had done at Farnham—sit in the carriage while fresh horses were put in, and proceeded directly to Cobham, which we reached by seven, and about eight were sitting down to a very nice roast fowl, &c. We had altogether a very good journey, and everything at Cobham was comfortable. I could not pay Mr. Harrington! That was the only alas! of the business. I shall therefore return his bill, and my mother's 2*l*., that you may try your luck. We did not begin reading till Bentley Green. Henry's approbation is hitherto even equal to my wishes. He says it is different from the other two, but does not appear to think it at all inferior. He has only married Mrs. R. I am afraid he has gone through the most entertaining part. He took to Lady B. and Mrs. N. most kindly, and gives great praise to the drawing of the characters. He understands them all, likes Fanny, and, I think, foresees how it will all be. I finished the "Heroine" last night, and was very much amused by it. I wonder James did not like it better. It diverted me exceedingly. We went to bed at ten. I was very tired, but slept to a miracle, and am lovely to-day, and at present Henry seems to have no complaint. We left Cobham at half-past eight, stopped to bait and breakfast at Kingston, and were in this house considerably before two. Nice smiling Mr. Barlowe met us at the door and, in reply to enquiries after news, said that peace was generally expected. I have taken possession of

estaba atiborrado de elegancia moderna.

Con todo mi afecto.

J. A.

Esta carta, escrita al año siguiente, contiene un relato de otro viaje a Londres con su hermano Henry, durante el cual leyeron el manuscrito de *Mansfield Park*.

Henrietta Street, miércoles, 2 de mayo (1814).

Mi querida Cassandra:

Te equivocaste al pensar que anoche estábamos en Guildford; ya estábamos en Cobham. Al llegar a G. descubrimos que John y los caballos se habían ido, por lo cual hicimos lo mismo que en Farnham: nos quedamos en el carruaje mientras enganchaban los caballos de reemplazo y nos dirigimos directamente a Cobham, donde llegamos a las siete, y sobre las ocho ya estábamos sentados disfrutando de un delicioso asado, etc. En general tuvimos un muy buen viaje y todo en Cobham resultó confortable. ¡No pude pagarle al señor Harrington! Esa fue la única falla del programa. Por lo tanto le devolveré la factura y las 2 libras a mi madre para que pruebe suerte. No empezamos a leer hasta Bentley Green. La aprobación de Henry hasta ahora ha estado a la altura de mis deseos. Dice que es diferente a los otros dos, pero no parece considerarlo inferior en absoluto. Solo se ha casado la señora R. y me temo que ya ha pasado por la parte más divertida. Se llevó muy bien con lady B. y con la señora N. y elogia mucho la descripción de los personajes. Los comprende a todos, le cae bien Fanny y creo que adivina cómo será todo. Anoche terminé *Heroína* y me divertí muchísimo. Me extraña que a James no le haya agradado. Realmente me gustó. Nos acostamos a las diez. Estaba muy cansada pero dormí de maravilla y hoy estoy estupenda, y por ahora Henry parece no tener ninguna queja. Salimos de Cobham a las ocho y media, paramos para tomar un refrigerio en Kingston y llegamos a esta casa bastante antes de las dos. El señor Barlowe, amable y sonriente, nos recibió en la puerta y, respondiendo a nuestras preguntas sobre las noticias, dijo que se esperaba paz en

my bedroom, unpacked my bandbox, sent Miss P.'s two letters to the twopenny post, been visited by Md. B., and am now writing by myself at the new table in the front room. It is snowing. We had some snowstorms yesterday, and a smart frost at night, which gave us a hard road from Cobham to Kingston; but as it was then getting dirty and heavy, Henry had a pair of leaders put on to the bottom of Sloane St. His own horses, therefore, cannot have had hard work. I watched for *veils* as we drove through the streets, and had the pleasure of seeing several upon vulgar heads. And now, how do you all do?—you in particular, after the worry of yesterday and the day before. I hope Martha had a pleasant visit again, and that you and my mother could eat your beef-pudding. Depend upon my thinking of the chimney-sweeper as soon as I wake to-morrow. Places are secured at Drury Lane for Saturday, but so great is the rage for seeing Kean that only a third and fourth row could be got; as it is in a front box, however, I hope we shall do pretty well—Shylock, a good play for Fanny—she cannot be much affected, I think. Mrs. Perigord has just been here. She tells me that we owe her master for the silk-dyeing. My poor old muslin has never been dyed yet. It has been promised to be done several times. What wicked people dyers are. They begin with dipping their own souls in scarlet sin. It is evening. We have drank tea, and I have torn through the third vol. of the "Heroine." I do not think it falls off. It is a delightful burlesque, particularly on the Radcliffe style. Henry is going on with "Mansfield Park." He admires H. Crawford: I mean properly, as a clever, pleasant man. I tell you all the good I can, as I know how much you will enjoy it. We hear that Mr. Kean is more admired than ever. There are no good places to be got in Drury Lane for the next fortnight, but Henry means to secure some for Saturday fortnight, when you are reckoned upon. Give my love to little Cass. I hope she found my bed comfortable last night. I have seen nobody in London yet with such a long chin as Dr. Syntax, nor anybody quite so large as Gogmagolicus.

'Yours affly.,

'J. Austen.'

general. Ya he tomado posesión de mi dormitorio, he desempacado mi sombrerera, he enviado las dos cartas de la señorita P. por correo de dos peniques, he recibido la visita de la señora B. y ahora estoy escribiendo sola en la nueva mesa de la sala. Está nevando. Ayer tuvimos algunas tormentas de nieve y una fuerte helada por la noche, lo que hizo difícil el camino desde Cobham hasta Kingston, y como el clima estaba empeorando Henry hizo colocar un par de guías en la parte inferior de Sloane Street, por lo que sus propios caballos no pueden haber tenido un duro trabajo. Busqué velos mientras atravesábamos las calles y tuve el placer de ver varios sobre cabezas burguesas. Y ahora, ¿cómo están todos? Tú, en particular, después de la preocupación de ayer y anteayer. Espero que Martha haya tenido nuevamente una visita agradable, y que mi madre y tú hayan podido disfrutar del pastel de carne. Puedes estar segura de que mañana pensaré en el deshollinador apenas despierte. Tenemos lugares reservados en Drury Lane para el sábado, pero hay tanta ansiedad por ver a Kean que solo se pudieron conseguir una tercera y una cuarta fila; sin embargo, como es en un palco delantero, espero que nos vaya bastante bien. *Shylock* es una buena obra para Fanny; no creo que la afecte mucho. Espero. La señora Perigord acaba de pasar por aquí y me dice que debemos agradecer a su patrón el teñido de la seda. Mi pobre muselina vieja aún no se ha teñido. Me han prometido hacerlo varias veces. ¡Qué malvados son los tintoreros! Empiezan por sumergir sus propias almas en el pecado escarlata. Es de noche. Ya hemos tomado el té, y yo he devorado el tercer volumen de *Heroína*. No creo que decaiga. Es una obra burlesca encantadora, al estilo Radcliffe. Henry sigue con *Mansfield Park*. Admira a H. Crawford con toda razón, como a un hombre inteligente y agradable. Les cuento todo lo bueno que puedo, porque sé cuánto lo disfrutarán. Dicen que el señor Kean es más admirado que nunca. No hay buenos lugares en Drury Lane para las próximas dos semanas, pero Henry tiene intención de conseguir algunos para la quincena a partir del sábado, cuando ya contemos contigo. Dale mis recuerdos a la pequeña Cass, espero que anoche haya encontrado cómoda mi cama. Todavía no he visto a nadie en Londres con una barbilla tan larga como la del doctor Syntax, ni a nadie tan corpulento como Gogmagolicus.

Con todo mi afecto,

J. Austen

CHAPTER VII

Seclusion from the literary world—Notice from the Prince Regent—Correspondence with Mr. Clarke—Suggestions to alter her style of writing.

Jane Austen lived in entire seclusion from the literary world: neither by correspondence, nor by personal intercourse was she known to any contemporary authors. It is probable that she never was in company with any person whose talents or whose celebrity equalled her own; so that her powers never could have been sharpened by collision with superior intellects, nor her imagination aided by their casual suggestions. Whatever she produced was a genuine homemade article. Even during the last two or three years of her life, when her works were rising in the estimation of the public, they did not enlarge the circle of her acquaintance. Few of her readers knew even her name, and none knew more of her than her name. I doubt whether it would be possible to mention any other author of note, whose personal obscurity was so complete. I can think of none like her, but of many to contrast with her in that respect. Fanny Burney, afterwards Madame D'Arblay, was at an early age petted by Dr. Johnson, and introduced to the wits and scholars of the day at the tables of Mrs. Thrale and Sir Joshua Reynolds. Anna Seward, in her self-constituted shrine at Lichfield, would have been miserable, had she not trusted that the eyes of all lovers of poetry were devoutly fixed on her. Joanna Baillie and Maria Edgeworth were indeed far from courting publicity; they loved the privacy of their own families, one with her brother and sister in their Hampstead villa, the other in her more distant retreat in Ireland; but fame pursued them, and they were the favourite correspondents of Sir Walter Scott. Crabbe, who was usually buried in a country parish, yet sometimes visited London, and dined at Holland House, and was received as a fellow-poet by Campbell, Moore, and Rogers; and on one memorable occasion he was Scott's guest at Edinburgh, and gazed with wondering eyes on the incongruous pageantry with which George IV. was entertained in that city. Even those great writers who hid themselves amongst lakes and mountains associated with each other; and though little seen by the world were so much in its thoughts that a new term, 'Lakers,' was coined to designate them. The chief part of Charlotte Brontë's life was spent in a wild solitude compared with which Steventon and Chawton might be considered to be in the gay world; and yet she attained to personal

CAPÍTULO VII

Aislamiento del mundo literario. Esquela del príncipe regente. Correspondencia con el señor Clark. Sugerencias para cambiar su estilo de escritura.

Jane Austen vivió completamente aislada del mundo literario. No conoció, ni por correspondencia ni en persona, a ningún autor de su época. Es muy probable que nunca haya estado en compañía de alguien cuyo talento y celebridad la igualara, con lo cual sus propias aptitudes nunca compitieron con un intelecto superior y su imaginación no fue influenciada por sugerencias casuales; todo lo que produjo fue genuino. Incluso durante los dos últimos años de su vida, cuando sus obras crecían en la estima del público, no amplió su círculo de conocidos. Solo algunos de sus lectores conocía su nombre, y la mayoría solo sabía eso. Creo que no es posible mencionar otro autor cuya vida personal haya sido tan reservada, aunque puedo nombrar a muchos que contrastan con ella en ese aspecto. Fanny Burney, posteriormente madame D'Arblay, fue mimada desde muy joven por el doctor Johnson y presentada a los eruditos de la época en las mesas de la señora Thrale y de sir Joshua Reynolds. Anna Seward, en su autoimpuesto santuario de Lichfield, se hubiera sentido miserable sin la certeza de que la mirada de los amantes de la poesía estaban fijos en ella con adoración. Joanna Baillie y Maria Edgeworth estaban lejos de buscar publicidad y amaban la intimidad de sus familias. La primera vivía con uno de sus hermanos en una villa de Hampstead y la segunda en un lugar más lejano en Irlanda, pero la fama las perseguía y mantenían una correspondencia habitual con sir Walter Scott. George Crabble, usualmente encerrado en su rectoría rural, solía visitar Londres y comer en Holland House, recibido como un poeta más por Campbell, Moore y Rodgers. En una ocasión memorable fue recibido por Scott en Edimburgo y contempló con asombro la indigna pompa con la que se agasajó a Jorge IV en esa ciudad. Incluso aquellos grandes escritores que se ocultaban en montañas y lagos se relacionaban entre ellos, y aunque poco vistos por el mundo, estaban tan presentes en el pensamiento colectivo que se acuñó un nuevo término, «lakers»[23], para referirse a ellos. La mayor parte de la vida de Charlotte Brontë transcurrió en soledad, comparada con la alegría que reinaban en Steventon

---

23 A principios del siglo XIX, algunos poetas que vivieron en la zona de los lagos Cumberland y Westmorland (actual Cumbria) fueron apodados *lakers* (habitantes de los lagos) por lord Byron.

distinction which never fell to Jane's lot. When she visited her kind publisher in London, literary men and women were invited purposely to meet her: Thackeray bestowed upon her the honour of his notice; and once in Willis's Rooms,[22] she had to walk shy and trembling through an avenue of lords and ladies, drawn up for the purpose of gazing at the author of 'Jane Eyre.' Miss Mitford, too, lived quietly in 'Our Village,' devoting her time and talents to the benefit of a father scarcely worthy of her; but she did not live there unknown. Her tragedies gave her a name in London. She numbered Milman and Talfourd amongst her correspondents; and her works were a passport to the society of many who would not otherwise have sought her. Hundreds admired Miss Mitford on account of her writings for one who ever connected the idea of Miss Austen with the press. A few years ago, a gentleman visiting Winchester Cathedral desired to be shown Miss Austen's grave. The verger, as he pointed it out, asked, 'Pray, sir, can you tell me whether there was anything particular about that lady; so many people want to know where she was buried?' During her life the ignorance of the verger was shared by most people; few knew that 'there was anything particular about that lady.'

It was not till towards the close of her life, when the last of the works that she saw published was in the press, that she received the only mark of distinction ever bestowed upon her; and that was remarkable for the high quarter whence it emanated rather than for any actual increase of fame that it conferred. It happened thus. In the autumn of 1815 she nursed her brother Henry through a dangerous fever and slow convalescence at his house in Hans Place. He was attended by one of the Prince Regent's physicians. All attempts to keep her name secret had at this time ceased, and though it had never appeared on a title-page, all who cared to know might easily learn it: and the friendly physician was aware that his patient's nurse was the author of 'Pride and Prejudice.' Accordingly he informed her one day that the Prince was a great admirer of her novels; that he read them often, and kept a set in every one of his residences; that he himself therefore had thought it right to inform his Royal Highness that Miss Austen was staying in London, and that the Prince had desired Mr. Clarke, the librarian of Carlton House, to wait upon her. The next day Mr. Clarke made his appearance, and invited her to Carlton

---

22   See Mrs. Gaskell's 'Life of Miss Brontë,' vol. ii. p. 215.

y Chawton, y sin embargo alcanzó una distinción personal que Jane nunca tuvo. Cuando Brontë visitaba a su editor en Londres, hombres y mujeres de la literatura eran invitados a conocerla. Thackeray la honró con su atención y en una oportunidad, en Willis's Rooms[24], tuvo que aparecer, tímida y temblorosa, ante un grupo de lores y damas reunidos con el propósito de conocer a la autora de *Jane Eyre*. También la señorita Mitford, que vivía discretamente en su aldea y dedicaba su tiempo y talento al bienestar de un padre apenas digno de ella, no residió allí sin ser conocida y sus tragedias le dieron un nombre en Londres. Entre sus relaciones se contaban Milman y Talfourd, y sus obras le abrieron las puertas a una sociedad que, de otra forma, no la hubiera aceptado. Cientos de personas admiraron a la señorita Mitford por sus escritos y por ser quien relacionó la idea de la señorita Austen con la prensa. Hace unos años, un caballero que visitaba la catedral de Winchester manifestó su deseo de conocer la tumba de Jane. El sacristán, mientras lo guiaba hacia allí, le preguntó qué tenía de particular la dama, ya que muchas personas querían conocer dónde estaba enterrada. Durante su vida, la ignorancia del sacristán era compartida por la mayoría de la gente; pocos sabían que «había algo particular en esa dama».

No fue hasta el final de su vida, cuando la última de las obras que publicó estaba por ser impresa, que recibió un singular reconocimiento, especial por su origen noble más que por cualquier otro motivo. En el otoño de 1815 Jane se encontraba cuidando a su hermano Henry en su casa de Hans Place, durante un período de fiebre, mientras era atendido por uno de los médicos del príncipe regente. Para ese entonces había abandonado todos los intentos de mantener su nombre en secreto, y aunque nunca apareció en la portada de sus obras, cualquier lector interesado podía conocerlo fácilmente. El amable médico, que sabía que la enfermera de su paciente era la autora de *Orgullo y prejuicio,* le comentó que el príncipe regente era un gran admirador de sus novelas, que las leía con frecuencia y que tenía sus obras en cada una de sus residencias, y que por ello había considerado oportuno informar a su alteza real que la señorita Austen se encontraba en Londres. También le dijo que el príncipe deseaba que el señor Clarke, el bibliotecario de Carlton House, la conociera. Al día siguiente volvió con el señor Clarke, diciendo que tenía instrucciones del príncipe de invitarla a Carlton House para mostrarle con dedicada atención las bibliotecas y los salones. Jane

---

24 *La vida de Charlotte Brontë (Life of Miss Brontë),* Elizabeth Gaskell.

House, saying that he had the Prince's instructions to show her the library and other apartments, and to pay her every possible attention. The invitation was of course accepted, and during the visit to Carlton House Mr. Clarke declared himself commissioned to say that if Miss Austen had any other novel forthcoming she was at liberty to dedicate it to the Prince. Accordingly such a dedication was immediately prefixed to 'Emma,' which was at that time in the press.

Mr. Clarke was the brother of Dr. Clarke, the traveller and mineralogist, whose life has been written by Bishop Otter. Jane found in him not only a very courteous gentleman, but also a warm admirer of her talents; though it will be seen by his letters that he did not clearly apprehend the limits of her powers, or the proper field for their exercise. The following correspondence took place between them.

Feeling some apprehension lest she should make a mistake in acting on the verbal permission which she had received from the Prince, Jane addressed the following letter to Mr. Clarke:—

> 'Nov. 15, 1815.
>
> 'Sir,—I must take the liberty of asking you a question. Among the many flattering attentions which I received from you at Carlton House on Monday last was the information of my being at liberty to dedicate any future work to His Royal Highness the Prince Regent, without the necessity of any solicitation on my part. Such, at least, I believed to be your words; but as I am very anxious to be quite certain of what was intended, I entreat you to have the goodness to inform me how such a permission is to be understood, and whether it is incumbent on me to show my sense of the honour, by inscribing the work now in the press to His Royal Highness; I should be equally concerned to appear either presumptuous or ungrateful.'

The following gracious answer was returned by Mr. Clarke, together with a suggestion which must have been received with some surprise:—

> 'Carlton House, Nov. 16, 1815.

aceptó la invitación y durante la misma el señor Clarke le dijo que tenía encargado preguntarle si tenía alguna obra próxima a publicarse y, en caso afirmativo, si podía tener la amabilidad de dedicársela al príncipe. Inmediatamente dicha dedicatoria se colocó en *Emma,* que en ese momento estaba en prensa.

El señor Clarke era el hermano del doctor Clarke, viajero y mineralogista, cuya biografía ha sido escrita por el obispo Otter. Jane encontró en él no solo a un gentil caballero sino también a un gran admirador de su talento, aunque se verá por sus cartas que no comprendió claramente los límites de su influencia ni el modo apropiado de ejercerla, lo cual se puede apreciar en la correspondencia mantenida entre ambos que transcribo a continuación. Jane, sintiendo cierto temor de cometer un error si actuaba de acuerdo con el permiso verbal que había recibido del príncipe, envió la siguiente carta al señor Clarke:

15 de noviembre de 1815.

Señor:

Permítame el atrevimiento de preguntarle lo siguiente. Entre las muchas atenciones que he recibido de usted durante mi visita del lunes a Carlton House, creí comprender que estaba en libertad de dedicar cualquier obra futura a su alteza real el príncipe regente sin necesidad de solicitarle permiso. Tales, al menos, entendí que eran sus palabras; pero como deseo estar completamente segura de lo que se pretende, le ruego que tenga la bondad de informarme cómo debo interpretar tal permiso y si puedo hacerle honor ya mismo inscribiendo en la obra que está por ser impresa la leyenda «A su alteza real», ya que me preocupa parecer presuntuosa o desagradecida.

Jane recibió la amable respuesta del señor Clarke que incluía una sugerencia que debe haberla sorprendido:

Carlton House, 16 de noviembre de 1815.

'Dear Madam,—It is certainly not *incumbent* on you to dedicate your work now in the press to His Royal Highness; but if you wish to do the Regent that honour either now or at any future period I am happy to send you that permission, which need not require any more trouble or solicitation on your part.

'Your late works, Madam, and in particular "Mansfield Park," reflect the highest honour on your genius and your principles. In every new work your mind seems to increase its energy and power of discrimination. The Regent has read and admired all your publications.

'Accept my best thanks for the pleasure your volumes have given me. In the perusal of them I felt a great inclination to write and say so. And I also, dear Madam, wished to be allowed to ask you to delineate in some future work the habits of life, and character, and enthusiasm of a clergyman, who should pass his time between the metropolis and the country, who should be something like Beattie's Minstrel—

Silent when glad, affectionate tho' shy,
And in his looks was most demurely sad;
And now he laughed aloud, yet none knew why.

Neither Goldsmith, nor La Fontaine in his "Tableau de Famille," have in my mind quite delineated an English clergyman, at least of the present day, fond of and entirely engaged in literature, no man's enemy but his own. Pray, dear Madam, think of these things.

'Believe me at all times with sincerity
and respect, your faithful and obliged servant,

'J. S. Clarke, Librarian.'

The following letter, written in reply, will show how unequal the author of 'Pride and Prejudice' felt herself to delineating an enthusiastic clergyman of the present day, who should resemble Beattie's Minstrel:—

Estimada señora:

Ciertamente no es su *obligación* dedicar la obra que está ahora en la imprenta a su alteza real, pero si desea hacerle ese honor al regente, ahora o en cualquier otro momento futuro, con gusto le envío este permiso que no requerirá más molestias ni solicitudes de su parte.

Sus últimas obras, en especial *Mansfield Park,* reflejan el máximo reconocimiento de su genio y sus principios. En cada nueva obra su mente parece poseer más energía y capacidad de discernimiento. El regente ha leído y admirado todas sus publicaciones.

Acepte mi más sincero agradecimiento por el placer que sus obras me han brindado; siento la necesidad de decírselo. Y también, querida señora, desearía que se me permitiera pedirle que delineara en algún trabajo futuro los hábitos de vida, el carácter y el entusiasmo de un clérigo que pasa su tiempo entre la metrópoli y el campo, que debería ser algo así como el juglar de Beattie:

Callado en su alegría, afectuoso al pasar,
y en su mirada, una tristeza formal;
de pronto reía… sin que nadie lo pudiera explicar.

En mi opinión, ni Goldsmith ni La Fontaine en sus *Fábulas* han descrito a un clérigo inglés con precisión, al menos a uno actual, aficionado y dedicado por completo a la literatura, enemigo de nadie más que de sí mismo. Le solicito, estimada señora, que piense en estos detalles.

Con sincero afecto y respeto, su fiel y agradecido servidor.

J. S. Clarke. Bibliotecario.

La siguiente carta, escrita como respuesta, muestra qué poco preparada se sentía la autora de *Orgullo y prejuicio* para describir a un clérigo entusiasta de la actualidad que se pareciera a *Minstrel,* del poema de Beattie:

'Dec. 11.

'Dear Sir,—My "Emma" is now so near publication that I feel it right to assure you of my not having forgotten your kind recommendation of an early copy for Carlton House, and that I have Mr. Murray's promise of its being sent to His Royal Highness, under cover to you, three days previous to the work being really out. I must make use of this opportunity to thank you, dear Sir, for the very high praise you bestow on my other novels. I am too vain to wish to convince you that you have praised them beyond their merits. My greatest anxiety at present is that this fourth work should not disgrace what was good in the others. But on this point I will do myself the justice to declare that, whatever may be my wishes for its success, I am strongly haunted with the idea that to those readers who have preferred "Pride and Prejudice" it will appear inferior in wit, and to those who have preferred "Mansfield Park" inferior in good sense. Such as it is, however, I hope you will do me the favour of accepting a copy. Mr. Murray will have directions for sending one. I am quite honoured by your thinking me capable of drawing such a clergyman as you gave the sketch of in your note of Nov. 16th. But I assure you I am *not*. The comic part of the character I might be equal to, but not the good, the enthusiastic, the literary. Such a man's conversation must at times be on subjects of science and philosophy, of which I know nothing; or at least be occasionally abundant in quotations and allusions which a woman who, like me, knows only her own mother tongue, and has read little in that, would be totally without the power of giving. A classical education, or at any rate a very extensive acquaintance with English literature, ancient and modern, appears to me quite indispensable for the person who would do any justice to your clergyman; and I think I may boast myself to be, with all possible vanity, the most unlearned and uninformed female who ever dared to be an authoress.

'Believe me, dear Sir,

'Your obliged and faithful humbl Sert.

11 de diciembre.

Estimado señor:

Emma será publicada muy pronto y siento la necesidad de asegurarle que no he olvidado su amable recomendación de enviar una primera copia a Carlton House. También tengo la promesa del señor Murray de enviársela a su alteza real a través suyo tres días antes de su presentación al público. Quiero aprovechar esta oportunidad para agradecerle, estimado señor, los halagos que dedica a mis otras novelas. Mi vanidad no me permite convencerlo de que las ha elogiado más allá de sus méritos, y mi mayor ansiedad en este momento es que esta cuarta novela no arruine lo bueno de las anteriores. Pero debo ser justa conmigo misma y declarar que, a pesar de mis deseos de éxito, estoy obsesionada con la idea de que aquellos lectores que han preferido *Orgullo y prejuicio* pensarán que es inferior en ingenio, y aquellos que han preferido *Mansfield Park* la encontrarán inferior en cuanto al buen sentido. Aún así, espero sea tan amable de aceptar un ejemplar. El señor Murray tendrá las directivas para enviarla. Me honra que usted me considere capaz de escribir sobre el clérigo que describe en su nota del 16 de noviembre. Pero le aseguro que *no* lo soy. Quizás pueda reflejar la parte cómica del personaje, pero no la buena, la entusiasta o la literaria. Los temas de conversación de semejante hombre deben ser la ciencia o la filosofía, de los cuales no sé nada; o al menos deben ser abundantes en citas y alusiones que una mujer como yo, que solo conoce su lengua materna y ha leído poco en ella, estaría totalmente incapacitada para replicar. Una educación clásica, o en cualquier caso un conocimiento muy amplio de la literatura inglesa antigua y moderna, me parece absolutamente indispensable para la persona que quiera hacerle justicia a su clérigo, y creo que puedo jactarme de ser, con toda la vanidad posible, la mujer más ignorante y desinformada que jamás se haya atrevido a ser escritora.

Considéreme, estimado señor, su más humilde y fiel servidora.

'Jane Austen.'[23]

Mr. Clarke, however, was not to be discouraged from proposing another subject. He had recently been appointed chaplain and private English secretary to Prince Leopold, who was then about to be united to the Princess Charlotte; and when he again wrote to express the gracious thanks of the Prince Regent for the copy of 'Emma' which had been presented, he suggests that 'an historical romance illustrative of the august House of Cobourg would just now be very interesting,' and might very properly be dedicated to Prince Leopold. This was much as if Sir William Ross had been set to paint a great battle-piece; and it is amusing to see with what grave civility she declined a proposal which must have struck her as ludicrous, in the following letter:—

> 'My dear Sir,—I am honoured by the Prince's thanks and very much obliged to yourself for the kind manner in which you mention the work. I have also to acknowledge a former letter forwarded to me from Hans Place. I assure you I felt very grateful for the friendly tenor of it, and hope my silence will have been considered, as it was truly meant, to proceed only from an unwillingness to tax your time with idle thanks. Under every interesting circumstance which your own talents and literary labours have placed you in, or the favour of the Regent bestowed, you have my best wishes. Your recent appointments I hope are a step to something still better. In my opinion, the service of a court can hardly be too well paid, for immense must be the sacrifice of time and feeling required by it.
>
> 'You are very kind in your hints as to the sort of composition which might recommend me at present, and I am fully sensible that an historical romance, founded on the House of Saxe Cobourg, might be much more to the purpose of profit or popularity than such pictures of domestic life in country villages as I deal in. But I could no more write a romance than an epic poem. I could not sit

23 It was her pleasure to boast of greater ignorance than she had any just claim to. She knew more than her mother tongue, for she knew a good deal of French and a little of Italian.

Jane Austen[25]

El señor Clarke, sin embargo, no se sintió tan desanimado como para no proponerle otro tema. Recientemente había sido nombrado capellán y secretario privado del príncipe Leopoldo, que estaba por unirse en matrimonio con la princesa Carlota, y cuando le contestó a Jane, en nombre del príncipe regente, para agradecerle la copia de Emma, le sugirió que «un romance histórico ilustrativo de la augusta Casa de Coburgo resultaría ahora muy interesante» y que podría, sin duda, estar dedicado al príncipe Leopoldo. Esto equivalía a que le hubieran encomendado a sir William Ross pintar una gran escena de batalla, y resulta simpático ver con qué solemne cortesía Jane rechazó, en la siguiente carta, una propuesta que debe haberle parecido ridícula:

Estimado señor:

Me siento honrada por recibir el agradecimiento del príncipe y también por la forma amable en la que menciona mi obra. También debo agradecer una carta anterior que me enviaron desde Hans Place. Le aseguro que me siento halagada por su tono amable, y espero que mi silencio se haya interpretado, como realmente pretendía lo fuera, como el resultado de mi renuencia a robarle tiempo con agradecimientos vanos. En cualquier circunstancia en la que sus propios talentos y trabajos literarios lo hayan colocado, o qué favor el regente haya concedido, reciba mis mejores deseos. Espero que sus recientes nombramientos sean un paso hacia algo mejor. En mi opinión, el servicio a la corte nunca está bien remunerado, pues el sacrificio de tiempo y sentimiento que requiere es inmenso.

Es usted muy amable al darme sus sugerencias sobre el tipo de composición que sería recomendable para mí en este momento, y soy plenamente consciente de que un romance histórico basado en la Casa de Sajonia Coburgo podría ser mucho más lucrativo o popular que los retratos de la vida doméstica en los pueblos rurales a los que yo me dedico. Pero no podría escribir una novela romántica o

---

25 Le complacía presumir de una ignorancia mayor de la que merecía. Sabía más que su lengua materna, pues dominaba bastante el francés y algo el italiano.

seriously down to write a serious romance under any other motive than to save my life; and if it were indispensable for me to keep it up and never relax into laughing at myself or at other people, I am sure I should be hung before I had finished the first chapter. No, I must keep to my own style and go on in my own way; and though I may never succeed again in that, I am convinced that I should totally fail in any other.

'I remain, my dear Sir,

'Your very much obliged, and sincere friend,

'J. Austen.

'Chawton, near Alton, April 1, 1816.'

Mr. Clarke should have recollected the warning of the wise man, 'Force not the course of the river.' If you divert it from the channel in which nature taught it to flow, and force it into one arbitrarily cut by yourself, you will lose its grace and beauty.

> But when his free course is not hindered,
> He makes sweet music with the enamelled stones,
> Giving a gentle kiss to every sedge
> He overtaketh in his pilgrimage:
> And so by many winding nooks he strays
> With willing sport.

All writers of fiction, who have genius strong enough to work out a course of their own, resist every attempt to interfere with its direction. No two writers could be more unlike each other than Jane Austen and Charlotte Brontë; so much so that the latter was unable to understand why the former was admired, and confessed that she herself 'should hardly like to live with her ladies and gentlemen, in their elegant but confined houses;' but each writer equally resisted interference with her own natural style of composition. Miss Brontë, in reply to a friendly critic, who had warned her against being too melodramatic, and had ventured to propose Miss Austen's works to her as a study, writes thus:—

un poema épico. No podría sentarme a escribir una novela seria por ningún otro motivo que no fuera salvar mi vida, y si fuera indispensable para mí seguir adelante y no poder reírme ni de mí misma ni de los demás, estoy segura de que me colgaría antes de terminar el primer capítulo. Debo mantener mi propio estilo y seguir mi propio camino. Y aunque tal vez nunca vuelva a tener éxito, estoy convencida de que fracasaría completamente en cualquier otro.

Su muy agradecida y sincera amiga.

J. Austen

Chawton, cerca de Alton, 1 de abril de 1816.

El señor Clarke tendría que haber seguido el sabio consejo que dice «no fuerces el curso del río», ya que si lo desvías del cauce por el que la naturaleza le enseñó a fluir y lo fuerzas a entrar en uno creado por ti mismo de forma arbitraria, perdería su gracia y belleza.

> Mas cuando libre fluye, sin traba ni prisión,
> hace música dulce entre piedras esmaltadas,
> y besa suavemente, en tierna procesión,
> cada junco que alcanza en su devoción.
> Así, entre mil rincones se desliza en paz,
> jugando alegre, sin mirar jamás atrás.

Todos los escritores de ficción que poseen un talento tan grande como para trazar su propio rumbo se resisten a los intentos de quienes quieren interferir en su dirección. No hay dos escritoras que puedan ser tan distintas como lo fueron Jane Austen y Charlotte Brontë; tanto es así que esta última no comprendía por qué Jane era tan admirada y confesó que a ella misma «no podría vivir entre damas y caballeros confinados en casas elegantes». Pero ambas resistieron por igual las intromisiones que recibieron por su personal estilo de composición. La señorita Brontë, en respuesta a una amable crítica que le sugería ser menos melodramática y seguir los pasos de Jane Austen, escribió lo siguiente:

> 'Whenever I *do* write another book, I think I will have nothing of what you call "melodrama." I *think* so, but I am not sure. I *think*, too, I will endeavour to follow the counsel which shines out of Miss Austen's "mild eyes," to finish more, and be more subdued; but neither am I sure of that. When authors write best, or, at least, when they write most fluently, an influence seems to waken in them which becomes their master—which will have its way—putting out of view all behests but its own, dictating certain words, and insisting on their being used, whether vehement or measured in their nature, new moulding characters, giving unthought of turns to incidents, rejecting carefully elaborated old ideas, and suddenly creating and adopting new ones. Is it not so? And should we try to counteract this influence? Can we indeed counteract it?'[24]

The playful raillery with which the one parries an attack on her liberty, and the vehement eloquence of the other in pleading the same cause and maintaining the independence of genius, are very characteristic of the minds of the respective writers.

The suggestions which Jane received as to the sort of story that she ought to write were, however, an amusement to her, though they were not likely to prove useful; and she has left amongst her papers one entitled, 'Plan of a novel according to hints from various quarters.' The names of some of those advisers are written on the margin of the manuscript opposite to their respective suggestions.

> 'Heroine to be the daughter of a clergyman, who after having lived much in the world had retired from it, and settled on a curacy with a very small fortune of his own. The most excellent man that can be imagined, perfect in character, temper, and manner, without the smallest drawback or peculiarity to prevent his being the most delightful companion to his daughter from one year's end to the other. Heroine faultless in character, beautiful in person, and possessing every possible accomplishment. Book to open with father and daughter conversing in long speeches, elegant language, and a tone of high serious sentiment. The father induced, at his daughter's earnest request, to relate to her the past events of his life. Narrative to reach through the greater part of the first volume; as besides all the

---

24 Mrs. Gaskell's 'Life of Miss Brontë,' vol. ii. p. 53.

> Cuando *escriba* otro libro, creo que no tendrá nada de lo que usted denomina «melodrama». Eso *creo,* aunque no estoy segura. También *creo* que intentaré seguir el consejo que emana de la «dulce mirada» de la señorita Austen de ser más moderada, pero tampoco estoy segura de eso. Cuando los autores escriben bien, o al menos con fluidez, se despierta en ellos una motivación que se impone, que se sale con la suya, que ignora cualquier mandato que no sea el suyo, que dicta ciertas palabras e insiste en su uso, ya sea vehemente o mesurado, que moldea nuevos caracteres, da giros inesperados a los incidentes, rechaza viejas ideas cuidadosamente elaboradas y crea y adopta repentinamente otras nuevas. ¿No es así? ¿Deberíamos intentar contrarrestar esta influencia? ¿Podemos realmente contrarrestarla?[26]

La burla juguetona con la que una responde a un ataque a su libertad y la elocuencia vehemente de la otra al defender la misma causa y mantener la independencia de su genio son características de la personalidad de cada una de ellas.

Si bien las sugerencias que recibió Jane sobre la clase de obra que debería escribir no fueron de utilidad, resultaron ser una fuente de entretenimiento para ella, ya que entre sus papeles dejó un escrito titulado «Plan de una novela según sugerencias de diversos sectores». Los nombres de algunos de esos asesores están escritos en el margen del manuscrito, frente a sus respectivas sugerencias:

> La heroína debe ser la hija de un clérigo que, luego de haber visto el mundo, decide retirarse e instalarse en una parroquia, con una muy pequeña fortuna propia. Este hombre debe ser el más perfecto personaje que se pueda imaginar tanto en carácter, temperamento y modos, sin el más mínimo defecto o peculiaridad que le impidan ser la más agradable compañía para su hija, siempre. La heroína, con un carácter intachable y muy bella, posee los mejores atributos. El libro comienza con el padre y la hija manteniendo una conversación de largos discursos, con lenguaje elegante y tono serio. El padre, por un ferviente pedido de su hija, comienza a narrar los eventos de su vida. La narrativa se extiende por la mayor parte del primer volumen. Además de todos los recuerdos sobre el afecto por

[26] *Vida de Charlotte Brontë (Life of Miss Brontë),* Elizabeth Gaskell.

circumstances of his attachment to her mother, and their marriage, it will comprehend his going to sea as chaplain to a distinguished naval character about the court; and his going afterwards to court himself, which involved him in many interesting situations, concluding with his opinion of the benefits of tithes being done away with ... From this outset the story will proceed, and contain a striking variety of adventures. Father an exemplary parish priest, and devoted to literature; but heroine and father never above a fortnight in one place: he being driven from his curacy by the vile arts of some totally unprincipled and heartless young man, desperately in love with the heroine, and pursuing her with unrelenting passion. No sooner settled in one country of Europe, than they are compelled to quit it, and retire to another, always making new acquaintance, and always obliged to leave them. This will of course exhibit a wide variety of character. The scene will be for ever shifting from one set of people to another, but there will be no mixture, all the good will be unexceptionable in every respect. There will be no foibles or weaknesses but with the wicked, who will be completely depraved and infamous, hardly a resemblance of humanity left in them. Early in her career, the heroine must meet with the hero: all perfection, of course, and only prevented from paying his addresses to her by some excess of refinement. Wherever she goes, somebody falls in love with her, and she receives repeated offers of marriage, which she refers wholly to her father, exceedingly angry that he should not be the first applied to. Often carried away by the anti-hero, but rescued either by her father or the hero. Often reduced to support herself and her father by her talents, and work for her bread; continually cheated, and defrauded of her hire; worn down to a skeleton, and now and then starved to death. At last, hunted out of civilised society, denied the poor shelter of the humblest cottage, they are compelled to retreat into Kamtschatka, where the poor father quite worn down, finding his end approaching, throws himself on the ground, and after four or five hours of tender advice and parental admonition to his miserable child, expires in a fine burst of literary enthusiasm, intermingled with invectives against the holders of tithes. Heroine inconsolable for some time, but afterwards crawls back towards her former country, having at least twenty narrow escapes of falling into the hands of anti-hero; and at last, in the very nick of time, turning a corner to avoid him, runs into the arms of the hero himself, who, having just shaken off the scruples which fet-

su madre y su matrimonio, incluirá su viajes por mar como capellán de un distinguido personaje naval de la corte y su posterior viaje a la corte que lo involucró en situaciones interesantes, y concluye con su opinión sobre los beneficios de la eliminación de los diezmos. Dentro de este estilo, la historia continuará y contendrá una sorprendente variedad de aventuras. El padre, párroco ejemplar y apasionado por la literatura, nunca pasa más de dos semanas en el mismo lugar, expulsado de su parroquia por las viles artimañas de un joven sin principios ni corazón, perdidamente enamorado de la heroína y que la persigue con una pasión implacable. Apenas se establecen en un país de Europa se ven obligados a abandonarlo y retirarse a otro, siempre haciendo nuevas amistades y siempre obligados a dejarlas. Esto, por supuesto, revela una gran variedad de personajes. La escena cambiará constantemente de un grupo de personas a otro pero no se mezclarán. Todo lo bueno será irreprochable en todos los aspectos. No habrá inconsistencias ni debilidades salvo en los malvados, quienes serán completamente depravados e infames, con apenas un rastro de humanidad en ellos. Al principio del relato la heroína debe conocer al héroe, que es perfecto, por supuesto, y que solo se ve impedido a acercarse a ella por su excesiva distinción. Dondequiera que vaya alguien se enamora de ella y recibe reiteradas ofertas de matrimonio que refiere de inmediato a su padre, profundamente enfadada porque no han hablado primero con él. A menudo se ve obligada a mantenerse tanto a sí misma como a su padre con sus talentos y a trabajar para ganarse el pan; es continuamente engañada y defraudada con su salario, debilitada hasta convertirse en un esqueleto. Finalmente, expulsados de la sociedad civilizada, sin siquiera contar con el más pobre refugio en la más humilde cabaña, se ven obligados a retirarse a Kamchatka, donde el pobre padre, completamente agotado, viendo acercarse su fin se desploma en el suelo, y después de cuatro o cinco horas de tiernos consejos y paternales amonestaciones a su miserable hija, expira en un bello estallido de entusiasmo literario, entremezclado con vituperios contra los poseedores de diezmos. La heroína, inconsolable durante un tiempo, apenas logra volver a su antiguo país, habiendo escapado al menos veinte veces del acoso del antihéroe, y por fin, justo a tiempo, al doblar una esquina para evitarlo, cae en los brazos del propio héroe quien, desprendido de los escrúpulos que lo encadenaban, en ese mismo momento partía a rescatarla. Se produce el más tierno y absoluto esclarecimiento de

tered him before, was at the very moment setting off in pursuit of her. The tenderest and completest *éclaircissement* takes place, and they are happily united. Throughout the whole work heroine to be in the most elegant society, and living in high style.'

Since the first publication of this memoir, Mr. Murray of Albemarle Street has very kindly sent to me copies of the following letters, which his father received from Jane Austen, when engaged in the publication of 'Emma.' The increasing cordiality of the letters shows that the author felt that her interests were duly cared for, and was glad to find herself in the hands of a publisher whom she could consider as a friend.

Her brother had addressed to Mr. Murray a strong complaint of the tardiness of a printer:—

'23 Hans Place, Thursday, November 23 (1815).

'Sir,—My brother's note last Monday has been so fruitless, that I am afraid there can be but little chance of my writing to any good effect; but yet I am so very much disappointed and vexed by the delays of the printers, that I cannot help begging to know whether there is no hope of their being quickened. Instead of the work being ready by the end of the present month, it will hardly, at the rate we now proceed, be finished by the end of the next; and as I expect to leave London early in December, it is of consequence that no more time should be lost. Is it likely that the printers will be influenced to greater dispatch and punctuality by knowing that the work is to be dedicated, by permission, to the Prince Regent? If you can make that circumstance operate, I shall be very glad. My brother returns "Waterloo" with many thanks for the loan of it. We have heard much of Scott's account of Paris.[25] If it be not incompatible with other arrangements, would you favour us with it, supposing you have any set already opened? You may depend upon its being in careful hands.

25 This must have been 'Paul's Letters to his Kinsfolk.'

la situación y quedan felizmente unidos. A lo largo de toda la obra, la heroína debe rodearse de la sociedad más elegante y vivir con gran estilo.

Luego de la primera publicación de estos *Recuerdos...*, el señor Murray, de Albemarle Street, ha tenido la amabilidad de enviarme copias de las cartas que su padre recibió de parte de Jane Austen cuando se concretó la publicación de *Emma*. En dicha correspondencia, el tono cordial muestra que la autora sentía que sus intereses estaban debidamente atendidos y que estaba agradecida por haber encontrado un editor a quien podía considerar un amigo.

Esta es una carta de Jane enviada luego de que su hermano hubiera contactado al señor Murray para quejarse sobre la demora en una impresión:

23 Hans Place, jueves, 23 de noviembre (1815).

Señor:

La nota de mi hermano del lunes pasado ha sido tan infructuosa que me temo que hay pocas posibilidades de que esta carta tenga algún efecto positivo; pero, sin embargo, estoy tan decepcionada y molesta por los retrasos de la imprenta que no puedo evitar escribirle para saber si hay esperanza de que se pueda agilizar. En lugar de estar lista a finales del presente mes, al ritmo que avanzamos, difícilmente estará terminada a finales del próximo, y como espero salir de Londres a principios de diciembre, es importante no perder más tiempo. ¿Tal vez los prensistas se verán alentados a trabajar con mayor rapidez y puntualidad si saben que el príncipe regente me ha pedido que le dedique la obra? Me haría muy feliz saber que esta motivación puede funcionar. Mi hermano le devuelve *Waterloo* agradeciendo el préstamo. Hemos escuchado mucho del relato de Scott sobre París[27]. Si no es inconveniente, ¿nos haría el favor de facilitarnos una copia, suponiendo que ya tenga algún set abierto? Puede estar seguro de que estará en buenas manos.

---

27 Es probable que se refiera al libro *Cartas de Pablo a sus hermanos (Paul's Letters to his Kinsfolk)*.

'I remain, Sir, your obt. humble Set.

'J. Austen.'

'Hans Place, December 11 (1815).

'Dear Sir,—As I find that "Emma" is advertised for publication as early as Saturday next, I think it best to lose no time in settling all that remains to be settled on the subject, and adopt this method as involving the smallest tax on your time.

'In the first place, I beg you to understand that I leave the terms on which the trade should be supplied with the work entirely to your judgment, entreating you to be guided in every such arrangement by your own experience of what is most likely to clear off the edition rapidly. I shall be satisfied with whatever you feel to be best. The title-page must be "Emma, dedicated by permission to H.R.H. the Prince Regent." And it is my particular wish that one set should be completed and sent to H.R.H. two or three days before the work is generally public. It should be sent under cover to the Rev. J. S. Clarke, Librarian, Carlton House. I shall subjoin a list of those persons to whom I must trouble you to forward also a set each, when the work is out; all unbound, with "From the Authoress" in the first page.

'I return you, with very many thanks, the books you have so obligingly supplied me with. I am very sensible, I assure you, of the attention you have paid to my convenience and amusement. I return also "Mansfield Park," as ready for a second edition, I believe, as I can make it. I am in Hans Place till the 16th. From that day inclusive, my direction will be Chawton, Alton, Hants.

'I remain, dear Sir,

'Yr faithful humb. Servt.

'J. Austen.

Su más cordial y humilde servidora.

J. Austen

Hans Place, 11 de diciembre (1815).

Estimado señor:

Observo que se anuncia la publicación de *Emma* para el próximo sábado, por lo cual creo que es mejor no perder tiempo en resolver lo que queda por resolver sobre el tema y adoptar este método, ya que implica una menor pérdida de tiempo.

En primer lugar, le ruego comprenda que dejo a su criterio los términos en los cuales la obra debe llegar al comercio, y le pido que en cada caso se guíe por su propia experiencia en cuanto a qué es lo más indicado para que liquide la edición con mayor rapidez. Estaré satisfecha con lo que usted estime conveniente. El título de la primera página debe ser «Emma. Dedicada con autorización a su excelencia el príncipe regente». Le pido especialmente que un set completo sea enviado al príncipe regente dos o tres días antes de que la obra llegue al público general. Debe ser enviada al reverendo J. S. Clarke, bibliotecario, Carlton House. Adjunto una lista de aquellas personas a quienes debo pedirle que envíe también un set a cada una, cuando el trabajo esté terminado, todo sin encuadernar, con las palabras «De la autora» en la primera página.

Le devuelvo, con mi mayor agradecimiento, los libros que me ha hecho llegar. Soy muy consciente de la atención que le ha brindado a mis intereses y a mi esparcimiento. También le devuelvo *Mansfield Park* tan listo para una segunda edición como me es posible. Estaré en Hans Place hasta el día 16, y a partir de esa fecha inclusive, mi dirección será Chawton, Alton, Hants.

Su humilde servidora.

J. Austen

'I wish you would have the goodness to send a line by the bearer, stating *the day* on which the set will be ready for the Prince Regent.'

'Hans Place, December 11 (1815).

'Dear Sir,—I am much obliged by yours, and very happy to feel everything arranged to our mutual satisfaction. As to my direction about the title-page, it was arising from my ignorance only, and from my having never noticed the proper place for a dedication. I thank you for putting me right. Any deviation from what is usually done in such cases is the last thing I should wish for. I feel happy in having a friend to save me from the ill effect of my own blunder.

'Yours, dear Sir, &c.

'J. Austen.'

'Chawton, April 1, 1816.

'Dear Sir,—I return you the "Quarterly Review" with many thanks. The Authoress of "Emma" has no reason, I think, to complain of her treatment in it, except in the total omission of "Mansfield Park." I cannot but be sorry that so clever a man as the Reviewer of "Emma" should consider it as unworthy of being noticed. You will be pleased to hear that I have received the Prince's thanks for the *handsome* copy I sent him of "Emma." Whatever he may think of *my* share of the work, yours seems to have been quite right.

'In consequence of the late event in Henrietta Street, I must request that if you should at any time have anything to communicate by letter, you will be so good as to write by the post, directing to me (Miss J. Austen), Chawton, near Alton; and that for anything of a larger bulk, you will add to the same direction, by *Collier's Southampton coach.*

Le ruego tenga la bondad de enviarme una línea al portador, indicando *el día* en que el set estará listo para ser enviado al príncipe regente.

Hans Place, 11 de diciembre (1815).

Estimado señor:

Me siento muy agradecida y contenta porque todo ha sido organizado de manera satisfactoria para ambos. En cuanto a la indicación sobre la portada, surgió únicamente de mi ignorancia, por no haber visto nunca el lugar adecuado para una dedicatoria. Le agradezco que me corrija. Lo último que desearía es que hubiera alguna diferencia con lo que se suele hacer en estos casos. Me siento feliz de tener un amigo que me salve de las consecuencias de mi propio error.

Sinceramente.

J. Austen

Chawton, 1 de abril de 1816.

Estimado señor:

Le devuelvo el *Quarterly Review* con todo mi agradecimiento. La autora de *Emma* no encuentra razones para quejarse sobre lo que se dice de ella, salvo por la total omisión de *Mansfield Park*. No puedo más que lamentar que una persona tan aguda como la que ha hecho la reseña de *Emma* la haya considerado tan insignificante como para mencionarla. Le complacerá saber que he recibido el agradecimiento del príncipe por el *hermoso* ejemplar de *Emma* que recibió. Cualquiera sea su opinión sobre mi parte del trabajo, la suya parece haber sido muy acertada.

Debido al reciente evento ocurrido en Henrietta Street, si en algún momento necesita enviarme una carta le solicito tenga la amabilidad de escribir por correo, dirigido a mí (señorita J. Austen), Chawton, cerca de Alton; y que cualquier cosa de mayor volumen la agregue a la misma dirección, mediante el carruaje de Collier's Southampton.

'I remain, dear Sir,

'Yours very faithfully,

'J. Austen.'

About the same time the following letters passed between the Countess of Morley and the writer of 'Emma.' I do not know whether they were personally acquainted with each other, nor in what this interchange of civilities originated:—

The Countess of Morley to Miss J. Austen.

'Saltram, December 27 (1815).

'Madam,—I have been most anxiously waiting for an introduction to "Emma," and am infinitely obliged to you for your kind recollection of me, which will procure me the pleasure of her acquaintance some days sooner than I should otherwise have had it. I am already become intimate with the Woodhouse family, and feel that they will not amuse and interest me less than the Bennetts, Bertrams, Norrises, and all their admirable predecessors. I can give them no higher praise.

'I am, Madam, your much obliged

'F. Morley.'

Miss J. Austen to the Countess of Morley.

'Madam,—Accept my thanks for the honour of your note, and for your kind disposition in favour of "Emma." In my present state of doubt as to her reception in the world, it is particularly gratifying to me to receive so early an assurance of your Ladyship's approbation. It encourages me to depend on the same share of general good opinion which "Emma's" predecessors have experienced, and to believe that I have not yet, as almost every writer of fancy does sooner or later, overwritten myself.

Sinceramente.

J. Austen

Casi en la misma época, entablaron una breve correspondencia la condesa de Morley y Jane Austen. No sé si se conocían personalmente o qué originó este intercambio de cortesías.

De la condesa de Morley a la señorita Jane Austen:

Saltram, 27 de diciembre (1815).

Estimada señorita:

He estado esperando con ansias poder conocer a «Emma» y le estoy infinitamente agradecida por haberse acordado de mí, lo que me proporcionará el placer de conocerla unos días antes de lo que habría sido posible. Ya me he familiarizado con los Woodhouse y siento que no me divertirán ni me interesarán menos que los Bennett, los Bertram, los Norris y todos sus admirables predecesores. No puedo elogiarlos más.

Con todo mi agradecimiento.

F. Morley

De la señorita Jane Austen a la condesa de Morley.

Señora:

Acepte mi agradecimiento por el honor de haber recibido su nota y por su amable disposición a favor de *Emma*. En este momento, en el que dudo cómo será recibida en el mundo, es muy gratificante recibir la aprobación anticipada de su señoría. Me alienta a esperar la misma opinión general positiva que experimentaron los predecesores de *Emma* y a creer que aún no me he repetido a mí misma, como le sucede a casi todo escritor de prosa tarde o temprano.

'I am, Madam,

'Your obliged and faithful Servt.

'J. Austen.'

'December 31, 1815.'

Su fiel servidora.

J. Austen

31 de diciembre de 1815.

CHAPTER VIII

Slow growth of her fame—Ill success of first attempts at publication—Two Reviews of her works contrasted.

Seldom has any literary reputation been of such slow growth as that of Jane Austen. Readers of the present day know the rank that is generally assigned to her. They have been told by Archbishop Whately, in his review of her works, and by Lord Macaulay, in his review of Madame D'Arblay's, the reason why the highest place is to be awarded to Jane Austen, as a truthful drawer of character, and why she is to be classed with those who have approached nearest, in that respect, to the great master Shakspeare. They see her safely placed, by such authorities, in her niche, not indeed amongst the highest orders of genius, but in one confessedly her own, in our British temple of literary fame; and it may be difficult to make them believe how coldly her works were at first received, and how few readers had any appreciation of their peculiar merits. Sometimes a friend or neighbour, who chanced to know of our connection with the author, would condescend to speak with moderate approbation of 'Sense and Sensibility,' or 'Pride and Prejudice'; but if they had known that we, in our secret thoughts, classed her with Madame D'Arblay or Miss Edgeworth, or even with some other novel writers of the day whose names are now scarcely remembered, they would have considered it an amusing instance of family conceit. To the multitude her works appeared tame and commonplace,[26] poor in colouring, and sadly deficient in incident and interest. It is true that we were sometimes cheered by hearing that a different verdict had been pronounced by more competent judges: we were told how some great statesman or distinguished

---

26 A greater genius than my aunt shared with her the imputation of being *commonplace*. Lockhart, speaking of the low estimation in which Scott's conversational powers were held in the literary and scientific society of Edinburgh, says: 'I think the epithet most in vogue concerning it was "commonplace."' He adds, however, that one of the most eminent of that society was of a different opinion, who, when some glib youth chanced to echo in his hearing the consolatory tenet of local mediocrity, answered quietly, "I have the misfortune to think differently from you—in my humble opinion Walter Scott's sense is a still more wonderful thing than his genius."—Lockhart's *Life of Scott*, vol. iv. chap. v.

CAPITULO VIII

Lento crecimiento de su fama. Fallido intento de su primera publicación. Dos reseñas contrastantes de sus trabajos.

Pocas veces una reputación literaria ha tenido un crecimiento tan lento como la de Jane Austen. Los lectores de hoy conocen el lugar que ha alcanzado. El arzobispo Whately, en la reseña de sus obras, y lord Macaulay, en su reseña de las de madame D'Arblay, han explicado que Jane merece un lugar destacado por su capacidad de describir a sus personajes, y que debe estar ubicada entre los escritores que, en ese aspecto, más se han acercado al gran maestro Shakespeare. El lector de hoy la encuentra en ese lugar seguro, en su propio nicho, puesta allí por tales autoridades. Si bien no está ubicada entre los más altos rangos del genio, en nuestro templo británico de la fama literaria tiene un lugar propio que le pertenece, y por ello puede resultar difícil creer con qué frialdad fueron recibidas sus obras al principio y cuántos pocos lectores apreciaron sus méritos. En ocasiones, un amigo o vecino que por casualidad conoce mi relación familiar con Jane puede mencionar con moderada aprobación *Sentido y sensibilidad* u *Orgullo y prejuicio;* pero si hubieran sabido que nosotros, en nuestros pensamientos íntimos, la catalogábamos a la par de madame D'Arblay o la señorita Edgeworth, o incluso con algunos otros escritores noveles de la época cuyos nombres ahora apenas se recuerdan, lo habrían considerado un divertido ejemplo de vanidad familiar. Para la mayoría, sus obras parecían domésticas y comunes[28], poco coloridas e interesantes, y lastimosamente pobres en eventos. Es cierto que a veces nos alegraba oír que personas más competentes habían dado un veredicto diferente: nos contaban que algún

28 Un genio mayor que mi tía compartía con ella la fama de ser una persona «común». Lockhart, hablando de la poca estima que se tenía por las habilidades conversacionales de Scott en la sociedad literaria y científica de Edimburgo, dijo: «Creo que el epíteto más en boga al respecto era "común"». Añade, sin embargo, que uno de los miembros más eminentes de esa sociedad opinaba de manera diferente, y que cuando un joven locuaz por casualidad repitió ante él la remanida opinión sobre la mediocridad local, le respondió con calma: «Tengo la desgracia de pensar de manera diferente; en mi humilde opinión, el sentido común de Walter Scott es aún más admirable que su genio». *Vida de sir Walter Scott (Life of Scott),* Lockhart, vol. IV, cap. V.

poet held these works in high estimation; we had the satisfaction of believing that they were most admired by the best judges, and comforted ourselves with Horace's 'satis est Equitem mihi plaudere.' So much was this the case, that one of the ablest men of my acquaintance[27] said, in that kind of jest which has much earnest in it, that he had established it in his own mind, as a new test of ability, whether people *could* or *could not* appreciate Miss Austen's merits.

But though such golden opinions were now and then gathered in, yet the wide field of public taste yielded no adequate return either in praise or profit. Her reward was not to be the quick return of the cornfield, but the slow growth of the tree which is to endure to another generation. Her first attempts at publication were very discouraging. In November, 1797, her father wrote the following letter to Mr. Cadell:—

> 'Sir,—I have in my possession a manuscript novel, comprising 3 vols., about the length of Miss Burney's "Evelina." As I am well aware of what consequence it is that a work of this sort shd make its first appearance under a respectable name, I apply to you. I shall be much obliged therefore if you will inform me whether you choose to be concerned in it, what will be the expense of publishing it at the author's risk, and what you will venture to advance for the property of it, if on perusal it is approved of. Should you give any encouragement, I will send you the work.

'I am, Sir, your humble Servant,

'George Austen.'

'Steventon, near Overton, Hants,

'1st Nov. 1797.'

This proposal was declined by return of post! The work thus summarily rejected must have been 'Pride and Prejudice.'

27 The late Mr. R. H. Cheney.

gran estadista o un poeta distinguido tenía en alta estima a sus obras y entonces teníamos la satisfacción de creer que eran admiradas por mejores jueces y nos consolábamos con el *satis est Equitem mihi plaudere* de Horacio. Tanto era así, que uno de los hombres más capaces que conozco[29] dijo, en ese tipo de broma que en el fondo es seria, que había establecido como prueba de aptitud catalogar a la gente de acuerdo a su capacidad de apreciar o no los méritos de la señorita Austen. Pero aunque de vez en cuando se encontraban opiniones elogiosas, la mayoría del público no le brindó el reconocimiento adecuado ni en elogios ni en ganancias. Su recompensa no sería la rápida cosecha de trigo, sino el lento crecimiento del árbol que perdurará por generaciones. Sus primeros intentos de publicación fueron muy desalentadores. En noviembre de 1797 su padre le escribió la siguiente carta al señor Cadell:

> Señor:
>
> Tengo en mi poder una novela manuscrita que consta de tres volúmenes, aproximadamente la misma extensión de *Evelina* de la señorita Burney, y me dirijo a usted ya que soy consciente de la importancia que tiene que una obra de este tipo aparezca por primera vez publicada bajo un nombre respetable. Por lo tanto, le agradecería mucho que me informara si puede resultar de su interés, cuál sería el costo de publicarla por cuenta y riesgo del autor, y cuánto estaría dispuesto a adelantar por la propiedad, si tras su revisión resulta aprobada. Si le interesa, le enviaré la obra.
>
> Su humilde servidor,
>
> George Austen
>
> Steventon, cerca de Overton, Hants.
>
> 1 de noviembre de 1797.

La propuesta fue rechazada a vuelta de correo, y creo que la obra en cuestión era *Orgullo y prejuicio*.

---

29   El fallecido R. H. Cheney.

The fate of 'Northanger Abbey' was still more humiliating. It was sold, in 1803, to a publisher in Bath, for ten pounds, but it found so little favour in his eyes, that he chose to abide by his first loss rather than risk farther expense by publishing such a work. It seems to have lain for many years unnoticed in his drawers; somewhat as the first chapters of 'Waverley' lurked forgotten amongst the old fishing-tackle in Scott's cabinet. Tilneys, Thorpes, and Morlands consigned apparently to eternal oblivion! But when four novels of steadily increasing success had given the writer some confidence in herself, she wished to recover the copyright of this early work. One of her brothers undertook the negotiation. He found the purchaser very willing to receive back his money, and to resign all claim to the copyright. When the bargain was concluded and the money paid, but not till then, the negotiator had the satisfaction of informing him that the work which had been so lightly esteemed was by the author of 'Pride and Prejudice.' I do not think that she was herself much mortified by the want of early success. She wrote for her own amusement. Money, though acceptable, was not necessary for the moderate expenses of her quiet home. Above all, she was blessed with a cheerful contented disposition, and an humble mind; and so lowly did she esteem her own claims, that when she received 150*l*. from the sale of 'Sense and Sensibility,' she considered it a prodigious recompense for that which had cost her nothing. It cannot be supposed, however, that she was altogether insensible to the superiority of her own workmanship over that of some contemporaries who were then enjoying a brief popularity. Indeed a few touches in the following extracts from two of her letters show that she was as quicksighted to absurdities in composition as to those in living persons.

> 'Mr. C.'s opinion is gone down in my list; but as my paper relates only to "Mansfield Park," I may fortunately excuse myself from entering Mr. D's. I will redeem my credit with him by writing a close imitation of "Self-Control," as soon as I can. I will improve upon it. My heroine shall not only be wafted down an American river in a boat by herself. She shall cross the Atlantic in the same way; and never stop till she reaches Gravesend.'

> 'We have got "Rosanne" in our Society, and find it much as you describe it; very good and clever, but tedious. Mrs. Hawkins' great excellence is on serious subjects. There are some very delightful con-

El proceso con *La abadía de Northanger* fue más humillante todavía. En 1803 fue vendida a un editor en Bath por diez libras, pero a esta persona le gustó tan poco que decidió malgastar esa cifra antes de exponerse a perder más publicándola. Parece que permaneció olvidada en algún cajón por muchos años, al igual que los primeros capítulos de *Waverley* estuvieron mal guardados entre los viejos aparejos de pesca en el armario de Scott. ¡Tilneys, Thorpes y Morlands relegados al olvido eterno! Pero cuando cuatro novelas de éxito le dieron a la escritora cierta confianza en sí misma, quiso recuperar los derechos de autor de esta obra temprana. Uno de sus hermanos retomó las negociaciones y encontró a quien la había comprado motivado a renunciar a sus derechos a cambio de recibir de vuelta su dinero. No fue hasta después de terminada la negociación que esta persona supo que esa obra que tan poco había apreciado era de la autora de *Orgullo y prejuicio*. No creo que Jane se haya sentido mortificada por el poco éxito de sus inicios; ella escribía por su propio placer. El dinero, aunque bienvenido, no era necesario en un hogar donde los gastos eran moderados. Pero por encima de todo tenía la suerte de tener un carácter alegre y una mente humilde, y estimaba tan poco sus propios derechos que cuando recibió 150 libras por la venta de *Sentido y sensibilidad* consideró que era una recompensa excesiva por aquello que no le había costado nada.

Pero no debe suponerse que Jane era insensible a la superioridad de su trabajo, comparado con el de sus contemporáneos que gozaban de cierta popularidad. Estos extractos de dos de sus cartas muestran que ella era tan perspicaz para encontrar los absurdos tanto en las composiciones como en las personas vivas.

> La opinión del señor C. ha bajado en mi estima; pero como mi trabajo solo trata sobre *Mansfield Park,* afortunadamente puedo excusarme de afectar la opinión del señor D. Redimiré mi crédito con él escribiendo una imitación fiel de *Autocontrol* tan pronto como pueda. La mejoraré. Mi heroína no solo será arrastrada por un río norteamericano en un bote, sino que cruzará el Atlántico de la misma manera y no se detendrá hasta llegar a Gravesend.

> Podemos encontrar a *Roseanne* en nuestra sociedad y es como la describes: buena, inteligente, pero tediosa. La señora Hawkins es excelente en temas serios. Hay algunas conversaciones encanta-

versations and reflections on religion: but on lighter topics I think she falls into many absurdities; and, as to love, her heroine has very comical feelings. There are a thousand improbabilities in the story. Do you remember the two Miss Ormsdens introduced just at last? Very flat and unnatural. Madelle. Cossart is rather my passion.'

Two notices of her works appeared in the 'Quarterly Review.' One in October 1815, and another, more than three years after her death, in January 1821. The latter article is known to have been from the pen of Whately, afterwards Archbishop of Dublin.[28] They differ much from each other in the degree of praise which they award, and I think also it may be said, in the ability with which they are written. The first bestows some approval, but the other expresses the warmest admiration. One can scarcely be satisfied with the critical acumen of the former writer, who, in treating of 'Sense and Sensibility,' takes no notice whatever of the vigour with which many of the characters are drawn, but declares that 'the interest and *merit* of the piece depends *altogether* upon the behaviour of the elder sister!' Nor is he fair when, in 'Pride and Prejudice,' he represents Elizabeth's change of sentiments towards Darcy as caused by the sight of his house and grounds. But the chief discrepancy between the two reviewers is to be found in their appreciation of the commonplace and silly characters to be found in these novels. On this point the difference almost amounts to a contradiction, such as one sometimes sees drawn up in parallel columns, when it is desired to convict some writer or some statesman of inconsistency. The Reviewer, in 1815, says: 'The faults of these works arise from the minute detail which the author's plan comprehends. Characters of folly or simplicity, such as those of old Woodhouse and Miss Bates, are ridiculous when first presented, but if too often brought forward, or too long dwelt on, their prosing is apt

28 Lockhart had supposed that this article had been written by Scott, because it exactly accorded with the opinions which Scott had often been heard to express, but he learned afterwards that it had been written by Whately; and Lockhart, who became the Editor of the Quarterly, must have had the means of knowing the truth. (See Lockhart's *Life of Sir Walter Scott,* vol. v. p. 158.) I remember that, at the time when the review came out, it was reported in Oxford that Whately had written the article at the request of the lady whom he afterwards married.

doras y reflexiones sobre religión, pero en temas menos profundos creo que cae en absurdos. Y en el amor, la heroína tiene sentimientos muy graciosos. Hay mil improbabilidades en la historia. ¿Recuerdas a las dos señoritas Ormsden introducidas justo al final, de una manera tan sosa y poco natural? La señorita Cossart, en cambio, es mi pasión.

Dos artículos sobre sus obras aparecieron en el *Quarterly Review*. El primero en octubre de 1815 y el segundo tres años después de su muerte, en enero de 1821. Este último artículo fue escrito por Whately, quien fuera luego el arzobispo de Dublín[30]. Se diferencian mucho entre sí en cuanto al grado de elogio que expresan y creo que también podría decirse que en la habilidad con la que están escritos. El primero demuestra cierta aprobación y el otro demuestra la más cálida admiración. Uno apenas puede sentir conformidad con la perspicacia de la primera crítica sobre *Sentido y sensibilidad,* ya que no toma nota en absoluto el vigor con el que están descriptos muchos de los personajes y agrega que «el interés y el mérito de la obra dependen enteramente del comportamiento de la hermana mayor». Tampoco es acertado cuando afirma que el cambio de sentimientos de Elizabeth Bennet hacia Darcy se produce luego de que la protagonista conociera la casa y las propiedades de él. Pero la principal discrepancia entre ambas críticas reside en la apreciación de los personajes comunes y los absurdos que aparecen en las novelas. En este punto la diferencia casi equivale a una contradicción, como las que a veces se encuentran en ciertos paralelismos, cuando se pretende acusar de inconsistencia a algún escritor o estadista. En 1815, el crítico dice: «Los defectos de estas obras surgen del minucioso detalle que contiene el plan de la autora. Personajes simples o tontos como los Woodhouse o Miss Bates son ridículos desde el inicio; y si se los presentan con demasiada frecuencia, o se insiste demasiado con ellos, la prosa tiende a resultar tan aburrida en la ficción como lo es en una sociedad

30 Lockhart supuso que este artículo había sido escrito por Scott, porque coincidía exactamente con las opiniones que a menudo se le oían expresar, pero posteriormente supo que había sido escrito por Whately gracias a que Lockhart, que se convirtió en editor del *Quarterly,* tuvo los medios para conocer la verdad. *(Vida de Sir Walter Scott (Life of Sir Walter Scott),* Lockhart). Recuerdo que cuando se publicó la reseña se informó en Oxford que Whately había escrito el artículo a petición de la dama con la que posteriormente se casó.

to become as tiresome in fiction as in real society.' The Reviewer, in 1821, on the contrary, singles out the fools as especial instances of the writer's abilities, and declares that in this respect she shows a regard to character hardly exceeded by Shakspeare himself. These are his words: 'Like him (Shakspeare) she shows as admirable a discrimination in the character of fools as of people of sense; a merit which is far from common. To invent indeed a conversation full of wisdom or of wit requires that the writer should himself possess ability; but the converse does not hold good, it is no fool that can describe fools well; and many who have succeeded pretty well in painting superior characters have failed in giving individuality to those weaker ones which it is necessary to introduce in order to give a faithful representation of real life: they exhibit to us mere folly in the abstract, forgetting that to the eye of the skilful naturalist the insects on a leaf present as wide differences as exist between the lion and the elephant. Slender, and Shallow, and Aguecheek, as Shakspeare has painted them, though equally fools, resemble one another no more than Richard, and Macbeth, and Julius Cæsar; and Miss Austen's[29] Mrs. Bennet, Mr. Rushworth, and Miss Bates are no more alike than her Darcy, Knightley, and Edmund Bertram. Some have complained indeed of finding her fools too much like nature, and consequently tiresome. There is no disputing about tastes; all we can say is, that such critics must (whatever deference they may outwardly pay to received opinions) find the "Merry Wives of Windsor" and "Twelfth Night" very tiresome; and that those who look with pleasure at Wilkie's pictures, or those of the Dutch school, must admit that excellence of imitation may confer attraction on that which would be insipid or disagreeable in the reality. Her minuteness of detail has also been found fault with; but even where it produces, at the time, a degree of tediousness, we know not whether that can justly be reckoned a blemish, which is absolutely essential to a very high excellence. Now it is absolutely impossible, without this, to produce that thorough acquaintance with the characters which is necessary to make the reader heartily interested in them. Let any one cut out from the "Iliad" or from Shakspeare's plays everything (we are far from saying that either might not lose some parts with advantage, but let him reject everything) which is absolutely devoid of importance and interest *in itself*; and

29 In transcribing this passage I have taken the liberty so far to correct it as to spell her name properly with an 'e.'

real». Por el contrario, en 1821, el revisor señala como ejemplo que esos personajes simples o absurdos son un ejemplo de la habilidad de la escritora, y declara que en este aspecto muestran un respeto por los personajes apenas superado por el propio Shakespeare. Sus palabras fueron: «Como él (Shakespeare), la autora describe de forma admirable la diferencia entre los personajes sensatos y los tontos, lo cual es un mérito que está lejos de ser común. Imaginar una conversación llena de sabiduría o de ingenio requiere que el escritor sea hábil, pero lo contrario no es válido: no es tonto el que puede describir bien a los tontos, y muchos de los que han tenido éxito describiendo personajes superiores han fallado en darle personalidad a los más débiles, que son necesarios para dar una representación fiel de la vida real. Son representados en abstracto, olvidando que a los ojos del naturalista hábil los insectos en una hoja presentan diferencias tan amplias como las que existen entre el león y el elefante. Slender, Shallow y Aguecheek, tal como los describió Shakespeare, aunque igualmente tontos, no se parecen entre sí más que Ricardo, Macbeth y Julio César; y la señora Bennet, el señor Rushworth y la señorita Bates creados por la autora son tan diferentes entre ellos como lo son Darcy, Knightley y Edmund Bertram. Algunos han objetado que sus personajes absurdos aparecen demasiado y resultan cansadores. Los gustos no se discuten; todo lo que podemos decir es que tales críticos deben entonces encontrar *Las alegres comadres de Windsor* y *Noche de Reyes* muy aburridas. Y quienes contemplan con placer los cuadros de Wilkie o los de la escuela holandesa deben admitir que una buena imitación puede conferir atractivo a aquello que sería insípido o desagradable en la realidad. También se ha criticado la minuciosidad de sus detalles, pero incluso cuando pueden causar cierto aburrimiento, no sabemos si esto puede considerarse un defecto, porque sin esa minuciosidad es imposible lograr un profundo conocimiento de los personajes, necesario para que el lector se interese sinceramente por ellos. Que cualquiera elimine de la *Ilíada* o de las obras de Shakespeare todo aquello que carezca absolutamente de importancia e interés *en sí mismo* (estamos lejos de decir que podría agradecerse que pierdan algunas partes, pero imaginemos que se rechace todo), y como resultado habrá perdido más de la mitad de su encanto. Sabemos que algunos escritores han alterado el sentido de sus obras por el escrúpulo de eliminar todo aquello que no tuviera algún mérito absoluto e independiente. Han actuado como quienes arrancan las hojas de un árbol frutal como si no sirvieran para nada, con el fin de asegurar más nutrición a la fruta, sin tener en cuenta que no puede alcanzar su plena madurez y sabor sin

he will find that what is left will have lost more than half its charms. We are convinced that some writers have diminished the effect of their works by being scrupulous to admit nothing into them which had not some absolute and independent merit. They have acted like those who strip off the leaves of a fruit tree, as being of themselves good for nothing, with the view of securing more nourishment to the fruit, which in fact cannot attain its full maturity and flavour without them.'

The world, I think, has endorsed the opinion of the later writer; but it would not be fair to set down the discrepancy between the two entirely to the discredit of the former. The fact is that, in the course of the intervening five years, these works had been read and reread by many leaders in the literary world. The public taste was forming itself all this time, and 'grew by what it fed on.' These novels belong to a class which gain rather than lose by frequent perusals, and it is probable that each Reviewer represented fairly enough the prevailing opinions of readers in the year when each wrote.

Since that time, the testimonies in favour of Jane Austen's works have been continual and almost unanimous. They are frequently referred to as models; nor have they lost their first distinction of being especially acceptable to minds of the highest order. I shall indulge myself by collecting into the next chapter instances of the homage paid to her by such persons.

ellas».

Creo que el mundo ha acompañado esta última opinión, pero no sería justo desacreditar al primero para establecer la discrepancia entre ambos. El hecho es que, en el transcurso de los cinco años transcurridos desde entonces, estas obras han sido leídas y releídas por figuras importantes del mundo literario. En ese entonces el gusto del público se estaba formando y se alimentaba mientras crecía. Esas novelas pertenecen a un tipo de literatura que gana más adeptos con las lecturas frecuentes, en lugar de perderlos, y es probable que cada crítico haya representado, en el año en que escribió su reseña, las opiniones predominantes de los lectores.

Desde ese entonces, los testimonios a favor de las obras de Jane Austen han sido contínuos y casi unánimes. Con frecuencia se las menciona como ejemplos y no han perdido su cualidad fundamental, que es ser aceptables para las mentes más elevadas. Me complacerá recopilar en el próximo capítulo ejemplos del homenaje que le rindieron estas personas.

CHAPTER IX

Opinions expressed by eminent persons—Opinions of others of less eminence—Opinion of American readers.

Into this list of the admirers of my Aunt's works, I admit those only whose eminence will be universally acknowledged. No doubt the number might have been increased.

Southey, in a letter to Sir Egerton Brydges, says: 'You mention Miss Austen. Her novels are more true to nature, and have, for my sympathies, passages of finer feeling than any others of this age. She was a person of whom I have heard so well and think so highly, that I regret not having had an opportunity of testifying to her the respect which I felt for her.'

It may be observed that Southey had probably heard from his own family connections of the charm of her private character. A friend of hers, the daughter of Mr. Bigge Wither, of Manydown Park near Basingstoke, was married to Southey's uncle, the Rev. Herbert Hill, who had been useful to his nephew in many ways, and especially in supplying him with the means of attaining his extensive knowledge of Spanish and Portuguese literature. Mr. Hill had been Chaplain to the British Factory at Lisbon, where Southey visited him and had the use of a library in those languages which his uncle had collected. Southey himself continually mentions his uncle Hill in terms of respect and gratitude.

S. T. Coleridge would sometimes burst out into high encomiums of Miss Austen's novels as being, 'in their way, perfectly genuine and individual productions.'

I remember Miss Mitford's saying to me: 'I would almost cut off one of my hands, if it would enable me to write like your aunt with the other.'

The biographer of Sir J. Mackintosh says: 'Something recalled to his mind the traits of character which are so delicately touched in Miss Austen's novels ... He said that there was genius in sketching out that new kind of novel ... He was vexed for the credit of the "Edin-

CAPÍTULO IX

Opiniones de personas destacadas. Otras opiniones de menor importancia. Opiniones de lectores americanos.

En esta reseña sobre quienes admiran las obras de mi tía solo mencionaré a aquellos cuya eminencia es universalmente reconocida. Sin duda, en la actualidad ese número se habrá incrementado.

Southey, en una carta dirigida a sir Egerton Brydges, dijo: «Usted ha mencionado a la señorita Austen. Sus novelas son muy realistas y, para mi gusto, retratan como ningún escritor de esta época los sentimientos más profundos. Era una persona de la que había oído hablar tan bien, y de quien tenía tan buena opinión, que lamento no haber tenido oportunidad de hacerle saber el respeto que sentía por ella».

Hay que recordar que Southey posiblemente tenía referencias de su propia familia sobre la encantadora personalidad de Jane. Una amiga suya, hija del señor Bigge Wither, de Manydown Park, cerca de Basingstoke, estaba casada con el tío de Southey, el reverendo Herbert Hill, quien había ayudado a su sobrino de muchas maneras, en especial al proporcionarle los medios para aprender literatura española y portuguesa. El señor HIll había sido capellán en *The British Factory* en Lisboa, donde Southey podía disfrutar, cuando lo visitaba, de la biblioteca con obras en ambos idiomas que su tío coleccionaba. Southey menciona a su tío a menudo, con respeto y gratitud.

S. T. Coleridge ha elogiado las novelas de la señorita Austen en varias ocasiones, calificándolas como «producciones perfectamente genuinas e individuales, a su manera».

Recuerdo que la señorita Mitford me dijo en una ocasión: «Sería capaz de cortarme una mano si eso me permitiera escribir con la otra como lo hace tu tía».

El biógrafo de sir J. Mackintosh dijo: «Los rasgos de carácter que se tocan con tanta delicadeza en las obras de la señorita Austen resonaron en sir John. Dijo que la idea de este nuevo tipo de novela fue una genialidad de su parte. Estaba muy molesto porque *Edinburgh Review* la

burgh Review" that it had left her unnoticed ...[30] The "Quarterly" had done her more justice ... It was impossible for a foreigner to understand fully the merit of her works. Madame de Staël, to whom he had recommended one of her novels, found no interest in it; and in her note to him in reply said it was "vulgaire": and yet, he said, nothing could be more true than what he wrote in answer: "There is no book which that word would so little suit." ... Every village could furnish matter for a novel to Miss Austen. She did not need the common materials for a novel, strong emotions, or strong incidents.'[31]

It was not, however, quite impossible for a foreigner to appreciate these works; for Mons. Guizot writes thus: 'I am a great novel reader, but I seldom read German or French novels. The characters are too artificial. My delight is to read English novels, particularly those written by women. "C'est toute une école de morale." Miss Austen, Miss Ferrier, &c., form a school which in the excellence and profusion of its productions resembles the cloud of dramatic poets of the great Athenian age.'

In the 'Keepsake' of 1825 the following lines appeared, written by Lord Morpeth, afterwards seventh Earl of Carlisle, and Lord-Lieutenant of Ireland, accompanying an illustration of a lady reading a novel.

> Beats thy quick pulse o'er Inchbald's thrilling leaf,
> Brunton's high moral, Opie's deep wrought grief?
> Has the mild chaperon claimed thy yielding heart,
> Carroll's dark page, Trevelyan's gentle art?
> Or is it thou, all perfect Austen? Here
> Let one poor wreath adorn thy early bier,
> That scarce allowed thy modest youth to claim
> Its living portion of thy certain fame!
> Oh! Mrs. Bennet! Mrs. Norris too!
> While memory survives we'll dream of you.
> And Mr. Woodhouse, whose abstemious lip
> Must thin, but not too thin, his gruel sip.

---

[30] Incidentally she had received high praise in Lord Macaulay's Review of Madame D'Arblay's Works in the 'Edinburgh.'

[31] *Life of Sir J. Mackintosh*, vol. ii. p. 472.

ignoró[31]. *The Quarterly* fue más justo con ella. Para un extranjero es difícil comprender la excelencia de sus trabajos. Madame de Staël, a quien recomendó una de sus novelas, no la encontró interesante y la calificó de "vulgar"; pero nada podía ser más cierto que lo que él le respondió: "No hay otro libro al que esa palabra describa tan mal". A la señorita Austen cualquier aldea podía proporcionarle material para una novela. No necesitaba temas comunes para escribir, como emociones intensas o incidentes impactantes».[32]

Pero no era del todo imposible que un extranjero pudiera apreciar sus obras. El señor Guizot escribió: «Soy un gran lector de novelas, pero casi nunca leo en francés o alemán. Los personajes son demasiado artificiales. Mi placer es leer novelas inglesas, en especial las escritas por mujeres. *C'est toute une école de morale.* Las señoritas Austen y Ferrier, entre otras, conforman una corriente en la que la excelencia y la profusión de sus trabajos se asemeja a la de poetas dramáticos de la gran época ateniense».

En 1825, *Keepsake* publica el siguiente comentario, acompañado con una ilustración de una dama leyendo una novela, escrito por lord Morpeth, quien fuera luego el séptimo conde de Carlisle y teniente del rey de Irlanda:

> ¿Late tu pulso al ritmo de un Inchbald sutil,
> de un Brunton moral, de un Opie febril?
> ¿Ha ganado tu corazón el discreto mentor,
> la página oscura de Carroll, de Trevelyan, su candor?
> ¿O eres tú, Austen, tan pura, tan fiel,
> quien merece esta temprana ofrenda de laurel?
> ¡Tu juventud apenas gozó, en su momento,
> del eco justo de tu gran talento!
> ¡Oh, señora Bennet! ¡Señora Norris también!
> ¡Mientras haya memoria, las recordaremos sin desdén!
> Y el señor Woodhouse, de dieta tan fina,
> sorbiendo su papilla… ni gruesa ni líquida.

---

31 Por cierto, Jane había recibido grandes elogios en la reseña de lord Macaulay sobre las obras de madame D'Arblay.
32 *Vida de sir J. Mackintosh (Life of Sir J. Mackintosh).*

> Miss Bates, our idol, though the village bore;
> And Mrs. Elton, ardent to explore.
> While the clear style flows on without pretence,
> With unstained purity, and unmatched sense:
> Or, if a sister e'er approached the throne,
> She called the rich 'inheritance' her own.

The admiration felt by Lord Macaulay would probably have taken a very practical form, if his life had been prolonged. I have the authority of his sister, Lady Trevelyan, for stating that he had intended to undertake the task upon which I have ventured. He purposed to write a memoir of Miss Austen, with criticisms on her works, to prefix it to a new edition of her novels, and from the proceeds of the sale to erect a monument to her memory in Winchester Cathedral. Oh! that such an idea had been realised! That portion of the plan in which Lord Macaulay's success would have been most certain might have been almost sufficient for his object. A memoir written by him would have been a monument.

I am kindly permitted by Sir Henry Holland to give the following quotation from his printed but unpublished recollections of his past life:—

> 'I have the picture still before me of Lord Holland lying on his bed, when attacked with gout, his admirable sister, Miss Fox, beside him reading aloud, as she always did on these occasions, some one of Miss Austen's novels, of which he was never wearied. I well recollect the time when these charming novels, almost unique in their style of humour, burst suddenly on the world. It was sad that their writer did not live to witness the growth of her fame.'

My brother-in-law, Sir Denis Le Marchant, has supplied me with the following anecdotes from his own recollections:—

> 'When I was a student at Trinity College, Cambridge, Mr. Whewell, then a Fellow and afterwards Master of the College, often spoke to me with admiration of Miss Austen's novels. On one occasion I said that I had found "Persuasion" rather dull. He quite fired up in defence of it, insisting that it was the most beautiful of her works. This

La señorita Bates, nuestro ídola, aunque la aldea la esquive;
y la señora Elton, que todo lo mire.
Mientras el estilo fluye claro, sin ostentación,
con pureza sin mancha y perfecta razón.
Y si alguna hermana se atrevió el trono ocupar,
¡fue solo para la «herencia» reclamar!

Es muy probable que la admiración que lord Macaulay sentía por Jane hubiera cobrado una forma muy concreta si no hubiese muerto tan joven. Puedo decir con la autorización de lady Trevelyan, su hermana, que él tenía la intención de emprender la tarea que yo he realizado. Se proponía escribir las memorias de Jane Austen, con críticas sobre sus obras; y con las ganancias obtenidas con una nueva edición de sus novelas y de su propia obra deseaba erigir un monumento a su memoria en la catedral de Winchester. ¡Ah, si esa idea se hubiera concretado! Pero sin duda, solo unas memorias escritas por lord Macaulay hubieran sido en sí mismas un monumento.

Sir Henry Holland me ha permitido compartir esta cita de sus propias memorias, impresas pero no publicadas:

> Tengo en mi mente la imagen de lord Holland postrado en su cama con un ataque de gota, mientras que sentada a su lado su admirable hermana, la señorita Fox, leía en voz alta, como solía hacer en esas ocasiones, alguna de las novelas de Jane Austen, que lord Holland nunca se cansaba de escuchar. Recuerdo bien cuando esas deliciosas novelas, tan únicas en su sentido del humor, fueron lanzadas al mundo. Es triste saber que la autora no ha vivido lo suficiente como para ver crecer su fama.

Mi cuñado, sir Denis Le Marchant, ha compartido conmigo el recuerdo de estas anécdotas:

> Cuando fui estudiante en el Trinity College en Cambridge, el señor Whewell, entonces miembro y luego rector de la universidad, a menudo me hablaba con admiración de las novelas de la señorita Austen. En una ocasión le dije que *Persuasión* me había resultado algo aburrida, y él salió en su defensa insistiendo que era la más

accomplished philosopher was deeply versed in works of fiction. I recollect his writing to me from Caernarvon, where he had the charge of some pupils, that he was weary of *his* stay, for he had read the circulating library twice through.

'During a visit I paid to Lord Lansdowne, at Bowood, in 1846, one of Miss Austen's novels became the subject of conversation and of praise, especially from Lord Lansdowne, who observed that one of the circumstances of his life which he looked back upon with vexation was that Miss Austen should once have been living some weeks in his neighbourhood without his knowing it.

'I have heard Sydney Smith, more than once, dwell with eloquence on the merits of Miss Austen's novels. He told me he should have enjoyed giving her the pleasure of reading her praises in the "Edinburgh Review." "Fanny Price" was one of his prime favourites.'

I close this list of testimonies, this long 'Catena Patrum,' with the remarkable words of Sir Walter Scott, taken from his diary for March 14, 1826:[32] 'Read again, for the third time at least, Miss Austen's finely written novel of "Pride and Prejudice." That young lady had a talent for describing the involvements and feelings and characters of ordinary life, which is to me the most wonderful I ever met with. The big Bow-Wow strain I can do myself like any now going; but the exquisite touch which renders ordinary common-place things and characters interesting from the truth of the description and the sentiment is denied to me. What a pity such a gifted creature died so early!' The well-worn condition of Scott's own copy of these works attests that they were much read in his family. When I visited Abbotsford, a few years after Scott's death, I was permitted, as an unusual favour, to take one of these volumes in my hands. One cannot suppress the wish that she had lived to know what such men thought of her powers, and how gladly they would have cultivated a personal acquaintance with her. I do not think that it would at all have impaired the modest simplicity of her character; or that we should have lost our own dear 'Aunt Jane' in the blaze of literary fame.

32 Lockhart's *Life of Scott,* vol. vi. chap. vii.

maravillosa de sus obras. Si bien era un reconocido filósofo, también conocía mucho sobre obras de ficción. Recuerdo una carta que me escribió desde Caernarvon, donde estaba a cargo de algunos pupilos, en la que me decía que estaba cansado de *su* estadía pues ya había leído la biblioteca circulante dos veces.

Durante una visita que hice a lord Lansdowne en Bowood, en 1846, una de las novelas de la señorita Austen surgió como tema de conversación y de halago, en especial por parte de lord Lansdowne, quien observó que una de las circunstancias de su vida que recordaba con más desencanto era que la señorita Austen había vivido algunas semanas en su vecindario sin que él lo supiera. «He oído a Sydney Smith más de una vez hablar con elocuencia sobre los méritos de las novelas de la señorita Austen. Me dijo que lamentaba que la autora no hubiera podido disfrutar del placer de leer los elogios que le prodigó el *Edinburgh Review*. Fanny Price era una de sus favoritas».

Cierro esta lista de testimonios, esta larga *Catena Patrum*, con las memorables palabras que sir Walter Scott plasmó en su diario el 14 de marzo de 1826[33]: «He leído, por lo menos por tercera vez, la maravillosa novela *Orgullo y prejuicio* de Jane Austen. Esta joven dama tenía talento para describir las complejidades, los sentimientos y los personajes de la vida cotidiana, algo que para mí resulta ser lo más maravilloso que jamás he conocido. En una obra, el elemento sorpresa puedo crearlo yo mismo, como cualquiera en la actualidad; pero el toque exquisito que hace que las cosas y los personajes comunes y corrientes sean interesantes solo por su descripción y sus sentimientos, me es negado. ¡Qué pena que esa criatura talentosa haya muerto tan pronto!». El estado de deterioro en el que se encuentran las copias de las obras de Jane propiedad del propio Scott da testimonio de que fueron muy leídas por su familia. Cuando visité Abbotsford, unos años después de la muerte de Scott, como un favor especial se me permitió tener en mis manos uno de esos volúmenes. No se puede evitar el deseo de que Jane hubiera vivido para saber lo que tales personajes pensaban de su talento, y con qué placer hubieran cultivado una amistad personal con ella. No creo que esto hubiera afectado en absoluto la modesta sencillez de su carácter ni que hubiéramos perdido a nuestra querida «tía Jane» en el res-

---

33 *Vida de sir Walter Scott (Life of Scott)*, Lockhart.

It may be amusing to contrast with these testimonies from the great, the opinions expressed by other readers of more ordinary intellect. The author herself has left a list of criticisms which it had been her amusement to collect, through means of her friends. This list contains much of warm-hearted sympathising praise, interspersed with some opinions which may be considered surprising.

One lady could say nothing better of 'Mansfield Park,' than that it was 'a mere novel.'

Another owned that she thought 'Sense and Sensibility' and 'Pride and Prejudice' downright nonsense; but expected to like 'Mansfield Park' better, and having finished the first volume, hoped that she had got through the worst.

Another did not like 'Mansfield Park.' Nothing interesting in the characters. Language poor.

One gentleman read the first and last chapters of 'Emma,' but did not look at the rest because he had been told that it was not interesting.

The opinions of another gentleman about 'Emma' were so bad that they could not be reported to the author.

> 'Quot homines, tot sententiæ.'

Thirty-five years after her death there came also a voice of praise from across the Atlantic. In 1852 the following letter was received by her brother Sir Francis Austen:—

> 'Boston, Massachusetts, U.S.A.
>
> 6th Jan. 1852.
>
> 'Since high critical authority has pronounced the delineations of character in the works of Jane Austen second only to those of Shakspeare, transatlantic admiration appears superfluous; yet it may

plandor de su fama literaria.

Puede ser interesante contrastar estos testimonios, expresados por los más notables, con los vertidos por los lectores de un intelecto más común. La misma Jane dejó una lista de críticas que le hicieron llegar sus amigos, que es probable le haya parecido divertido coleccionar. Esta lista contiene muchos elogios cálidos y sentidos, intercalados con algunas opiniones que pueden considerarse sorprendentes.

Una dama dijo que lo mejor que podía decir de *Mansfield Park* es que era «una simple novela».

Otra dijo que tanto *Sentido y sensibilidad* como *Orgullo y prejuicio* eran «una completa tontería», pero que esperaba que *Mansfield Park* sea mejor, y que habiendo terminado el primer volumen, esperaba haber superado lo peor.

Otra persona dijo que no le gustó *Mansfield Park* porque los personajes no eran interesantes y porque además su lenguaje era pobre.

Un caballero leyó los primeros capítulos de *Emma* pero no siguió adelante porque no le pareció interesante.

Las opiniones de otro caballero sobre *Emma* fueron tan malas que no se las hicieron saber a la autora.

> Quot homines, tot sententiæ.

Treinta y cinco años después de su muerte, una voz elogiosa cruzó el Atlántico. En 1852 su hermano sir Francis Austen recibió la siguiente carta:

> Boston, Massachusetts, Estados Unidos.
>
> 6 de enero de 1852.
>
> Dado que los más aclamados críticos han declarado que las descripciones de los personajes en las obras de Jane Austen son superadas solamente por las de Shakespeare, esta admiración tran-

not be uninteresting to her family to receive an assurance that the influence of her genius is extensively recognised in the American Republic, even by the highest judicial authorities. The late Mr. Chief Justice Marshall, of the supreme Court of the United States, and his associate Mr. Justice Story, highly estimated and admired Miss Austen, and to them we owe our introduction to her society. For many years her talents have brightened our daily path, and her name and those of her characters are familiar to us as "household words." We have long wished to express to some of her family the sentiments of gratitude and affection she has inspired, and request more information relative to her life than is given in the brief memoir prefixed to her works.

'Having accidentally heard that a brother of Jane Austen held a high rank in the British Navy, we have obtained his address from our friend Admiral Wormley, now resident in Boston, and we trust this expression of our feeling will be received by her relations with the kindness and urbanity characteristic of Admirals of *her creation*. Sir Francis Austen, or one of his family, would confer a great favour by complying with our request. The autograph of his sister, or a few lines in her handwriting, would be placed among our chief treasures.

'The family who delight in the companionship of Jane Austen, and who present this petition, are of English origin. Their ancestor held a high rank among the first emigrants to New England, and his name and character have been ably represented by his descendants in various public stations of trust and responsibility to the present time in the colony and state of Massachusetts. A letter addressed to Miss Quincey, care of the Honble Josiah Quincey, Boston, Massachusetts, would reach its destination.'

Sir Francis Austen returned a suitable reply to this application; and sent a long letter of his sister's, which, no doubt, still occupies the place of honour promised by the Quincey family.

satlántica parece superflua; sin embargo, puede que a su familia le resulte de interés recibir la seguridad de que la influencia de su genio es ampliamente reconocida en Norteamérica, incluso por las más altas autoridades judiciales. El difunto señor Marshall, presidente del Tribunal Supremo de la Corte Suprema de los Estados Unidos y su asociado, el juez Story, estimaban y admiraban mucho a la señorita Austen y a ellos les debemos nuestro conocimiento de su obra. Por muchos años su talento iluminó nuestros caminos, y los nombres de sus personajes nos son familiares y cotidianos. Deseamos expresarle a su familia nuestro sentido agradecimiento y afecto por lo que ella ha inspirado en nosotros y le solicitamos información adicional sobre su vida, además de la que se puede encontrar en el breve resumen que precede a sus obras.

Al enterarnos por casualidad que un hermano de Jane Austen ostenta un alto cargo en la Marina Británica, hemos obtenido su dirección gracias a nuestro amigo el almirante Wormley, que ahora reside en Boston, y confiamos en que esta expresión de nuestro sentir será recibida por sus familiares con la amabilidad y consideración características que poseen los almirantes *en las obras de la señorita Austen.* Confiamos en que sir Francis Austen, o alguien más de su familia, tenga la amabilidad de acceder a nuestro pedido. Un autógrafo de su hermana, o algunas líneas manuscritas por ella serían un tesoro para nosotros.

La familia que se ha deleitado con las obras de Jane Austen y que presenta esta petición es de origen inglés. Su antepasado ocupó un alto rango entre los primeros emigrantes a Nueva Inglaterra y sus descendientes han representado con honor su nombre en diversos puestos públicos de confianza y responsabilidad hasta la actualidad, en la colonia y el estado de Massachusetts. La respuesta a esta carta puede ser dirigida a la señorita Quincey, que está al cuidado del honorable Josiah Quincey en Boston, Massachusetts.

Sir Frances Austen respondió a esta solicitud y envió una larga carta sobre su hermana, que, sin duda, todavía ocupa el lugar de honor prometido por la familia Quincey.

CHAPTER X

Observations on the Novels.

It is not the object of these memoirs to attempt a criticism on Jane Austen's novels. Those particulars only have been noticed which could be illustrated by the circumstances of her own life; but I now desire to offer a few observations on them, and especially on one point, on which my age renders me a competent witness—the fidelity with which they represent the opinions and manners of the class of society in which the author lived early in this century. They do this the more faithfully on account of the very deficiency with which they have been sometimes charged—namely, that they make no attempt to raise the standard of human life, but merely represent it as it was. They certainly were not written to support any theory or inculcate any particular moral, except indeed the great moral which is to be equally gathered from an observation of the course of actual life— namely, the superiority of high over low principles, and of greatness over littleness of mind. These writings are like photographs, in which no feature is softened; no ideal expression is introduced, all is the unadorned reflection of the natural object; and the value of such a faithful likeness must increase as time gradually works more and more changes in the face of society itself. A remarkable instance of this is to be found in her portraiture of the clergy. She was the daughter and the sister of clergymen, who certainly were not low specimens of their order: and she has chosen three of her heroes from that profession; but no one in these days can think that either Edmund Bertram or Henry Tilney had adequate ideas of the duties of a parish minister. Such, however, were the opinions and practice then prevalent among respectable and conscientious clergymen before their minds had been stirred, first by the Evangelical, and afterwards by the High Church movement which this century has witnessed. The country may be congratulated which, on looking back to such a fixed landmark, can find that it has been advancing instead of receding from it.

The long interval that elapsed between the completion of 'Northanger Abbey' in 1798, and the commencement of 'Mansfield Park' in 1811, may sufficiently account for any difference of style which may be perceived between her three earlier and her three later pro-

CAPITULO X

Observaciones sobre sus novelas.

No es el objeto de estas memorias hacer algún tipo de crítica a las novelas de Jane Austen, y solo se han mencionado aquellos detalles que podían ilustrarse con las circunstancias de su propia vida. Pero ahora deseo ofrecer algunas observaciones sobre ellas, especialmente en un punto donde mi edad me convierte en un testigo competente: la fidelidad con que la autora representa las opiniones y costumbres de la clase social de su época, a principios de este siglo. Y las representa con fidelidad debido a la misma falla que a veces se le ha imputado: no intenta idealizar, sino que simplemente las representa tal como eran. Ciertamente no fueron escritas para sustentar ninguna teoría ni para inculcar ninguna moraleja en particular, salvo, de hecho, la gran moraleja que se desprende también de la observación del devenir de la vida real: la superioridad de los principios elevados sobre los bajos y de la grandeza mental sobre la pequeñez. Sus escritos son como fotografías en las que no se suaviza ningún rasgo ni se agrega ninguna expresión ideal; son el reflejo sin adornos del objeto natural, y el valor de una semejanza tan fiel aumenta a medida que el tiempo produce cada vez más cambios en el rostro de la sociedad. Un ejemplo claro se puede encontrar en sus descripciones sobre el clero. Jane era hija y hermana de clérigos, con rangos altos en su orden, y eligió que tres de sus héroes ejercieran esa profesión. Pero nadie en estos días puede pensar que Edmund Bertram o Henry Tilney representan las ideas correctas sobre los deberes de un ministro parroquial. Tales eran, sin embargo, las opiniones y prácticas que prevalecían en ese entonces entre los clérigos respetables y con escrúpulos, antes de que sus mentes fueran agitadas primero por los evangélicos y luego por el movimiento de la Iglesia alta ocurridos en este siglo. Se puede felicitar al país que, al mirar atrás en este asunto, puede descubrir que ha avanzado, en lugar de retroceder.

El largo intervalo entre la finalización de *La abadía de Northanger* en 1798 y el inicio de *Mansfield Park* en 1811 es suficiente para explicar cualquier diferencia de estilo que se puede percibir entre las tres primeras y las tres últimas obras. Si las primeras mostraban tanto origi-

ductions. If the former showed quite as much originality and genius, they may perhaps be thought to have less of the faultless finish and high polish which distinguish the latter. The characters of the John Dashwoods, Mr. Collins, and the Thorpes stand out from the canvas with a vigour and originality which cannot be surpassed; but I think that in her last three works are to be found a greater refinement of taste, a more nice sense of propriety, and a deeper insight into the delicate anatomy of the human heart, marking the difference between the brilliant girl and the mature woman. Far from being one of those who have over-written themselves, it may be affirmed that her fame would have stood on a narrower and less firm basis, if she had not lived to resume her pen at Chawton.

Some persons have surmised that she took her characters from individuals with whom she had been acquainted. They were so lifelike that it was assumed that they must once have lived, and have been transferred bodily, as it were, into her pages. But surely such a supposition betrays an ignorance of the high prerogative of genius to create out of its own resources imaginary characters, who shall be true to nature and consistent in themselves. Perhaps, however, the distinction between keeping true to nature and servilely copying any one specimen of it is not always clearly apprehended. It is indeed true, both of the writer and of the painter, that he can use only such lineaments as exist, and as he has observed to exist, in living objects; otherwise he would produce monsters instead of human beings; but in both it is the office of high art to mould these features into new combinations, and to place them in the attitudes, and impart to them the expressions which may suit the purposes of the artist; so that they are nature, but not exactly the same nature which had come before his eyes; just as honey can be obtained only from the natural flowers which the bee has sucked; yet it is not a reproduction of the odour or flavour of any particular flower, but becomes something different when it has gone through the process of transformation which that little insect is able to effect. Hence, in the case of painters, arises the superiority of original compositions over portrait painting. Reynolds was exercising a higher faculty when he designed Comedy and Tragedy contending for Garrick, than when he merely took a likeness of that actor. The same difference exists in writings between the original conceptions of Shakspeare and some other creative geniuses, and such full-length likenesses of individual persons, 'The Talking

nalidad como genio, tal vez se podría pensar que tendrían menos del acabado impecable y el pulido que distinguen a las tres siguientes. Los personajes de John Dashwood, el señor Collins o los Thorpe sobresalen por su vigor y originalidad, pero creo que sus tres últimas novelas muestran un refinamiento superior en cuanto al gusto, un sentido más gentil del decoro y una visión más profunda de la delicada anatomía del corazón humano, que marcan la diferencia entre la muchacha brillante y la mujer madura. Lejos de ser una escritora que se repetía a sí misma, se podría afirmar que su fama se habría asentado sobre una base más estrecha y menos firme si no hubiera retomado su pluma en Chawton.

Hay quienes afirman que Jane basaba sus personajes en personas que había conocido. Son tan reales que se podría asumir que han vivido alguna vez y que han quedado plasmados, por así decirlo, en sus páginas. Pero tal suposición delata una ignorancia de la prerrogativa creativa del genio de crear, con sus propios recursos, personajes imaginarios fieles a la realidad y coherentes consigo mismos. Tal vez no siempre se comprende con claridad la distinción entre la fidelidad y la copia sin pudor. Es cierto que tanto los escritores como los pintores solo pueden usar los rasgos existentes o que han observado que existen en los objetos vivos; de lo contrario, produciría monstruos en lugar de seres humanos. Pero en ambos casos es función del artista avezado moldear estos rasgos en nuevas combinaciones, darles un lugar e impartirles expresiones que puedan adaptarse a los propósitos del artista; de modo que son naturales pero no son exactamente lo mismo que observaron. Así como la miel solo puede obtenerse de las flores naturales que la abeja ha libado, no replica el olor o el sabor de ninguna flor en particular sino que se convierte en algo diferente cuando ha pasado por el proceso de transformación que ese pequeño insecto es capaz de realizar. En el caso de los pintores, la superioridad surge de las composiciones originales más que de los retratos. Reynolds mostró esta superioridad cuando pintó a Garrick en medio de la comedia y la tragedia, más que cuando simplemente hizo un retrato del actor. La misma diferencia existe entre las concepciones originales de Shakespeare y las de algunos otros genios creadores, o en retratos de cuerpo entero, como por ejemplo *El caballero que habla,* admirablemente dibujado por la señorita Mitford. La genialidad de Jane Austen, en cualquier grado que la tuviera, era sin dudas sobresaliente. Ella no copiaba, sino que dotaba a sus pro-

Gentleman' for instance, as are admirably drawn by Miss Mitford. Jane Austen's powers, whatever may be the degree in which she possessed them, were certainly of that higher order. She did not copy individuals, but she invested her own creations with individuality of character. A reviewer in the 'Quarterly' speaks of an acquaintance who, ever since the publication of 'Pride and Prejudice,' had been called by his friends Mr. Bennet, but the author did not know him. Her own relations never recognised any individual in her characters; and I can call to mind several of her acquaintance whose peculiarities were very tempting and easy to be caricatured of whom there are no traces in her pages. She herself, when questioned on the subject by a friend, expressed a dread of what she called such an 'invasion of social proprieties.' She said that she thought it quite fair to note peculiarities and weaknesses, but that it was her desire to create, not to reproduce; 'besides,' she added, 'I am too proud of my gentlemen to admit that they were only Mr. A. or Colonel B.' She did not, however, suppose that her imaginary characters were of a higher order than are to be found in nature; for she said, when speaking of two of her great favourites, Edmund Bertram and Mr. Knightley: 'They are very far from being what I know English gentlemen often are.'

She certainly took a kind of parental interest in the beings whom she had created, and did not dismiss them from her thoughts when she had finished her last chapter. We have seen, in one of her letters, her personal affection for Darcy and Elizabeth; and when sending a copy of 'Emma' to a friend whose daughter had been lately born, she wrote thus: 'I trust you will be as glad to see my "Emma," as I shall be to see your Jemima.' She was very fond of Emma, but did not reckon on her being a general favourite; for, when commencing that work, she said, 'I am going to take a heroine whom no one but myself will much like.' She would, if asked, tell us many little particulars about the subsequent career of some of her people. In this traditionary way we learned that Miss Steele never succeeded in catching the Doctor; that Kitty Bennet was satisfactorily married to a clergyman near Pemberley, while Mary obtained nothing higher than one of her uncle Philip's clerks, and was content to be considered a star in the society of Meriton; that the 'considerable sum' given by Mrs. Norris to William Price was one pound; that Mr. Woodhouse survived his daughter's marriage, and kept her and Mr. Knightley from settling at Donwell, about two years; and that the letters placed by

pias creaciones de un carácter propio. Un crítico del *Quarterley* habla de un conocido que, desde la publicación de *Orgullo y prejuicio,* era llamado por sus amigos «señor Bennet», pero la autora no lo conocía. Su propio entorno nunca reconoció a nadie en sus personajes, y puedo recordar a muchos de sus conocidos cuyas peculiaridades podían fácilmente ser caricaturizadas, de los cuales no hay rastros en sus obras. Ella misma, cuando un amigo le preguntó sobre el tema, expresó su temor a lo que sería una «invasión de las costumbres sociales». Decía que le parecía justo señalar peculiaridades y debilidades, pero que su deseo era crear, no reproducir. «Además —añadió— estoy demasiado orgullosa de mis caballeros como para admitir que solo eran el señor A. o el coronel B.». Pero no pensaba que sus personajes fueran tan ideales que no hubieran podido ser encontrados en la vida real; decía que cualquiera de sus dos favoritos, Edmund Bertram o el señor Knightley, «están muy lejos de ser lo que, a mi entender, suelen ser los caballeros ingleses».

Jane tenía un interés casi maternal por los personajes que había creado y no los alejaba de sus pensamientos cuando había terminado de escribir. Hemos visto en una de sus cartas el afecto especial que sentía por Darcy y por Elizabeth, y cuando envió una copia de *Emma* a una amiga que había sido madre recientemente, le dijo: «Espero que te alegre conocer a mi Emma tanto como a mí me agradará ver a tu Jemina». Jane quería mucho a Emma pero no creo que haya sido su favorita, ya que cuando comenzó a escribir dijo: «Voy a crear una heroína que a nadie le agradará, excepto a mí misma». Ella podía, si le preguntaban, contar muchos pequeños detalles sobre la vida posterior de sus personajes. Así aprendimos, por ejemplo, que la señorita Steele nunca atrapó al doctor; que Kitty Bennet se casó felizmente con un clérigo cerca de Pemberley, mientras que Mary no consiguió a nadie con más rango que a un ayudante de su tío Philip y se contentó con ser una importante figura de la sociedad en Meriton; que la «suma considerable» que la señora Norris le dio a William Price fue de una libra; que el señor Woodhouse sobrevivió al casamiento de su hija y que le impidió a ella y al señor Knightley establecerse en Donwell durante unos dos años, y que las cartas que Frank Churchill dejó a Jane Fairfax, las cuales ella retiró sin leer, conte-

Frank Churchill before Jane Fairfax, which she swept away unread, contained the word 'pardon.' Of the good people in 'Northanger Abbey' and 'Persuasion' we know nothing more than what is written: for before those works were published their author had been taken away from us, and all such amusing communications had ceased for ever.

nían la palabra «perdón». De la buena gente de *La abadía de Northanger* y *Persuasión* no sabemos más de lo que hay escrito, ya que antes de su publicación la autora nos abandonó, con lo cual todas esas divertidas historias se terminaron para siempre.

CHAPTER XI

Declining health of Jane Austen—Elasticity of her spirits—Her resignation and humility—Her death.

Early in the year 1816 some family troubles disturbed the usually tranquil course of Jane Austen's life; and it is probable that the inward malady, which was to prove ultimately fatal, was already felt by her; for some distant friends,[33] whom she visited in the spring of that year, thought that her health was somewhat impaired, and observed that she went about her old haunts, and recalled old recollections connected with them in a particular manner, as if she did not expect ever to see them again. It is not surprising that, under these circumstances, some of her letters were of a graver tone than had been customary with her, and expressed resignation rather than cheerfulness. In reference to these troubles in a letter to her brother Charles, after mentioning that she had been laid up with an attack of bilious fever, she says: 'I live up stairs for the present and am coddled. I am the only one of the party who has been so silly, but a weak body must excuse weak nerves.' And again, to another correspondent: 'But I am getting too near complaint; it has been the appointment of God, however secondary causes may have operated.' But the elasticity of her spirits soon recovered their tone. It was in the latter half of that year that she addressed the two following lively letters to a nephew, one while he was at Winchester School, the other soon after he had left it:—

'Chawton, July 9, 1816.

'My Dear E.—Many thanks. A thank for every line, and as many to Mr. W. Digweed for coming. We have been wanting very much to hear of your mother, and are happy to find she continues to mend, but her illness must have been a very serious one indeed. When she is really recovered, she ought to try change of air, and come over to us. Tell your father that I am very much obliged to him for his share of your letter, and most sincerely join in the hope of her being eventually much the better for her present discipline. She has the comfort moreover of being confined in such weather as gives one

33 The Fowles, of Kintbury, in Berkshire.

CAPÍTULO XI

Debilitación de la salud de Jane Austen. La resiliencia de su espíritu. Su resignación y humildad. Su muerte.

A principios de 1816 algunos problemas familiares inquietaron la tranquila vida de Jane Austen, y es probable que para ese entonces ella ya hubiera comenzado a sentir su propia enfermedad, que terminó siendo fatal. Unos amigos lejanos[34] a quienes visitó en la primavera de ese año, también pensaron que su salud estaba algo deteriorada y observaron que regresó a sus lugares favoritos para recordar momentos pasados de una manera particular, como si no esperara volver a verlos nunca más. No sorprende que, bajo estas circunstancias, algunas de sus cartas fueran de un tono más grave de lo habitual y expresaran resignación, más que entusiasmo. En una carta a su hermano Charles, luego de mencionarle que había estado en cama con un ataque de fiebre biliosa, le expresó: «Me instalé arriba por ahora, y me consienten mucho. Soy la única del grupo que ha sido tan tonta, pero un cuerpo débil debería justificar la debilidad de los nervios». Y en otra carta, dirigida a otra persona: «Pero me he vuelto muy quejosa; ha sido un designio de Dios y no importan los motivos secundarios que puedan haberla causado». Pero la resiliencia de su espíritu pronto la hizo recobrar su tono habitual. Fue en la última mitad de ese año que envió dos alegres cartas a un sobrino que estaba en Winchester, una de ellas mientras estaba en la escuela y la otra poco después de haberla dejado.

Chawton, 9 de julio de 1816.

Mi querido E.:

Muchas gracias. Un agradecimiento por cada línea y otro tanto al señor W. Digweed por haber venido. Hemos esperado noticias sobre tu madre y nos alegra saber que sigue mejorando, ya que su enfermedad debe haber sido seria. Cuando esté totalmente recuperada debería cambiar de aire y venir a vernos. Dile a tu padre que me siento muy agradecida por las líneas que agrega a tu carta y que comparto sinceramente la esperanza de que ella mejore con el régi-

---

34 Los Fowle de Kintbury, en Berkshire.

little temptation to be out. It is really too bad, and has been too bad for a long time, much worse than any one can bear, and I begin to think it will never be fine again. This is a *finesse* of mine, for I have often observed that if one writes about the weather, it is generally completely changed before the letter is read. I wish it may prove so now, and that when Mr. W. Digweed reaches Steventon to-morrow, he may find you have had a long series of hot dry weather. We are a small party at present, only grandmamma, Mary Jane, and myself. Yalden's coach cleared off the rest yesterday. I am glad you recollected to mention your being come home.[34] My heart began to sink within me when I had got so far through your letter without its being mentioned. I was dreadfully afraid that you might be detained at Winchester by severe illness, confined to your bed perhaps, and quite unable to hold a pen, and only dating from Steventon in order, with a mistaken sort of tenderness, to deceive me. But now I have no doubt of your being at home. I am sure you would not say it so seriously unless it actually were so. We saw a countless number of post-chaises full of boys pass by yesterday morning[35]—full of future heroes, legislators, fools, and villains. You have never thanked me for my last letter, which went by the cheese. I cannot bear not to be thanked. You will not pay us a visit yet of course; we must not think of it. Your mother must get well first, and you must go to Oxford and *not* be elected; after that a little change of scene may be good for you, and your physicians I hope will order you to the sea, or to a house by the side of a very considerable pond.[36] Oh! it rains again. It beats against the window. Mary Jane and I have been wet through once already to-day; we set off in the donkey-carriage for Farringdon, as I wanted to see the improvement Mr. Woolls is making, but we were obliged to turn back before we got there, but not soon enough to avoid a pelter all the way home. We met Mr. Woolls. I talked of its being bad weather for the hay, and he returned me the comfort of its being much worse for the wheat. We hear that Mrs. S. does not

34 It seems that her young correspondent, after dating from his home, had been so superfluous as to state in his letter that he was returned home, and thus to have drawn on himself this banter.
35 The road by which many Winchester boys returned home ran close to Chawton Cottage.
36 There was, though it exists no longer, a pond close to Chawton Cottage, at the junction of the Winchester and Gosport roads.

men que cumple ahora. Tu madre tiene el consuelo de que el clima la ayuda a quedarse en casa. Está realmente muy malo y lo ha estado por un largo tiempo, mucho más de lo que se puede soportar; tanto, que comienzo a pensar que nunca mejorará. He aquí una delicadeza de mi parte, pues he observado a menudo que, si uno escribe sobre el tiempo, este suele cambiar por completo antes de que la carta llegue a destino. Espero comprobarlo pronto, y que cuando el señor W. Digweed vuelva mañana a Steventon, encuentre que has tenido una larga serie de días secos y cálidos. Todavía somos un grupo pequeño formado por la abuela, Mary Jane y yo. El resto partió ayer en el carruaje de Yalden. Me alegra que recuerdes mencionar que estás en casa[35]. Mi corazón se aceleró al leer tu carta sin que esto hubiera sido mencionado. Tenía un miedo terrible de que te hubieras quedado en Winchester por una enfermedad grave, confinado en cama quizás, incapaz de sostener una pluma, y que solo hayas nombrado Steventon para engañarme. Pero ahora no tengo dudas de que estás en casa; estoy segura de que no lo afirmarías con tanta seriedad si no fuera así. Ayer por la mañana vimos pasar innumerables sillas de posta con jóvenes pasajeros[36], llenas de futuros héroes, legisladores, necios y villanos. Nunca me has agradecido mi última carta. No soporto que no me agradezcan. No nos vas a visitar por ahora, no debemos esperarlo. Tu madre debe recuperarse primero y tú debes ir a Oxford y no ser elegido; después de eso, un pequeño cambio de aire puede ser bueno para ti, y tus médicos, espero, te ordenarán ir al mar, o a una casa junto a un estanque muy grande[37]. ¡Ah, está lloviendo nuevamente! Las gotas golpean contra la ventana. Mary Jane y yo nos hemos mojado hoy; fuimos en el carruaje de burros a ver las mejoras que el señor Woolls está haciendo en Farrington y nos vimos obligadas a regresar antes de llegar, aunque no pudimos evitar un chubasco durante todo el camino a casa. Vimos al señor Woolls y conversamos sobre lo malo que este clima es para el heno, y él me consoló diciéndome que era peor para el trigo. Nos enteramos de que la señora S. no deja Tánger: ¿por qué y para qué?

35 Parece que el joven había creado una confusión en una de sus cartas sobre este tema, y así originó una broma familiar.
36 El camino por el que muchos estudiantes de Winchester regresaban a casa pasaba cerca de Chawton Cottage.
37 Había en esa época, un estanque cerca de Chawton Cottage, en la unión de las carreteras de Winchester y Gosport.

quit Tangier: why and wherefore? Do you know that our Browning is gone? You must prepare for a William when you come, a good-looking lad, civil and quiet, and seeming likely to do. Good bye. I am sure Mr. W. D.[37] will be astonished at my writing so much, for the paper is so thin that he will be able to count the lines if not to read them.

Yours affecly,

'Jane Austen.'

In the next letter will be found her description of her own style of composition, which has already appeared in the notice prefixed to 'Northanger Abbey' and 'Persuasion':—

'Chawton, Monday, Dec. 16th (1816).

'My Dear E.,—One reason for my writing to you now is, that I may have the pleasure of directing to you Esqre. I give you joy of having left Winchester. Now you may own how miserable you were there; now it will gradually all come out, your crimes and your miseries— how often you went up by the Mail to London and threw away fifty guineas at a tavern, and how often you were on the point of hanging yourself, restrained only, as some ill-natured aspersion upon poor old Winton has it, by the want of a tree within some miles of the city. Charles Knight and his companions passed through Chawton about 9 this morning; later than it used to be. Uncle Henry and I had a glimpse of his handsome face, looking all health and good humour. I wonder when you will come and see us. I know what I rather speculate upon, but shall say nothing. We think uncle Henry in excellent looks. Look at him this moment, and think so too, if you have not done it before; and we have the great comfort of seeing decided improvement in uncle Charles, both as to health, spirits, and appearance. And they are each of them so agreeable in their different way, and harmonise so well, that their visit is thorough enjoyment. Uncle Henry writes very superior sermons. You and I must try to get hold of one or two, and put them into our novels: it would be a fine help to

---

37 Mr. Digweed, who conveyed the letters to and from Chawton, was the gentleman named in page [22 {of the original edition}], as renting the old manor-house and the large farm at Steventon.

¿Sabías que nuestro Browning se fue? Tienes que estar preparado para conocer a William cuando llegues, un muchacho guapo, cortés, tranquilo y con buenas perspectivas. Adiós. Estoy segura de que el señor W. D.[38] se sorprenderá de lo mucho que escribo; el papel es tan fino que podrá contar las líneas, si no leerlas.

Con todo mi afecto.

Jane Austen

En la siguiente carta, Jane hace una descripción de su propio estilo de composición:

Chawton, lunes, 16 de diciembre (1816).

Mi querido E.:

Una de las razones por las cuales escribo ahora es para poder tener el placer de dirigirme a usted, licenciado. Ahora puedes reconocer lo miserable que eras allí; ahora todo saldrá a la luz, gradualmente: tus crímenes y tus miserias, cuántas veces viajaste a Londres y tiraste cincuenta guineas en una taberna, y cuántas veces estuviste a punto de ahorcarte, como dice la leyenda del pobre viejo Winton, limitado solo por la falta de un árbol a pocos kilómetros de la ciudad. Charles Knight y sus compañeros han pasado por Chawton alrededor de las nueve esta mañana, más tarde de lo habitual. El tío Henry y yo apenas pudimos ver su atractiva cara, que reflejaba su buena salud y buen humor. Me pregunto cuándo vendrás a vernos. Sé sobre qué me gustaría especular, pero no diré nada. Creemos que se lo ve muy bien al tío Henry. Mírenlo ahora mismo y coincidan conmigo, si ya no lo han hecho antes, y nos consuela mucho ver una notable mejoría en el tío Charles, tanto en su salud como en espíritu y aspecto. Ambos son tan agradables, cada uno a su manera, y armonizan tan bien que sus visitas son un verdadero placer. El tío Henry escribe mejores sermones. Tú y yo deberíamos

---

38 El señor Digweed, que transportaba las cartas desde y hacia Chawton, era el caballero nombrado en el capítulo II como arrendatario de la antigua casa solariega y la gran granja de Steventon.

a volume; and we could make our heroine read it aloud on a Sunday evening, just as well as Isabella Wardour, in the "Antiquary," is made to read the "History of the Hartz Demon" in the ruins of St. Ruth, though I believe, on recollection, Lovell is the reader. By the bye, my dear E., I am quite concerned for the loss your mother mentions in her letter. Two chapters and a half to be missing is monstrous! It is well that *I* have not been at Steventon lately, and therefore cannot be suspected of purloining them: two strong twigs and a half towards a nest of my own would have been something. I do not think, however, that any theft of that sort would be really very useful to me. What should I do with your strong, manly, vigorous sketches, full of variety and glow? How could I possibly join them on to the little bit (two inches wide) of ivory on which I work with so fine a brush, as produces little effect after much labour?

'You will hear from uncle Henry how well Anna is. She seems perfectly recovered. Ben was here on Saturday, to ask uncle Charles and me to dine with them, as to-morrow, but I was forced to decline it, the walk is beyond my strength (though I am otherwise very well), and this is not a season for donkey-carriages; and as we do not like to spare uncle Charles, he has declined it too.

Tuesday. Ah, ah! Mr. E. I doubt your seeing uncle Henry at Steventon to-day. The weather will prevent your expecting him, I think. Tell your father, with aunt Cass's love and mine, that the pickled cucumbers are extremely good, and tell him also—"tell him what you will." No, don't tell him what you will, but tell him that grandmamma begs him to make Joseph Hall pay his rent, if he can.

'You must not be tired of reading the word *uncle*, for I have not done with it. Uncle Charles thanks your mother for her letter; it was a great pleasure to him to know that the parcel was received and gave so much satisfaction, and he begs her to be so good as to give three shillings for him to Dame Staples, which shall be allowed for in the payment of her debt here.

'Adieu, Amiable! I hope Caroline behaves well to you.

intentar conseguir uno o dos e incluirlos en nuestras novelas, sería una gran ayuda para un volumen y podríamos hacer que nuestra heroína lo lea en voz alta un domingo por la noche, igual que Isabella Wardour, en *Antiquary,* lee la «Historia del demonio de Hartz» en las ruinas de St. Ruth, aunque creo, si no recuerdo mal, que es Lovell quien lee. Por otro lado, querido E., me preocupa la pérdida que menciona tu madre en su carta. ¡Que falten dos capítulos y medio es terrible! Menos mal que *yo* no he estado en Steventon últimamente, por lo cual no se puede sospechar que los he robado: dos fuertes ramitas y media para mi propio nido hubieran sido algo. Pero creo que un robo de esa índole no hubiera sido útil para mí. ¿Qué podría hacer con tus bocetos, fuertes, varoniles y vigorosos, llenos de variedad y vivacidad? ¿Cómo podría unirlos al pequeño trozo (de cinco centímetros de ancho) de marfil sobre el que trabajo con un pincel tan fino que produce poco efecto después de mucho trabajo?

Tu tío Henry te dirá lo bien que se encuentra Anna. Parece totalmente recuperada. Ben estuvo aquí el sábado para invitarnos al tío Charles y a mí a comer mañana, pero yo no acepté porque esa caminata, en este momento, supera mis fuerzas (aunque por lo demás estoy muy bien) y esta no es época para carruajes de burros; y como no queremos prescindir del tío Charles, él también ha declinado la invitación.

Martes. ¡Ah, señor E.! No creo que veas al tío Henry hoy en Steventon, el clima no te lo permitirá. Dile a tu padre, con el cariño de la tía Cass y el mío, que los pepinillos están buenísimos, y dile también… «dile lo que quieras». No, no le digas lo que quieras, pero dile que la abuela le ruega que, si puede, consiga que Joseph Hall pague su alquiler.

No te canses todavía de leer la palabra «tío», porque aún no he terminado. El tío Charles le agradece a tu madre su carta, se alegró mucho de saber que el paquete fue recibido y que le causó tanta satisfacción, y le ruega que tenga la amabilidad de darle tres chelines a Staples en su nombre, que se contabilizarán para el pago de su deuda.

¡Adiós, amigo! Espero que Caroline se porte bien contigo.

Yours affecly,

'J. Austen.'

I cannot tell how soon she was aware of the serious nature of her malady. By God's mercy it was not attended with much suffering; so that she was able to tell her friends as in the foregoing letter, and perhaps sometimes to persuade herself that, excepting want of strength, she was 'otherwise very well;' but the progress of the disease became more and more manifest as the year advanced. The usual walk was at first shortened, and then discontinued; and air was sought in a donkey-carriage. Gradually, too, her habits of activity within the house ceased, and she was obliged to lie down much. The sitting-room contained only one sofa, which was frequently occupied by her mother, who was more than seventy years old. Jane would never use it, even in her mother's absence; but she contrived a sort of couch for herself with two or three chairs, and was pleased to say that this arrangement was more comfortable to her than a real sofa. Her reasons for this might have been left to be guessed, but for the importunities of a little niece, which obliged her to explain that if she herself had shown any inclination to use the sofa, her mother might have scrupled being on it so much as was good for her.

It is certain, however, that the mind did not share in this decay of the bodily strength. 'Persuasion' was not finished before the middle of August in that year; and the manner in which it was then completed affords proof that neither the critical nor the creative powers of the author were at all impaired. The book had been brought to an end in July; and the re-engagement of the hero and heroine effected in a totally different manner in a scene laid at Admiral Croft's lodgings. But her performance did not satisfy her. She thought it tame and flat, and was desirous of producing something better. This weighed upon her mind, the more so probably on account of the weak state of her health; so that one night she retired to rest in very low spirits. But such depression was little in accordance with her nature, and was soon shaken off. The next morning she awoke to more cheerful views and brighter inspirations: the sense of power revived; and imagination resumed its course. She cancelled the condemned chapter, and wrote two others, entirely different, in its stead. The result is that we possess the visit of the Musgrove party to Bath; the crowd-

Con todo mi afecto.

J. Austen

No puedo asegurar cuándo Jane descubrió la naturaleza de su enfermedad. Gracias a Dios no sufrió mucho y tuvo la oportunidad de decirle a sus amigos, como se aprecia en la carta anterior, y hasta quizás a veces de convencerse a sí misma de que, salvo por la falta de fuerza, «por lo demás estaba muy bien»; pero el progreso de su enfermedad se hizo cada vez más evidente a medida que avanzaba el año. La caminata habitual se hizo primero más corta y luego se reemplazó por el carruaje de burros. Poco a poco dejó de hacer sus actividades hogareñas y se vio obligada a permanecer recostada. La sala de estar solo tenía un sofá, ocupado con frecuencia por su madre, que ya tenía más de setenta años. Jane nunca lo usaba, ni siquiera en ausencia de su madre, pero ideó una especie de sofá con dos o tres sillas y se ufanaba de decir que era más cómodo que un sofá verdadero. Las razones para haber hecho este arreglo eran un misterio, pero la impertinencia de una pequeña sobrina la obligó a explicar que si ella misma hubiera mostrado alguna inclinación a recostarse en el sofá, su madre hubiera dejado de usarlo para que ella estuviera más cómoda.

Pero se puede afirmar que su mente no decayó en fuerza a la par de su cuerpo. *Persuasión* no fue terminada hasta mediados de agosto de ese año, lo cual muestra que ni los procesos críticos ni los creativos de la autora se vieron comprometidos. Había acabado de escribir en julio, y el reencuentro del héroe y la heroína se resolvía de una manera totalmente diferente, en una escena ambientada en el alojamiento del almirante Croft. Pero este final no le convencía, le parecía monótono y soso, y ansiaba escribir algo mejor. Esto la agobiaba, probablemente más de lo normal debido a su precaria salud. Pero ese desánimo no formaba parte de su naturaleza y pronto lo superó: si bien la noche anterior se había ido a dormir desanimada, a la mañana siguiente despertó con pensamientos más alegres y una inspiración iluminada: revivió su sensación de poder y su imaginación reanudó su curso. Anuló ese capítulo y en su lugar escribió otros dos totalmente diferentes. El resultado fue la visita de los Musgrove a Bath, las animadas escenas, con varios de los personajes, que transcurren en el hotel White Hart, y la encantadora conversación entre el capitán Harville y Anne Elliot que escuchó el capitán

ed and animated scenes at the White Hart Hotel; and the charming conversation between Capt. Harville and Anne Elliot, overheard by Capt. Wentworth, by which the two faithful lovers were at last led to understand each other's feelings. The tenth and eleventh chapters of 'Persuasion' then, rather than the actual winding-up of the story, contain the latest of her printed compositions, her last contribution to the entertainment of the public. Perhaps it may be thought that she has seldom written anything more brilliant; and that, independent of the original manner in which the *dénouement* is brought about, the pictures of Charles Musgrove's good-natured boyishness and of his wife's jealous selfishness would have been incomplete without these finishing strokes. The cancelled chapter exists in manuscript. It is certainly inferior to the two which were substituted for it: but it was such as some writers and some readers might have been contented with; and it contained touches which scarcely any other hand could have given, the suppression of which may be almost a matter of regret.[38]

The following letter was addressed to her friend Miss Bigg, then staying at Streatham with her sister, the wife of the Reverend Herbert Hill, uncle of Robert Southey. It appears to have been written three days before she began her last work, which will be noticed in another chapter; and shows that she was not at that time aware of the serious nature of her malady:—

'Chawton, January 24, 1817.

'My Dear Alethea,—I think it time there should be a little writing between us, though I believe the epistolary debt is on *your* side, and I hope this will find all the Streatham party well, neither carried away by the flood, nor rheumatic through the damps. Such mild weather is, you know, delightful to *us*, and though we have a great many ponds, and a fine running stream through the meadows on the other side of the road, it is nothing but what beautifies us and does to talk of. *I* have certainly gained strength through the winter and am not far from being well; and I think I understand my own case now so much better than I did, as to be able by care to keep off any seri-

38 This cancelled chapter is now printed, in compliance with the requests addressed to me from several quarters.

Wentworth, por la que los dos enamorados finalmente llegaron a comprender sus mutuos sentimientos. Los capítulos X y XI de *Persuasión*, entonces, más que el cierre real de la historia, contienen la última de sus composiciones impresas, su última contribución al entretenimiento de sus lectores. Tal vez se pueda pensar que rara vez ha escrito algo más brillante y que, independientemente del modo original en que se produce el desenlace, las descripciones de la benigna niñez de Charles Musgrove y del egoísmo celoso de su esposa habrían estado incompletas sin estos toques finales. El capítulo eliminado está en el manuscrito y es inferior a los dos que lo sustituyeron, pero era suficiente para que algunos escritores y lectores se hubieran contentado con él; contenía detalles que ninguna otra mano podría haber escrito y cuya supresión podría ser casi un motivo de pesar[39].

La carta que transcribo a continuación fue recibida por la señorita Biggs durante su estadía en Streatham con su hermana, la esposa del reverendo Herbert Hill, tío de Robert Southey. Parece haber sido escrita antes de que Jane comenzara su último trabajo, que será mencionado en otro capítulo, y muestra que en ese momento aún no comprendía la seriedad de su enfermedad:

Chawton, 24 de enero de 1817.

Mi querida Alethea:

Creo que es hora de retomar la correspondencia entre nosotras, aunque me parece que la deuda epistolar es de *tu* parte, y espero que esto encuentre al grupo de Streatham bien, ni arrasados por la inundación ni reumáticos por la humedad. Este tiempo cálido es muy agradable para *nosotros,* como ya sabes, y aunque tenemos muchos estanques y un hermoso arroyo que corre por los prados del otro lado de la carretera, es algo que embellece el paisaje y nos da tema de conversación. *Yo* he recuperado algo de fuerza durante el

---

39 Este capítulo eliminado ya está incluido, cumpliendo con el pedido que me han hecho varias personas.

ous return of illness. I am convinced that *bile* is at the bottom of all I have suffered, which makes it easy to know how to treat myself. You will be glad to hear thus much of me, I am sure. We have just had a few days' visit from Edward, who brought us a good account of his father, and the very circumstance of his coming at all, of his father's being able to spare him, is itself a good account. He grows still, and still improves in appearance, at least in the estimation of his aunts, who love him better and better, as they see the sweet temper and warm affections of the boy confirmed in the young man: I tried hard to persuade him that he must have some message for William,[39] but in vain... This is not a time of year for donkey-carriages, and our donkeys are necessarily having so long a run of luxurious idleness that I suppose we shall find they have forgotten much of their education when we use them again. We do not use two at once however; don't imagine such excesses... Our own new clergyman[40] is expected here very soon, perhaps in time to assist Mr. Papillon on Sunday. I shall be very glad when the first hearing is over. It will be a nervous hour for our pew, though we hear that he acquits himself with as much ease and collectedness, as if he had been used to it all his life. We have no chance we know of seeing you between Streatham and Winchester: you go the other road and are engaged to two or three houses; if there should be any change, however, you know how welcome you would be... We have been reading the "Poet's Pilgrimage to Waterloo," and generally with much approbation. Nothing will please all the world, you know; but parts of it suit me better than much that he has written before. The opening—*the proem* I believe he calls it—is very beautiful. Poor man! one cannot but grieve for the loss of the son so fondly described. Has he at all recovered it? What do Mr. and Mrs. Hill know about his present state?

'Yours affly,

'J. Austen.

---

39 Miss Bigg's nephew, the present Sir William Heathcote, of Hursley.
40 Her brother Henry, who had been ordained late in life.

invierno y estoy cerca de sentirme bien; creo que ahora comprendo mejor qué me ha pasado como para poder, con los cuidados pertinentes, evitar cualquier recaída grave. Estoy convencida de que la *bilis* es el motivo de mis sufrimientos, lo cual me ayuda a saber cómo cuidarme. Estarás encantada de escuchar sobre mí, estoy segura. Richard nos ha visitado unos días y trajo noticias sobre su padre; el hecho de que haya podido prescindir de él y nos visitara, es en sí mismo, una buena noticia. Ha crecido y su aspecto ha mejorado, al menos en la estima de sus tías que lo aman más a medida que ven el dulce carácter y el cariño del muchacho reafirmados en el joven. Traté de persuadirlo de que tenga algún mensaje para William,[40] pero fue en vano. Esta no es la mejor época del año para los carruajes de burros; los nuestros están pasando un período tan largo de ocio que supongo que descubriremos, cuando volvamos a utilizarlos, que han olvidado gran parte de su entrenamiento. No creas que usamos dos a la vez, sería un exceso. Esperamos al nuevo clérigo[41] muy pronto, quizás a tiempo para asistir al señor Papillon el domingo. Me alegraré mucho cuando termine su presentación. Será un momento de nerviosismo para nuestros feligreses, pero hemos oído que se desenvuelve con tanta soltura y serenidad como si lo hubiera hecho toda su vida. No tendremos oportunidad de verte entre Streatham y Winchester; irás por otro camino y estás comprometida a visitar dos o tres casas. Sin embargo, si hubiera algún cambio, sabes que serás bienvenida. Estuvimos leyendo *El peregrinaje del poeta a Waterloo*[42] y en general nos ha agradado mucho. Nada complace a todo el mundo, ya sabes, pero algunas partes me gustan más que lo que ha escrito antes. La introducción *(proemio,* creo que lo llama) es hermosa. ¡Pobre hombre! Una no puede más que apenarse por la muerte de su hijo, descripta con tanto afecto. ¿Se habrá recuperado de ello? ¿Qué saben el señor y la señora Hill sobre su estado actual?

Con todo mi afecto.

J. Austen

---

40 El sobrino de la señorita Bigg, el actual sir William Heathcote, de Hursley.
41 Su hermano Henry, que se había ordenado siendo ya adulto.
42 *Poet's Pilgrimage to Waterloo.*

'The real object of this letter is to ask you for a receipt, but I thought it genteel not to let it appear early. We remember some excellent orange wine at Manydown, made from Seville oranges, entirely or chiefly. I should be very much obliged to you for the receipt, if you can command it within a few weeks.'

On the day before, January 23rd, she had written to her niece in the same hopeful tone: 'I feel myself getting stronger than I was, and can so perfectly walk *to* Alton, *or* back again without fatigue, that I hope to be able to do *both* when summer comes.'

Alas! summer came to her only on her deathbed. March 17th is the last date to be found in the manuscript on which she was engaged; and as the watch of the drowned man indicates the time of his death, so does this final date seem to fix the period when her mind could no longer pursue its accustomed course.

And here I cannot do better than quote the words of the niece to whose private records of her aunt's life and character I have been so often indebted:—

'I do not know how early the alarming symptoms of her malady came on. It was in the following March that I had the first idea of her being seriously ill. It had been settled that about the end of that month, or the beginning of April, I should spend a few days at Chawton, in the absence of my father and mother, who were just then engaged with Mrs. Leigh Perrot in arranging her late husband's affairs; but Aunt Jane became too ill to have me in the house, and so I went instead to my sister Mrs. Lefroy at Wyards'. The next day we walked over to Chawton to make enquiries after our aunt. She was then keeping her room, but said she would see us, and we went up to her. She was in her dressing gown, and was sitting quite like an invalid in an arm-chair, but she got up and kindly greeted us, and then, pointing to seats which had been arranged for us by the fire, she said, "There is a chair for the married lady, and a little stool for you, Caroline."[41] It is strange, but those trifling words were the last of hers that I can remember, for I retain no recollection of what was said by anyone in the conversation that ensued. I was struck by the alteration in her-

41 The writer was at that time under twelve years old.

El verdadero motivo de esta carta es el de pedirte un favor, pero no me pareció cortés hacerlo al inicio. Recordamos un excelente vino de naranjas de Manydown, hecho con naranjas de Sevilla. Te agradeceríamos mucho si nos puedes dar la receta, si es que puedes enviarla en las próximas semanas.

El día anterior a esta carta, el 23 de enero, escribió a su sobrina en el mismo tono optimista: «Me siento más fuerte que antes y puedo caminar perfectamente *hasta* Alton, *o* de regreso, sin cansarme; espero poder hacer *ambas* cosas cuando llegue el verano».

Pero el verano la encontró en su lecho de muerte. La última fecha encontrada en el manuscrito en el que trabajaba es el 17 de marzo, y así como el reloj del ahogado muestra la hora exacta de su muerte, esta fecha parece indicar el momento en el que su mente ya no pudo seguir su curso habitual.

Y aquí no puedo hacer nada mejor que citar las palabras de la sobrina a la que debo agradecer los registros privados de la vida y la personalidad de su tía:

> No sé cuándo aparecieron los síntomas de su enfermedad. Fue en marzo del año siguiente cuando tuve la primera idea de que estaba gravemente enferma. Estaba acordado que a finales de ese mes o principios de abril pasaría unos días en Chawton, en ausencia de mis padres, que se habían comprometido a ayudar a la viuda de Leigh Perrot a ordenar los asuntos de su difunto esposo; pero cuando la salud de la tía Jane empeoró tuve que marcharme a casa de mi hermana, la señora Lefroy, en Wyards. Al día siguiente pasamos por Chawton para preguntar por ella. Estaba confinada en su cuarto pero dijo que nos recibiría, y subimos a verla. Estaba con su bata, sentada como una inválida en un sillón, pero se levantó amablemente a saludarnos y luego, señalando los asientos que habían sido dispuestos para nosotras junto al fuego, dijo: «Hay una silla para la dama casada y un pequeño taburete para ti, Caroline»[43]. Es extraño, pero esas son las últimas palabras que recuerdo que haya dicho, ya que no tengo memoria de la conversación que mantuvieron. Me impresionó cómo había cambiado; estaba muy pálida, su voz era débil

---

43 Su sobrina tenía en ese entonces 12 años.

> self. She was very pale, her voice was weak and low, and there was about her a general appearance of debility and suffering; but I have been told that she never had much acute pain. She was not equal to the exertion of talking to us, and our visit to the sick room was a very short one, Aunt Cassandra soon taking us away. I do not suppose we stayed a quarter of an hour; and I never saw Aunt Jane again.'

In May 1817 she was persuaded to remove to Winchester, for the sake of medical advice from Mr. Lyford. The Lyfords have, for some generations, maintained a high character in Winchester for medical skill, and the Mr. Lyford of that day was a man of more than provincial reputation, in whom great London practitioners expressed confidence. Mr. Lyford spoke encouragingly. It was not, of course, his business to extinguish hope in his patient, but I believe that he had, from the first, very little expectation of a permanent cure. All that was gained by the removal from home was the satisfaction of having done the best that could be done, together with such alleviations of suffering as superior medical skill could afford.

Jane and her sister Cassandra took lodgings in College Street. They had two kind friends living in the Close, Mrs. Heathcote and Miss Bigg, the mother and aunt of the present Sir Wm. Heathcote of Hursley, between whose family and ours a close friendship has existed for several generations. These friends did all that they could to promote the comfort of the sisters, during that sad sojourn in Winchester, both by their society, and by supplying those little conveniences in which a lodging-house was likely to be deficient. It was shortly after settling in these lodgings that she wrote to a nephew the following characteristic letter, no longer, alas in her former strong, clear hand.

> 'Mrs. David's, College St., Winton,
>
> 'Tuesday, May 27th.
>
> 'There is no better way, my dearest E., of thanking you for your affectionate concern for me during my illness than by telling you myself, as soon as possible, that I continue to get better. I will not boast of my handwriting; neither that nor my face have yet recovered their proper beauty, but in other respects I gain strength very fast. I am now out of bed from 9 in the morning to 10 at night: upon the sofa, it

y baja, y su aspecto general era de debilidad y sufrimiento, aunque me dijeron que nunca padeció dolores agudos. Le costaba hablar con nosotras y nuestra visita fue muy breve, ya que la tía Cassandra pronto hizo que nos despidamos. No estuvimos más de quince minutos, y luego de eso no volví a ver más a la tía Jane.

En mayo de 1817 la convencieron de instalarse en Winchester para recibir asesoramiento médico del señor Lyford. Durante generaciones, los Lyford gozaron de una importante reputación en Winchester por sus habilidades médicas, y el señor Lyford de aquel entonces era una persona de renombre, en quien los grandes médicos londinenses depositaban su confianza. El señor Lyford habló con tono alentador; no era su responsabilidad apagar la esperanza en su paciente, pero creo que desde un principio tuvo muy pocas expectativas de una cura definitiva. Lo único que se obtuvo con el traslado fue la satisfacción de haber hecho lo mejor que se podía hacer por ella, junto con la administración de alivios a su sufrimiento que solo una habilidad médica superior pudo proporcionar.

Jane y Cassandra se hospedaron en College Street. Dos buenas amigas vivían cerca, la señora Heathcote y la señorita Bigg, madre y tía del actual sir Heathcote de Hursley. Entre ambas familias existe una estrecha amistad desde hace varias generaciones. Estas amigas hicieron todo lo posible para brindar comodidad a las hermanas durante su triste estancia en Winchester, tanto con su compañía como en aquellas pequeñas cosas de las que probablemente carecía una casa de huéspedes. Poco después de su llegada Jane envió a su sobrino la siguiente carta, que ya no está escrita con su característica letra clara y firme:

Señora David, College Street, Winton.

Martes, 27 de mayo.

No hay mejor manera, queridísimo E., de agradecer tu cariñosa preocupación por mí y por mi enfermedad que decirte yo misma, lo antes posible, que sigo mejorando. No se aprecia en mi letra, y tampoco mi cara ha vuelto a tener su belleza habitual, pero en otros aspectos estoy recuperando fuerza con rapidez. Permanezco levantada desde las nueve de la mañana hasta las diez de la noche. Si

is true, but I eat my meals with aunt Cassandra in a rational way, and can employ myself, and walk from one room to another. Mr. Lyford says he will cure me, and if he fails, I shall draw up a memorial and lay it before the Dean and Chapter, and have no doubt of redress from that pious, learned, and disinterested body. Our lodgings are very comfortable. We have a neat little drawing-room with a bow window overlooking Dr. Gabell's garden.[42] Thanks to the kindness of your father and mother in sending me their carriage, my journey hither on Saturday was performed with very little fatigue, and had it been a fine day, I think I should have felt none; but it distressed me to see uncle Henry and Wm. Knight, who kindly attended us on horseback, riding in the rain almost the whole way. We expect a visit from them to-morrow, and hope they will stay the night; and on Thursday, which is a confirmation and a holiday, we are to get Charles out to breakfast. We have had but one visit from *him*, poor fellow, as he is in sick-room, but he hopes to be out to-night. We see Mrs. Heathcote every day, and William is to call upon us soon. God bless you, my dear E. If ever you are ill, may you be as tenderly nursed as I have been. May the same blessed alleviations of anxious, sympathising friends be yours: and may you possess, as I dare say you will, the greatest blessing of all in the consciousness of not being unworthy of their love. *I* could not feel this.

'Your very affecte Aunt,

'J. A.'

The following extract from a letter which has been before printed, written soon after the former, breathes the same spirit of humility and thankfulness:—

'I will only say further that my dearest sister, my tender, watchful, indefatigable nurse, has not been made ill by her exertions. As to what I owe her, and the anxious affection of all my beloved family on this occasion, I can only cry over it, and pray God to bless them more and more.'

Throughout her illness she was nursed by her sister, often assisted

---

42 It was the corner house in College Street, at the entrance to Commoners.

> bien me quedo en el sofá, tomo mis comidas con la tía Cassandra como corresponde, por mí misma y caminando de una habitación a la otra. El señor Lyford dice que me curará, y que si no lo hace puedo escribir una queja y presentarla a las autoridades, y no duda que recibiré una reparación por parte de ese grupo piadoso, erudito y desinteresado. Nuestro alojamiento es confortable. Tenemos una pequeña y bonita sala de estar con un ventanal que da al jardín del doctor Gabell[44]. Mi viaje del sábado fue bastante confortable gracias a la amabilidad de tus padres al enviarme su carruaje, y si además hubiera sido un día bonito creo que no hubiera sentido ninguna fatiga, ya que me causó un poco de inquietud ver al tío Harry y al señor Knight, que nos acompañaron a caballo, cabalgar bajo la lluvia casi todo el tiempo. Esperamos que nos visiten mañana y que se queden a pasar la noche; y el jueves, que es día de confirmación y fiesta, vamos a buscar a Charles para desayunar. Solo hemos tenido una visita suya, ya que el pobre está enfermo, pero espera salir esta noche. Vemos a la señora Heathcote todos los días y William vendrá pronto. Dios te bendiga, querido E.; si alguna vez enfermas, espero que seas atendido con la misma ternura que yo; que recibas la bendición del alivio que proporcionan amigos solícitos y compasivos y que poseas, como me atrevo a decir que tendrás, la mayor bendición de todas: la conciencia de ser digno de su amor, como *yo* lo siento.
>
> Con todo mi afecto.
>
> Tu tía J. A.

El siguiente es un extracto de una carta que ya ha sido publicada, escrita poco después de la anterior, que posee el mismo espíritu de humildad y agradecimiento.

> Solo puedo decir que mi queridísima hermana, mi tierna, vigilante e infatigable enfermera, no ha caído enferma por sus todos sus esfuerzos. Le debo tanto a ella y a la afectuosa preocupación por mi estado de toda mi querida familia, que solo me queda llorar y rezar a Dios para que los bendiga aún más.

Durante toda su enfermedad fue asistida por su hermana y en ocasio-

---

44   Era la casa en la entrada general, en la esquina en College Street.

by her sister-in-law, my mother. Both were with her when she died. Two of her brothers, who were clergymen, lived near enough to Winchester to be in frequent attendance, and to administer the services suitable for a Christian's death-bed. While she used the language of hope to her correspondents, she was fully aware of her danger, though not appalled by it. It is true that there was much to attach her to life. She was happy in her family; she was just beginning to feel confidence in her own success; and, no doubt, the exercise of her great talents was an enjoyment in itself. We may well believe that she would gladly have lived longer; but she was enabled without dismay or complaint to prepare for death. She was a humble, believing Christian. Her life had been passed in the performance of home duties, and the cultivation of domestic affections, without any self-seeking or craving after applause. She had always sought, as it were by instinct, to promote the happiness of all who came within her influence, and doubtless she had her reward in the peace of mind which was granted her in her last days. Her sweetness of temper never failed. She was ever considerate and grateful to those who attended on her. At times, when she felt rather better, her playfulness of spirit revived, and she amused them even in their sadness. Once, when she thought herself near her end, she said what she imagined might be her last words to those around her, and particularly thanked her sister-in-law for being with her, saying: 'You have always been a kind sister to me, Mary.' When the end at last came, she sank rapidly, and on being asked by her attendants whether there was anything that she wanted, her reply was, '*Nothing but death.*' These were her last words. In quietness and peace she breathed her last on the morning of July 18, 1817.

On the 24th of that month she was buried in Winchester Cathedral, near the centre of the north aisle, almost opposite to the beautiful chantry tomb of William of Wykeham. A large slab of black marble in the pavement marks the place. Her own family only attended the funeral. Her sister returned to her desolated home, there to devote herself, for ten years, to the care of her aged mother; and to live much on the memory of her lost sister, till called many years later to rejoin her. Her brothers went back sorrowing to their several homes. They were very fond and very proud of her. They were attached to her by her talents, her virtues, and her engaging manners; and each loved afterwards to fancy a resemblance in some niece or daughter of his own to the dear sister Jane, whose perfect equal they yet never expected to see.

nes por su cuñada, mi madre. Ambas estaban con ella cuando murió. Dos de sus hermanos, ambos clérigos, que estaban cerca de Winchester y la acompañaban con frecuencia, le brindaron el consuelo adecuado para una persona cristiana que se encontraba en su lecho de muerte. Si bien su correspondencia tenía un tono esperanzador, era plenamente consciente de la gravedad de su enfermedad, aunque no la angustiaba. Es cierto que tenía muchos motivos para seguir viviendo: era feliz con su familia, había comenzado a tener confianza en su éxito y, sin duda, le daba mucho placer poseer su talento. Podemos decir que hubiera disfrutado de una vida más larga, pero que estaba lista para partir, sin congoja ni lamentos. Era una humilde y creyente cristiana. Su vida había transcurrido entre los quehaceres de su hogar y el cultivo de sus afectos domésticos, sin egoísmos ni ansias de aplausos. Siempre buscó promover la felicidad de todos los que la rodeaban y sin duda tuvo su recompensa en la paz mental que le fue concedida en sus últimos días. La dulzura de su temperamento nunca la abandonó; fue considerada y agradecida con quienes la cuidaron. Cuando se sentía un poco mejor recuperaba su espíritu jovial y entretenía a quienes la acompañaban, a pesar de su tristeza. En una ocasión, cuando sentía estar cerca de su muerte, pronunció las que imaginó que serían sus últimas palabras a quienes la rodeaban, agradeciendo en especial a su cuñada por estar con ella: «Siempre has sido una buena hermana para mí, Mary». Y cuando realmente llegó el final, sus acompañantes le preguntaron si deseaba algo y respondió: «Solo la muerte». Estas fueron sus últimas palabras. En paz y quietud exhaló su último suspiro la mañana del 18 de julio de 1817.

El 24 de ese mes fue enterrada en la catedral de Winchester, cerca del centro de la nave norte, casi enfrente a la hermosa tumba de la capilla de William of Wykeham. Una gran placa de mármol negro en el piso señala el lugar. Su familia participó del funeral y más tarde su hermana regresó al desolado hogar, donde cuidó durante diez años a su anciana madre, siempre manteniendo viva la memoria de su hermana hasta su propia muerte, muchos años más tarde. Sus hermanos regresaron con pesar a sus propios hogares. Le tenían mucho afecto y estaban orgullosos de ella, de su talento, sus virtudes y su encantadora personalidad, y cada uno de ellos se deleitaba al encontrar algún parecido en una sobrina o hija suya con su querida hermana Jane, aunque sabían que era irrepetible.

CHAPTER XII

The Cancelled Chapter (Chap. X.) of 'Persuasion.'

With all this knowledge of Mr. Elliot and this authority to impart it, Anne left Westgate Buildings, her mind deeply busy in revolving what she had heard, feeling, thinking, recalling, and foreseeing everything, shocked at Mr. Elliot, sighing over future Kellynch, and pained for Lady Russell, whose confidence in him had been entire. The embarrassment which must be felt from this hour in his presence! How to behave to him? How to get rid of him? What to do by any of the party at home? Where to be blind? Where to be active? It was altogether a confusion of images and doubts—a perplexity, an agitation which she could not see the end of. And she was in Gay Street, and still so much engrossed that she started on being addressed by Admiral Croft, as if he were a person unlikely to be met there. It was within a few steps of his own door.

'You are going to call upon my wife,' said he. 'She will be very glad to see you.'

Anne denied it.

'No! she really had not time, she was in her way home;' but while she spoke the Admiral had stepped back and knocked at the door, calling out,

'Yes, yes; do go in; she is all alone; go in and rest yourself.'

Anne felt so little disposed at this time to be in company of any sort, that it vexed her to be thus constrained, but she was obliged to stop.

'Since you are so very kind,' said she, 'I will just ask Mrs. Croft how she does, but I really cannot stay five minutes. You are sure she is quite alone?'

The possibility of Captain Wentworth had occurred; and most fearfully anxious was she to be assured—either that he was within, or that he was not—*which* might have been a question.

CAPITULO XII

El capítulo eliminado (Capítulo X) de Persuasión.

Con toda la información que recibió sobre el señor Elliot, y autorizada a compartirla, Anne salió de Westgate Buildings con la mente profundamente ocupada en repasar lo que había oído, sintiendo, pensando, recordando y previendo todo, conmocionada por el señor Elliot, preocupada por el futuro de Kellynch y apenada por lady Russell, que había confiado completamente en él. ¡Qué avergonzada se iba a sentir a partir de ahora cuando estuviera en su presencia! ¿Cómo debía comportarse ante él? ¿Cómo deshacerse de él? ¿Qué hacer ante el resto de la familia? ¿Cuándo disimular, cuándo actuar? Todo era confusión, duda, perplejidad y una agitación a la que no le veía final. Había llegado a Gay Street tan absorta en sus pensamientos que se sorprendió al ver que el almirante Croft se dirigía hacia ella, como si fuera alguien imposible de encontrar allí. Estaban a pocos pasos de su propia puerta.

—¡Viene a visitar a mi esposa! —le dijo—. Se alegrará mucho de verla.

Anne lo negó.

—¡No! Realmente no tengo tiempo, iba de camino a casa. —Pero mientras hablaba, el almirante volvió sobre sus pasos y llamó a la puerta de su vivienda.

—Sí, sí, entre. Ella está sola ahora; entre y siéntese un momento.

Anne se sentía muy poco dispuesta a tener compañía y le molestaba verse obligada, pero no pudo negarse.

—Ya que es usted tan amable —dijo Anne— le preguntaré a la señora Croft cómo está, pero la verdad es que no puedo quedarme ni cinco minutos. ¿Está seguro de que está completamente sola?

Pensaba en el capitán Wentworth; estaba ansiosa por saber con certeza si él estaba o no en el interior de la casa. *Esa* era su verdadera pregunta.

'Oh yes! quite alone, nobody but her mantua-maker with her, and they have been shut up together this half-hour, so it must be over soon.'

'Her mantua-maker! Then I am sure my calling now would be most inconvenient. Indeed you must allow me to leave my card and be so good as to explain it afterwards to Mrs. Croft.'

'No, no, not at all—not at all—she will be very happy to see you. Mind, I will not swear that she has not something particular to say to you, but that will all come out in the right place. I give no hints. Why, Miss Elliot, we begin to hear strange things of you (smiling in her face). But you have not much the look of it, as grave as a little judge!'

Anne blushed.

'Aye, aye, that will do now, it is all right. I thought we were not mistaken.'

She was left to guess at the direction of his suspicions; the first wild idea had been of some disclosure from his brother-in-law, but she was ashamed the next moment, and felt how far more probable it was that he should be meaning Mr. Elliot. The door was opened, and the man evidently beginning to *deny* his mistress, when the sight of his master stopped him. The Admiral enjoyed the joke exceedingly. Anne thought his triumph over Stephen rather too long. At last, however, he was able to invite her up stairs, and stepping before her said, 'I will just go up with you myself and show you in. I cannot stay, because I must go to the Post-Office, but if you will only sit down for five minutes I am sure Sophy will come, and you will find nobody to disturb you—there is nobody but Frederick here,' opening the door as he spoke. Such a person to be passed over as nobody to *her*! After being allowed to feel quite secure, indifferent, at her ease, to have it burst on her that she was to be the next moment in the same room with him! No time for recollection! for planning behaviour or regulating manners! There was time only to turn pale before she had passed through the door, and met the astonished eyes of Captain Wentworth, who was sitting by the fire, pretending to read, and prepared for no greater surprise than the Admiral's hasty return.

—¡Sí, sí! Completamente sola, sin nadie más que su modista, y llevan media hora encerradas, así que pronto terminará.

—¡Su modista! Entonces estoy segura de que mi visita será una molestia. Por favor permítame dejar mi tarjeta y tenga la amabilidad de explicárselo luego a la señora Croft.

—No, no, en absoluto. Estará muy contenta de verla. No puedo jurarle que no tenga algo en particular que decirle, pero todo saldrá a la luz en su momento. No doy pistas, pero señorita Elliot, ¡empezamos a oír cosas inesperadas sobre usted! —dijo, sonriéndole—. ¡Pero está usted tan seria como un pequeño juez!

Anne se sonrojó.

—¡Ah, ah! Me doy por satisfecho, por ahora. Sabía que era cierto.

Anne no podía adivinar la dirección de las sospechas del almirante. La primera idea descabellada fue que el capitán Wentworth le habría hecho alguna confesión, pero al momento se avergonzó y sintió que era mucho más probable que se refiriera al señor Elliot. Se abrió la puerta, y cuando el portero comenzaba a *negar* la disponibilidad de la señora Croft, la presencia del almirante lo detuvo. El almirante disfrutó muchísimo ese momento y Anne pensó que la broma al pobre Stephen había sido exagerada. Finalmente pudo invitarla a subir las escaleras y, acercándose a ella, le dijo:

—Subiré con usted y la haré pasar. No puedo quedarme porque debo ir a la oficina de correos, pero si se sienta cinco minutos, estoy seguro de que Sophy vendrá y no encontrará a nadie que la moleste; solo está Frederick —continuó diciendo mientras abría la puerta. ¡Decirle a *ella* que el capitán no era «nadie»! Después de haber podido sentirse algo segura, indiferente, a gusto, ¡de repente se dio cuenta de que en un momento iba a estar en la misma habitación que él! Sin tiempo para componerse, para pensar cómo comportarse, para controlar su actitud, solo pudo empalidecer antes de atravesar la puerta y encontrarse con los asombrados ojos del capitán Wentworth, sentado al lado del fuego, simulando que leía y sorprendido por el precipitado regreso del almirante.

Equally unexpected was the meeting on each side. There was nothing to be done, however, but to stifle feelings, and to be quietly polite, and the Admiral was too much on the alert to leave any troublesome pause. He repeated again what he had said before about his wife and everybody, insisted on Anne's sitting down and being perfectly comfortable—was sorry he must leave her himself, but was sure Mrs. Croft would be down very soon, and would go upstairs and give her notice directly. Anne *was* sitting down, but now she arose, again to entreat him not to interrupt Mrs. Croft and re-urge the wish of going away and calling another time. But the Admiral would not hear of it; and if she did not return to the charge with unconquerable perseverance, or did not with a more passive determination walk quietly out of the room (as certainly she might have done), may she not be pardoned? If she *had* no horror of a few minutes' tête-à-tête with Captain Wentworth, may she not be pardoned for not wishing to give him the idea that she had? She reseated herself, and the Admiral took leave, but on reaching the door, said—

'Frederick, a word with *you* if you please.'

Captain Wentworth went to him, and instantly, before they were well out of the room, the Admiral continued—

'As I am going to leave you together, it is but fair I should give you something to talk of; and so, if you please—'

Here the door was very firmly closed, she could guess by which of the two—and she lost entirely what immediately followed, but it was impossible for her not to distinguish parts of the rest, for the Admiral, on the strength of the door's being shut, was speaking without any management of voice, though she could hear his companion trying to check him. She could not doubt their being speaking of her. She heard her own name and Kellynch repeatedly. She was very much disturbed. She knew not what to do, or what to expect, and among other agonies felt the possibility of Captain Wentworth's not returning into the room at all, which, after her consenting to stay, would have been—too bad for language. They seemed to be talking of the Admiral's lease of Kellynch. She heard him say something of the lease being signed—or not signed—*that* was not likely to be a very agitating subject, but then followed—

El encuentro fue inesperado para ambos. Sin embargo, no había nada que hacer, salvo reprimir los sentimientos y ser discretamente amable; el almirante estaba demasiado alerta como para dejar que ocurra cualquier pausa molesta. Volvió a decir lo que ya había dicho sobre su esposa y todos los demás, insistió en que Anne tomara asiento y se pusiera cómoda, y le pidió disculpas por tener que dejarla, pero estaba seguro que la señora Croft iba a bajar pronto, porque él mismo iba a subir a avisarle. Anne se *estaba* sentando, pero luego se levantó para volver a expresar que no hacía falta interrumpir a la señora Croft, que era mejor marcharse y volver en otro momento. Pero el almirante no quiso ni oír hablar de ello. Si Anne volvía a la carga con inquebrantable perseverancia, o si con tranquila determinación abandonaba la habitación, como sin duda podría haber hecho, ¿no se la podría haber excusado? Si efectivamente le *horrorizaba* un breve encuentro con el capitán Wentworth, ¿no se la podía disculpar por desear ocultar que así era? Volvió a sentarse y el almirante se dispuso a marcharse, pero antes de llegar a la puerta dijo:

—Frederick, necesito decirte *algo,* por favor.

El capitán Wentworth se dirigió también a la puerta y antes de salir de la habitación, el almirante continuó hablando:

—Voy a dejarlos a solas, pero me parece pertinente indicarles un tema de conversación, si me permites...

La puerta se cerró con firmeza y Anne pudo adivinar cuál de los dos lo hizo. Si bien no pudo escuchar por completo lo que siguió a continuación, logró distinguir partes de la conversación porque el almirante, considerando que la puerta estaba cerrada, hablaba en voz alta, aunque su compañero trataba de hacerle bajar el tono. No dudaba de que conversaban sobre ella; escuchó que la nombraban y también a Kellynch repetidas veces. Se sentía molesta, no sabía qué hacer o esperar, y la angustiaba la posibilidad de que el capitán Wentworth no volviera a la habitación, lo cual, después de haber accedido a quedarse, habría sido una gran desilusión. Parecían estar hablando sobre el arrendamiento de Kellynch por parte del almirante. Ella lo oyó decir algo sobre una firma, o la falta de ella, *eso* probablemente no sería un tema muy inquietante, pero luego siguió:

'I hate to be at an uncertainty. I must know at once. Sophy thinks the same.'

Then in a lower tone Captain Wentworth seemed remonstrating, wanting to be excused, wanting to put something off.

'Phoo, phoo,' answered the Admiral, 'now is the time; if you will not speak, I will stop and speak myself.'

'Very well, sir, very well, sir,' followed with some impatience from his companion, opening the door as he spoke—

'You will then, you promise you will?' replied the Admiral in all the power of his natural voice, unbroken even by one thin door.

'Yes, sir, yes.' And the Admiral was hastily left, the door was closed, and the moment arrived in which Anne was alone with Captain Wentworth.

She could not attempt to see how he looked, but he walked immediately to a window as if irresolute and embarrassed, and for about the space of five seconds she repented what she had done—censured it as unwise, blushed over it as indelicate. She longed to be able to speak of the weather or the concert, but could only compass the relief of taking a newspaper in her hand. The distressing pause was over, however; he turned round in half a minute, and coming towards the table where she sat, said in a voice of effort and constraint—

'You must have heard too much already, Madam, to be in any doubt of my having promised Admiral Croft to speak to you on a particular subject, and this conviction determines me to do so, however repugnant to my—to all my sense of propriety to be taking so great a liberty! You will acquit me of impertinence I trust, by considering me as speaking only for another, and speaking by necessity; and the Admiral is a man who can never be thought impertinent by one who knows him as you do. His intentions are always the kindest and the best, and you will perceive he is actuated by none other in the ap-

—No me gusta la incertidumbre. Debo saberlo cuanto antes. Sophy piensa lo mismo.

Entonces, en voz más baja, el capitán Wentworth pareció protestar, queriendo excusarse o deseando posponer algo.

—¡Bah, bah! —respondió el almirante—, ahora es el momento. Si no quieres hablar, lo haré yo mismo.

—Muy bien, señor, muy bien —fue la respuesta, mientras se abría la puerta y el almirante le preguntaba, con impaciencia:

—Lo harás, entonces. ¿Me lo prometes? —dijo con todo el poder de su potente voz.

—Sí, señor.

Y el almirante se fue, cerrando la puerta tras de sí y dejando a Anne a solas con el capitán Wentworth.

Anne no se atrevió a mirar al capitán, y él caminó inmediatamente hacia la ventana, como si estuviera indeciso y avergonzado. Durante un momento Anne se arrepintió de sus propios pensamientos: había calificado al capitán como imprudente, como poco delicado. Deseaba ser capaz de conversar sobre el clima o el concierto, pero solo fue capaz de coger un periódico para entretener sus manos.

Sin embargo, pronto la angustiosa pausa terminó. Él se dio vuelta y, acercándose a la mesa donde ella estaba sentada, dijo con voz contenida:

—Usted ya debe haber escuchado lo suficiente como para saber que he prometido al almirante Croft que hablaría con usted sobre un asunto en particular, y estoy determinado a hacerlo con convicción, por más desagradable que sea para mi... para mi sentido del buen decoro, tomarme este atrevimiento. Confío en que perdonará mi impertinencia si considera que solo hablo en nombre de otra persona y por necesidad; el almirante es un hombre que no podría parecer impertinente, en especial a alguien como usted, que lo conoce. Sus intenciones son siempre las mejores y espero sepa comprender que solo existe una motivo para

plication which I am now, with—with very peculiar feelings—obliged to make.' He stopped, but merely to recover breath, not seeming to expect any answer. Anne listened as if her life depended on the issue of his speech. He proceeded with a forced alacrity:—

'The Admiral, Madam, was this morning confidently informed that you were—upon my soul, I am quite at a loss, ashamed (breathing and speaking quickly)—the awkwardness of *giving* information of this kind to one of the parties—you can be at no loss to understand me. It was very confidently said that Mr. Elliot—that everything was settled in the family for a union between Mr. Elliot and yourself. It was added that you were to live at Kellynch—that Kellynch was to be given up. This the Admiral knew could not be correct. But it occurred to him that it might be the *wish* of the parties. And my commission from him, Madam, is to say, that if the family wish is such, his lease of Kellynch shall be cancelled, and he and my sister will provide themselves with another home, without imagining themselves to be doing anything which under similar circumstances would not be done for *them*. This is all, Madam. A very few words in reply from you will be sufficient. That *I* should be the person commissioned on this subject is extraordinary! and believe me, Madam, it is no less painful. A very few words, however, will put an end to the awkwardness and distress we may *both* be feeling.'

Anne spoke a word or two, but they were unintelligible; and before she could command herself, he added, 'If you will only tell me that the Admiral may address a line to Sir Walter, it will be enough. Pronounce only the words, *he may*, and I shall immediately follow him with your message.'

'No, Sir,' said Anne; 'there is no message. You are misin—the Admiral is misinformed. I do justice to the kindness of his intentions, but he is quite mistaken. There is no truth in any such report.'

He was a moment silent. She turned her eyes towards him for the first time since his re-entering the room. His colour was varying, and he was looking at her with all the power and keenness which she be-

hacer lo que ahora, con sentimientos muy peculiares, me veo obligado a hacer.

El capitán se detuvo, pero solo para recuperar el aliento, sin esperar respuesta. Anne escuchaba como si su vida dependiera del resultado de sus palabras. Él prosiguió con una forzada diligencia:

—Esta mañana han informado al almirante, en confidencialidad, que usted está... Por mi alma, estoy completamente perdido, avergonzado —dijo, respirando y hablando rápidamente— por la incomodidad de *brindar* información de este tipo a una de las partes involucradas... No le costará comprenderme... Pero le han dicho, de manera confidencial, que el señor Elliot... Que todo estaba decidido en la familia para una unión entre usted y el señor Elliot. Se añadió que vivirían en Kellynch, y que por eso Kellynch debía quedar vacante. El almirante sabe que esto no es correcto, pero pensó que podría ser el *deseo* de las partes. Y mi tarea, señora, es decir que, si el deseo de la familia es tal, se cancelará el arrendamiento de Kellynch y él y mi hermana buscarán otra vivienda, sabiendo que están haciendo algo que en circunstancias similares se haría por *ellos*. Eso es todo. Unas palabras suyas como respuesta serán suficientes. Que *yo* sea la persona encargada de este asunto es insólito, y créame que no es menos doloroso. Sin embargo, unas pocas palabras pondrán fin a la incomodidad y la angustia que *ambos* podamos sentir en este momento.

Anne dijo una o dos palabras ininteligibles, y antes que pudiera recuperar control sobre sí misma, él agregó:

—Será suficiente con que me diga que el almirante puede dirigir unas líneas a sir Walter. Dígame tan solo *«puede hacerlo»* y yo le daré inmediatamente su mensaje.

—No, señor —dijo Anne—. No hay ningún mensaje que entregar. Usted está... el almirante está mal informado. Agradezco la amabilidad de sus intenciones, pero está equivocado. No hay nada de cierto en ese rumor.

Él guardó silencio un instante. Ella lo miró a los ojos por primera vez desde que había regresado a la habitación. Su expresión cambiaba, y él la observaba con una intensidad y una lucidez que, según ella, solo

lieved no other eyes than his possessed.

'No truth in any such report?' he repeated. 'No truth in any *part* of it?'

'None.'

He had been standing by a chair, enjoying the relief of leaning on it, or of playing with it. He now sat down, drew it a little nearer to her, and looked with an expression which had something more than penetration in it—something softer. Her countenance did not discourage. It was a silent but a very powerful dialogue; on his supplication, on hers acceptance. Still a little nearer, and a hand taken and pressed; and 'Anne, my own dear Anne!' bursting forth in all the fulness of exquisite feeling,—and all suspense and indecision were over. They were re-united. They were restored to all that had been lost. They were carried back to the past with only an increase of attachment and confidence, and only such a flutter of present delight as made them little fit for the interruption of Mrs. Croft when she joined them not long afterwards. *She*, probably, in the observations of the next ten minutes saw something to suspect; and though it was hardly possible for a woman of her description to wish the mantua-maker had imprisoned her longer, she might be very likely wishing for some excuse to run about the house, some storm to break the windows above, or a summons to the Admiral's shoemaker below. Fortune favoured them all, however, in another way, in a gentle, steady rain, just happily set in as the Admiral returned and Anne rose to go. She was earnestly invited to stay dinner. A note was despatched to Camden Place, and she staid—staid till ten at night; and during that time the husband and wife, either by the wife's contrivance, or by simply going on in their usual way, were frequently out of the room together—gone upstairs to hear a noise, or downstairs to settle their accounts, or upon the landing to trim the lamp. And these precious moments were turned to so good an account that all the most anxious feelings of the past were gone through. Before they parted at night, Anne had the felicity of being assured that in the first place (so far from being altered for the worse), she had gained inexpressibly in personal loveliness; and that as to character, hers was now fixed on his mind as *perfection* itself, maintaining the just medium of fortitude and gentleness—that he had never ceased to love and prefer her, though it had been only

podían hallarse en sus ojos.

—¿No es verdad el rumor? —repitió él—. ¿Ninguna *parte* es cierta?

—Ninguna.

El capitán Wentworth, que había estado de pie junto a una silla, se sentó y se acercó un poco más a Anne, mirándola con una expresión seria, pero más suave. Su semblante no lo desalentó. Fue un diálogo silencioso pero conmovedor, sobre la súplica de él, sobre la aceptación de ella. Un poco más cerca, una mano tomada con firmeza, y las palabras «¡Anne, mi querida Anne!» estallando con la plenitud de un sentimiento exquisito que disipó toda incertidumbre e indecisión. Se reencontraron. Recuperaron todo lo perdido. Regresaron al pasado con más cariño y confianza; y cuando más tarde se unió a ellos la señora Croft, ya los sobrevolaba la alegría del momento presente. *Ella,* observándolos durante unos instantes, vio algo que la hizo sospechar y, aunque era casi imposible para una mujer como ella desear que su modista la hubiera tenido prisionera por más tiempo, muy probablemente comenzó a pensar alguna excusa para abandonar la sala, algo así como alguna tormenta que iba a romper las ventanas de arriba, o un llamado a la puerta del zapatero del almirante. Sin embargo, la fortuna los favoreció a todos de otra manera: una lluvia suave y constante comenzó a caer justo cuando el almirante regresaba. Anne se levantó para irse, pero fue cordialmente invitada a cenar. Se envió una nota a Camden Place, y ella se quedó... Se quedó hasta las diez de la noche. Durante ese tiempo, el señor y la señora Croft, ya sea por iniciativa de la mujer o simplemente siguiendo su habitual forma de ser, salieron juntos de la habitación varias veces: subían las escaleras para oír un ruido, bajaban para ajustar sus cuentas o se quedaban en el rellano para arreglar una lámpara. Y esos preciosos momentos fueron aprovechados para hacer desaparecer los antiguos sentimientos de ansiedad. Antes de partir, Anne tuvo la felicidad de escuchar al capitán decirle que, lejos de haber cambiado para peor, ella había ganado de forma indescriptible en belleza personal, y que en la mente de él su carácter era la *perfección* misma, el justo medio entre la fortaleza y la gentileza; que nunca había dejado de amarla y preferirla, aunque solo en Uppercross había aprendido a hacerle justicia, y solo en Lyme había comenzado a comprender sus propios sentimientos. En Lyme, la admiración pasajera del señor Elliot lo había hecho *despertar,*

at Uppercross that he had learnt to do her justice, and only at Lyme that he had begun to understand his own feelings; that at Lyme he had received lessons of more than one kind—the passing admiration of Mr. Elliot had at least *roused* him, and the scene on the Cobb, and at Captain Harville's, had fixed her superiority. In his preceding attempts to attach himself to Louisa Musgrove (the attempts of anger and pique), he protested that he had continually felt the impossibility of really caring for Louisa, though till *that day*, till the leisure for reflection which followed it, he had not understood the perfect excellence of the mind with which Louisa's could so ill bear comparison; or the perfect, the unrivalled hold it possessed over his own. There he had learnt to distinguish between the steadiness of principle and the obstinacy of self-will, between the darings of heedlessness and the resolution of a collected mind; there he had seen everything to exalt in his estimation the woman he had lost, and there had begun to deplore the pride, the folly, the madness of resentment, which had kept him from trying to regain her when thrown in his way. From that period to the present had his penance been the most severe. He had no sooner been free from the horror and remorse attending the first few days of Louisa's accident, no sooner had begun to feel himself alive again, than he had begun to feel himself, though alive, not at liberty.

He found that he was considered by his friend Harville an engaged man. The Harvilles entertained not a doubt of a mutual attachment between him and Louisa; and though this to a degree was contradicted instantly, it yet made him feel that perhaps by *her* family, by everybody, by *herself* even, the same idea might be held, and that he was not *free* in honour, though if such were to be the conclusion, too free alas! in heart. He had never thought justly on this subject before, and he had not sufficiently considered that his excessive intimacy at Uppercross must have its danger of ill consequence in many ways; and that while trying whether he could attach himself to either of the girls, he might be exciting unpleasant reports if not raising unrequited regard.

He found too late that he had entangled himself, and that precisely as he became thoroughly satisfied of his not *caring* for Louisa at all, he must regard himself as bound to her if her feelings for him were what the Harvilles supposed. It determined him to leave Lyme, and await her perfect recovery elsewhere. He would gladly weaken by any *fair*

y los hechos en Cobb y en casa del capitán Harville habían resaltado la superioridad de Anne. En sus intentos de cortejar a Louisa Musgrove, por despecho y por enojo, descubrió la imposibilidad de preocuparse de verdad por Louisa, aunque *recién* el día del accidente, y durante el tiempo libre para reflexionar que le siguió, pudo comprender que no podía comparar a Louisa con la perfecta superioridad de la mente de Anne. Allí había aprendido a distinguir la diferencia entre la firmeza de principios y la obstinación, entre los atrevimientos de la imprudencia y la resolución de una mente serena; allí había sentido cómo aumentaba en su estimación la mujer que había perdido, y allí había comenzado a lamentar el orgullo, la locura y el resentimiento que le habían impedido tratar de recuperarla cuando sus caminos se cruzaron nuevamente. Desde entonces, su penitencia había sido la más severa. Apenas se había librado del horror y el remordimiento que lo acompañaron los primeros días luego del accidente de Louisa cuando descubrió que su amigo Harville lo consideraba un hombre comprometido. Los Harville no tenían ninguna duda sobre la existencia de un afecto mutuo entre él y Louisa, y aunque le hizo saber a su amigo que no era así, comprendió que tal vez las *familias,* e incluso *ella misma,* podían sostener la misma idea; y que si ese era el desenlace, aunque su honor estuviera *comprometido,* su corazón no lo estaba. Nunca había pensado con objetividad este tema; no había considerado que su excesiva intimidad en Uppercross podía ser peligrosa y tener consecuencias negativas en muchos sentidos, y que mientras intentaba encariñarse con alguna de las hermanas, podía estar provocando una situación no deseada, o incluso despertando un afecto no correspondido.

Se dio cuenta demasiado tarde de lo que pasaba, y aunque estaba completamente convencido de que Louisa no le *importaba* en absoluto, comprendió que estaba obligado a ella, si sus sentimientos por él eran los que los Harville suponían. Decidido a abandonar Lyme, a esperar la completa recuperación de Louisa lejos de ella, para debilitar de mane-

means whatever sentiment or speculations concerning them might exist; and he went therefore into Shropshire, meaning after a while to return to the Crofts at Kellynch, and act as he found requisite.

He had remained in Shropshire, lamenting the blindness of his own pride and the blunders of his own calculations, till at once released from Louisa by the astonishing felicity of her engagement with Benwick.

Bath—Bath had instantly followed in *thought*, and not long after in *fact*. To Bath—to arrive with hope, to be torn by jealousy at the first sight of Mr. Elliot; to experience all the changes of each at the concert; to be miserable by the morning's circumstantial report, to be now more happy than language could express, or any heart but his own be capable of.

He was very eager and very delightful in the description of what he had felt at the concert; the evening seemed to have been made up of exquisite moments. The moment of her stepping forward in the octagon room to speak to him, the moment of Mr. Elliot's appearing and tearing her away, and one or two subsequent moments, marked by returning hope or increasing despondency, were dwelt on with energy.

'To see you,' cried he, 'in the midst of those who could not be my well-wishers; to see your cousin close by you, conversing and smiling, and feel all the horrible eligibilities and proprieties of the match! To consider it as the certain wish of every being who could hope to influence you! Even if your own feelings were reluctant or indifferent, to consider what powerful support would be his! Was it not enough to make the fool of me which I appeared? How could I look on without agony? Was not the very sight of the friend who sat behind you; was not the recollection of what had been, the knowledge of her influence, the indelible, immovable impression of what persuasion had once done—was it not all against me?'

'You should have distinguished,' replied Anne. 'You should not have suspected me now; the case so different, and my age so different. If I was wrong in yielding to persuasion once, remember it was to persuasion exerted on the side of safety, not of risk. When I yielded,

ra *honesta* cualquier sentimiento o especulación que pudiera existir; se dirigió a Shropshire con la intención de regresar después de un tiempo a Kellynch y actuar como fuera necesario. Había permanecido en Shropshire lamentando la ceguera de su propio orgullo y los errores de sus propios cálculos hasta que se vio liberado de Louisa por la asombrosa felicidad de su compromiso con Benwick.

Bath... Ir a Bath había sido primero una *idea,* que poco después se transformó en realidad. Llegar con esperanzas, sentir celos al ver al señor Elliot, experimentar los hechos que sucedieron en el concierto, sentirse desdichado por las palabras del almirante, estar ahora más feliz de lo que las palabras podían expresar o que cualquier corazón que no fuera el suyo sería capaz de sentir.

Describió con pasión lo que había sentido en el concierto; la velada parecía estar compuesta de momentos exquisitos. Cuando ella se adelantó en la sala octagonal para hablarle, cuando el señor Elliot apareció y la obligó a retirarse, y uno o dos momentos posteriores, marcados por el regreso de la esperanza o el creciente desaliento, fueron narrados con vehemencia.

—Verte entre aquellos que no me apreciaban —le dijo—, ver a tu primo tan cerca tuyo, conversando y sonriendo, y comprender con horror lo apropiada que sería esa alianza... ¡Considerarlo como el deseo seguro de todos aquellos que podían influir sobre ti! Incluso si tus sentimientos eran reticentes o indiferentes, ¡considerar qué poderosa influencia podían tener sobre tí! ¿No era suficiente para dejarme en ridículo? ¿Cómo podía mirarte sin sentir agonía? La sola visión de lady Russell sentada detrás de ti; el recuerdo de lo que había sido, la conciencia de su influencia, la huella imborrable e inamovible de lo que su persuasión había hecho una vez, ¿no estaba todo contra mí?

—Tendrías que haber visto la diferencia —respondió Anne—. No tendrías que haber sospechado de mí; el momento es tan diferente, mi edad tan distinta. Si me equivoqué al ceder a la persuasión una vez, recuerda que fue una persuasión ejercida por mi seguridad, no por el

I thought it was to duty; but no duty could be called in aid here. In marrying a man indifferent to me, all risk would have been incurred, and all duty violated.'

'Perhaps I ought to have reasoned thus,' he replied; 'but I could not. I could not derive benefit from the late knowledge I had acquired of your character. I could not bring it into play; it was overwhelmed, buried, lost in those earlier feelings which I had been smarting under year after year. I could think of you only as one who had yielded, who had given me up, who had been influenced by anyone rather than by me. I saw you with the very person who had guided you in that year of misery. I had no reason to believe her of less authority now. The force of habit was to be added.'

'I should have thought,' said Anne, 'that my manner to yourself might have spared you much or all of this.'

'No, no! Your manner might be only the ease which your engagement to another man would give. I left you in this belief; and yet—I was determined to see you again. My spirits rallied with the morning, and I felt that I had still a motive for remaining here. The Admiral's news, indeed, was a revulsion; since that moment I have been divided what to do, and had it been confirmed, this would have been my last day in Bath.'

There was time for all this to pass, with such interruptions only as enhanced the charm of the communication, and Bath could hardly contain any other two beings at once so rationally and so rapturously happy as during that evening occupied the sofa of Mrs. Croft's drawing-room in Gay Street.

Captain Wentworth had taken care to meet the Admiral as he returned into the house, to satisfy him as to Mr. Elliot and Kellynch; and the delicacy of the Admiral's good-nature kept him from saying another word on the subject to Anne. He was quite concerned lest he might have been giving her pain by touching on a tender part—who could say? She might be liking her cousin better than he liked her; and, upon recollection, if they had been to marry at all, why should they have waited so long? When the evening closed, it is probable

riesgo. Cuando cedí, pensé que era mi deber, pero ningún deber estaba en juego en este caso. Al casarme con un hombre que me resultaba indiferente, hubiera corrido todos los riesgos y habría violado todos mis deberes.

—Tal vez tendría que haber razonado así —contestó él—, pero no pude. No pude aprovechar el conocimiento que había adquirido recientemente de tu carácter. No pude ponerlo en práctica; estaba eclipsado, sepultado, perdido en los sentimientos que me habían dolido tantos años. Solo podía pensar en ti como en alguien que se había rendido, que me había abandonado, que había sido influenciado por otros, más que por mí. Te vi junto a la misma persona que te había guiado en ese momento. No tenía motivos para creer que ella tenía ahora menos autoridad. La fuerza de la costumbre se impondría.

—Y yo pensé —dijo Anne— que mi actitud hacia ti podía haberte ahorrado mucho o todo eso.

—¡No, no! Tu actitud podía ser solo la tranquilidad que te brindaba el compromiso con otro hombre. Te dejé con esta certeza, y aun así estaba decidido a volver a verte. Mi ánimo mejoró a la mañana siguiente y sentí que aún tenía un motivo para quedarme. Pero la noticia del almirante me horrorizó, y desde entonces he estado debatiendo qué hacer. De haberse confirmado, este habría sido mi último día en Bath.

Hubo tiempo para que todo esto sucediera, con interrupciones que solo encendían el hechizo de la conversación, y en Bath difícilmente podía haber otros dos seres tan racionales y felices a la vez como los que aquella noche ocupaban el sofá del salón de la señora Croft en Gay Street.

El capitán Wentworth se había encargado de recibir al almirante a su regreso y de responderle sobre el señor Elliot y Kellynch. La delicadeza y la bondad del almirante le impidieron decir una palabra más a Anne sobre un tema que podía lastimarla al tocar un punto sensible, ¿qué podía decir? Tal vez a ella le gustaba más su primo que él a ella y si tenían que casarse, ¿por qué esperar tanto? Cuando terminó la velada, es probable que el almirante hubiera recibido por parte de su esposa las noticias, y la manera particularmente amistosa en la que la señora Croft la despi-

that the Admiral received some new ideas from his wife, whose particularly friendly manner in parting with her gave Anne the gratifying persuasion of her seeing and approving. It had been such a day to Anne; the hours which had passed since her leaving Camden Place had done so much! She was almost bewildered—almost too happy in looking back. It was necessary to sit up half the night, and lie awake the remainder, to comprehend with composure her present state, and pay for the overplus of bliss by headache and fatigue.

***

Then follows Chapter XI., *i.e.* XII. in the published book and at the end is written—

Finis, July 18, 1816.

dió, le confirmaron a Anne la gratificante convicción de que ella lo sabía y aprobaba. Había sido un gran día para Anne; ¡las horas transcurridas desde que dejó Camden Place habían significado tanto! Estaba perpleja, feliz de recordar lo acontecido. Luego de pasar la noche en vela pudo comprender con serenidad su situación actual y compensar el dolor de cabeza y la fatiga del insomnio con su nueva felicidad.

***

Luego continúa el capítulo XI (antes XII) en el libro publicado, y al final está escrito:

Finis. 18 de julio de 1816.

CHAPTER XIII

The Last Work.

Jane Austen was taken from us: how much unexhausted talent perished with her, how largely she might yet have contributed to the entertainment of her readers, if her life had been prolonged, cannot be known; but it is certain that the mine at which she had so long laboured was not worked out, and that she was still diligently employed in collecting fresh materials from it. 'Persuasion' had been finished in August 1816; some time was probably given to correcting it for the press; but on the 27th of the following January, according to the date on her own manuscript, she began a new novel, and worked at it up to the 17th of March. The chief part of this manuscript is written in her usual firm and neat hand, but some of the latter pages seem to have been first traced in pencil, probably when she was too weak to sit long at her desk, and written over in ink afterwards. The quantity produced does not indicate any decline of power or industry, for in those seven weeks twelve chapters had been completed. It is more difficult to judge of the quality of a work so little advanced. It had received no name; there was scarcely any indication what the course of the story was to be, nor was any heroine yet perceptible, who, like Fanny Price, or Anne Elliot, might draw round her the sympathies of the reader. Such an unfinished fragment cannot be presented to the public; but I am persuaded that some of Jane Austen's admirers will be glad to learn something about the latest creations which were forming themselves in her mind; and therefore, as some of the principal characters were already sketched in with a vigorous hand, I will try to give an idea of them, illustrated by extracts from the work.

The scene is laid at Sanditon, a village on the Sussex coast, just struggling into notoriety as a bathing-place, under the patronage of the two principal proprietors of the parish, Mr. Parker and Lady Denham.

Mr. Parker was an amiable man, with more enthusiasm than judgment, whose somewhat shallow mind overflowed with the one idea of the prosperity of Sanditon, together with a jealous contempt of the rival village of Brinshore, where a similar attempt was going on. To the regret of his much-enduring wife, he had left his family mansion,

CAPÍTULO XIII

Su última obra.

Jane Austen nos fue arrebatada antes de tiempo. Cuánto de su inagotable talento murió con ella, o cuánto hubiera podido contribuir a entretener a sus lectores si su vida se hubiera prolongado, es imposible saberlo. Pero se puede afirmar que la fuente de la cual extraía su trabajo no se había agotado y que siempre estaba dispuesta a recolectar nuevo material. *Persuasión* había sido terminada en agosto de 1816 y posiblemente pasó un tiempo de correcciones antes de ser impresa, pero el 27 de enero del año siguiente, de acuerdo con la fecha que figura en su propio manuscrito, Jane comenzó una nueva novela y trabajó en ella hasta el 17 de marzo. La parte principal de ese trabajo está escrito con su habitual letra firme y pulcra, pero las últimas páginas parecen haber sido escritas con lápiz —posiblemente por la debilidad que ya le impedía permanecer mucho tiempo sentada en su escritorio— y luego repasadas encima con tinta. La cantidad de material no indica una disminución de su creatividad, ya que en siete semanas completó doce capítulos. Es difícil juzgar la calidad de una obra tan poco avanzada. No tiene título; no había indicios del curso que iba a tener la historia ni una heroína identificable que provocara la simpatía del lector, como lo fueron Fanny Price o Anne Elliot. Esta obra sin terminar no puede ser presentada al público, pero estoy seguro de que algunos de los admiradores de Jane Austen estarán felices de conocer algunas de las últimas historias que se formaban en su mente, y también a algunos de los personajes principales que su mano vigorosa ya había comenzado a esbozar. Trataré de dar una idea de ellos, acompañado por extractos de su trabajo.

La escena se ubica en Sanditon, un pueblo rural de Sussex que recién comienza a ganar notoriedad como lugar de baños medicinales bajo el patrocinio de los dos principales propietarios de la parroquia, el señor Parker y lady Denham.

El señor Parker era un hombre amable, con más entusiasmo que buen juicio, cuyas ideas, aunque algo superficiales, estaban enfocadas en hacer prosperar Sanditon, y también con celos por el pueblo rival, Brinshore, que tenía los mismos planes. Para desdicha de su sufrida esposa, había dejado la mansión familiar, con todas sus ancestrales como-

with all its ancestral comforts of gardens, shrubberies, and shelter, situated in a valley some miles inland, and had built a new residence—a Trafalgar House—on the bare brow of the hill overlooking Sanditon and the sea, exposed to every wind that blows; but he will confess to no discomforts, nor suffer his family to feel any from the change. The following extract brings him before the reader, mounted on his hobby:—

> 'He wanted to secure the promise of a visit, and to get as many of the family as his own house would hold to follow him to Sanditon as soon as possible; and, healthy as all the Heywoods undeniably were, he foresaw that every one of them would be benefitted by the sea. He held it indeed as certain that no person, however upheld for the present by fortuitous aids of exercise and spirit in a semblance of health, could be really in a state of secure and permanent health without spending at least six weeks by the sea every year. The sea air and sea-bathing together were nearly infallible; one or other of them being a match for every disorder of the stomach, the lungs, or the blood. They were anti-spasmodic, anti-pulmonary, anti-bilious, and anti-rheumatic. Nobody could catch cold by the sea; nobody wanted appetite by the sea; nobody wanted spirits; nobody wanted strength. They were healing, softening, relaxing, fortifying, and bracing, seemingly just as was wanted; sometimes one, sometimes the other. If the sea breeze failed, the sea-bath was the certain corrective; and when bathing disagreed, the sea breeze was evidently designed by nature for the cure. His eloquence, however, could not prevail. Mr. and Mrs. Heywood never left home... The maintenance, education, and fitting out of fourteen children demanded a very quiet, settled, careful course of life; and obliged them to be stationary and healthy at Willingden. What prudence had at first enjoined was now rendered pleasant by habit. They never left home, and they had a gratification in saying so.'

Lady Denham's was a very different character. She was a rich vulgar widow, with a sharp but narrow mind, who cared for the prosperity of Sanditon only so far as it might increase the value of her own property. She is thus described:—

> 'Lady Denham had been a rich Miss Brereton, born to wealth, but not to education. Her first husband had been a Mr. Hollis, a man

didades de jardines, arbustos y albergue, situada en un valle y alejada algunas millas de la costa, para construir una nueva residencia, Trafalgar House, en la despojada cima de una colina desde la que se divisaban Sanditon y el mar, expuesta a todos los vientos marinos. Pero no confesaba padecer ninguna incomodidad, ni permitía que su familia expresara inconformidad por el cambio. El siguiente extracto lo presenta ante el lector enfocado en su afición:

> Quería asegurarse la promesa de una visita y conseguir que la mayor cantidad de miembros de la familia, todos los que su propia casa pudiera acoger, acudiera a Sanditon lo antes posible; y a pesar de lo saludables que se veían los Heywood, pensaba que sin duda todos ellos se beneficiarían del mar. Tenía como cierto que ninguna persona, por muy saludable que se viera gracias a las ayudas fortuitas del ejercicio y del espíritu, podía estar realmente segura de su buena salud si no pasaba al menos seis semanas al año junto al mar. El aire marino y los baños en el mar eran casi infalibles; alguno de los dos era, con seguridad, la cura indicada para cualquier dolencia del estómago, los pulmones o la sangre. Eran antiespasmódicos, antipulmonares, antibiliares y antirreumáticos. Nadie podía engriparse, perder su apetito, languidecer o perder su fuerza estando cerca del mar. Los baños eran curativos, suavizantes, relajantes, fortificantes y tonificantes, tal como se deseaba. Si el aire marino no ayudaba, los baños en el mar eran lo indicado, y si los baños no hacían bien, entonces la brisa marina era el remedio natural para la enfermedad. Sin embargo, su elocuencia no fue suficiente. Los señores Heywood nunca abandonaban su casa. Mantener, educar y sostener a catorce hijos demandaba una vida tranquila, acomodada y cuidada que los hacía permanecer estables y saludables en Willingden, y lo que primero fue prudencia, se convirtió en un hábito placentero: nunca dejaban su hogar y estaban orgullosos de decirlo.

Lady Denham tenía una personalidad diferente. Era una viuda vulgar y adinerada; poseía una mente afilada pero estrecha, y solo se preocupaba por la prosperidad de Sanditon si eso incrementaba el valor de su propiedad. Así la describían quienes la conocían:

> Lady Denham nació como la señorita Brereton, con fortuna pero sin educación. Su primer marido fue el señor Hollis, dueño de una con-

of considerable property in the country, of which a large share of the parish of Sanditon, with manor and mansion-house, formed a part. He had been an elderly man when she married him; her own age about thirty. Her motives for such a match could be little understood at the distance of forty years, but she had so well nursed and pleased Mr. Hollis that at his death he left her everything—all his estates, and all at her disposal. After a widowhood of some years she had been induced to marry again. The late Sir Harry Denham, of Denham Park, in the neighbourhood of Sanditon, succeeded in removing her and her large income to his own domains; but he could not succeed in the views of permanently enriching his family which were attributed to him. She had been too wary to put anything out of her own power, and when, on Sir Harry's death, she returned again to her own house at Sanditon, she was said to have made this boast, "that though she had *got* nothing but her title from the family, yet she had *given* nothing for it." For the title it was to be supposed that she married.

'Lady Denham was indeed a great lady, beyond the common wants of society; for she had many thousands a year to bequeath, and three distinct sets of people to be courted by:—her own relations, who might very reasonably wish for her original thirty thousand pounds among them; the legal heirs of Mr. Hollis, who might hope to be more indebted to *her* sense of justice than he had allowed them to be to *his*; and those members of the Denham family for whom her second husband had hoped to make a good bargain. By all these, or by branches of them, she had, no doubt, been long and still continued to be well attacked; and of these three divisions Mr. Parker did not hesitate to say that Mr. Hollis's kindred were the least in favour, and Sir Harry Denham's the most. The former, he believed, had done themselves irremediable harm by expressions of very unwise resentment at the time of Mr. Hollis's death: the latter, to the advantage of being the remnant of a connection which she certainly valued, joined those of having been known to her from their childhood, and of being always at hand to pursue their interests by seasonable attentions. But another claimant was now to be taken into account: a young female relation whom Lady Denham had been induced to receive into her family. After having always protested against any such addition, and often enjoyed the repeated defeat she had given to every attempt of her own relations to introduce 'this young

siderable parte de Sanditon, incluidas casa y granja. Era un hombre de edad avanzada cuando se casó con la señorita Brereton, que por ese entonces tenía treinta años. Sus motivos para contraer matrimonio podían ser mal interpretados hace cuarenta años, pero ella cuidó y complació tanto al señor Hollis que, a su muerte, él le dejó todas sus propiedades, todo a su disposición. Años después contrajo matrimonio con el difunto sir Harry Denham, de Denham Park, vecino a Sanditon, quien logró unir la fortuna de ella a sus propios dominios, pero no tuvo éxito en los planes que se le atribuían de enriquecer a su propia familia gracias a ese matrimonio. Lady Denham había tenido el recaudo de no dejar nada fuera de su propio poder, y cuando regresó a su casa en Sanditon, tras la muerte de sir Harry, se dice que se jactó de que «aunque no he *recibido* sino un título, no he *dado* nada a cambio». Es de suponer que se casó por el título.

Lady Denham era una gran dama, con miles de libras al año para dejar como herencia, y tres grupos distintos de personas que la cortejaban: sus propios parientes, quienes podrían esperar, con razón, que las treinta mil libras originales se repartan entre ellos; los herederos legales del señor Hollis, que esperaban que *ella* tuviera un sentido de justicia mayor que el *difunto;* y aquellos miembros de la familia Denham que esperaban obtener un buen trato. Todos ellos, junto a sus descendientes, la acosaban desde hacía mucho tiempo, y de estos tres grupos el señor Parker no dudaba en decir que los parientes del señor Hollis eran los menos favorecidos y los de sir Harry Denham los más. Los primeros, creía él, habían causado un daño irremediable con sus imprudentes expresiones de resentimiento al momento de la muerte del señor Hollis, mientras que los segundos, con la ventaja de ser el remanente de una familia que ella ciertamente valoraba, la conocían desde hacía más tiempo y estaban siempre disponibles para atender sus intereses con especial amabilidad. Pero otra parte había aparecido para hacer su reclamo, y era una joven pariente a quien lady Denham se había visto obligada a acoger en su casa. Tras haberse opuesto siempre a cualquier incorporación de ese tipo, y a menudo disfrutado del fracaso constante de cada intento de sus parientes de presentar a «esta o aquella joven dama» como una posible acompañante para Sanditon Hou-

lady, or that young lady,' as a companion at Sanditon House, she had brought back with her from London last Michaelmas a Miss Clara Brereton, who bid fair to vie in favour with Sir Edward Denham, and to secure for herself and her family that share of the accumulated property which they had certainly the best right to inherit.'

Lady Denham's character comes out in a conversation which takes place at Mr. Parker's tea-table.

'The conversation turned entirely upon Sanditon, its present number of visitants, and the chances of a good season. It was evident that Lady Denham had more anxiety, more fears of loss than her coadjutor. She wanted to have the place fill faster, and seemed to have many harassing apprehensions of the lodgings being in some instances underlet. To a report that a large boarding-school was expected she replies, 'Ah, well, no harm in that. They will stay their six weeks, and out of such a number who knows but some may be consumptive, and want asses' milk; and I have two milch asses at this very time. But perhaps the little Misses may hurt the furniture. I hope they will have a good sharp governess to look after them.' But she wholly disapproved of Mr. Parker's wish to secure the residence of a medical man amongst them. 'Why, what should we do with a doctor here? It would only be encouraging our servants and the poor to fancy themselves ill, if there was a doctor at hand. Oh, pray let us have none of that tribe at Sanditon: we go on very well as we are. There is the sea, and the downs, and my milch asses: and I have told Mrs. Whitby that if anybody enquires for a chamber horse, they may be supplied at a fair rate (poor Mr. Hollis's chamber horse, as good as new); and what can people want more? I have lived seventy good years in the world, and never took physic, except twice: and never saw the face of a doctor in all my life on my own account; and I really believe if my poor dear Sir Harry had never seen one neither, he would have been alive now. Ten fees, one after another, did the men take who sent him out of the world. I beseech you, Mr. Parker, no doctors here.'

se, luego de Navidad había regresado de Londres acompañada de la señorita Clara Brereton, que prometía competir con sir Edward Denham y asegurarse para ella y su familia la parte de la fortuna acumulada que, sin dudas, tenían más derecho a heredar.

El carácter de lady Denham quedó en evidencia en una conversación que tuvo lugar en casa del señor Parker a la hora del té.

> El tema giraba por completo en torno a Sanditon, su actual número de visitantes y las posibilidades de una buena temporada. Era evidente que lady Denham tenía más ansiedad y miedo que su socio; esperaba que el lugar tuviera una ocupación constante y parecía preocuparle que los alojamientos fueran alquilados, en algunos casos, por poco dinero. Ante la noticia de que se esperaba un grupo de estudiantes, respondió:
>
> —Ah, entonces no hay problema. Se quedarán seis semanas, y entre tantos jóvenes, tal vez alguno sufrirá de tisis y necesitará leche de burra; ahora mismo tengo dos burras lecheras. Pero quizás las niñas arruinen los muebles; espero que vengan con una buena gobernanta que las vigile.
>
> Pero también desaprobó por completo la idea del señor Parker de contar con un médico residente en el pueblo.
>
> —¿Qué haríamos con un médico aquí? Solo estaríamos animando a nuestros sirvientes y a los pobres a creerse enfermos, si hubiera un médico a mano. Oh, por favor, no necesitamos a nadie de esa tribu en Sanditon; nos va muy bien como estamos. Tenemos el mar, las colinas y mis burras lecheras. Le he dicho a la señora Whitby que si alguien pregunta por un caballo para carruaje, se lo pueden proporcionar a buen precio (refiriéndose al viejo caballo del pobre señor Hollis). ¿Qué más se puede pedir? He vivido setenta años en el mundo y nunca he tomado medicina, excepto en dos oportunidades, y no he visto la cara de un médico en toda mi vida; y creo de verdad que si mi pobre y querido sir Harry tampoco hubiera visto uno, ahora estaría vivo. Diez visitas, una tras otra, hubo que pagar a los hombres que lo expulsaron de este mundo. Le ruego señor Parker que no haya médicos aquí.

This lady's character comes out more strongly in a conversation with Mr. Parker's guest, Miss Charlotte Heywood. Sir Edward Denham with his sister Esther and Clara Brereton have just left them.

> 'Charlotte accepted an invitation from Lady Denham to remain with her on the terrace, when the others adjourned to the library. Lady Denham, like a true great lady, talked, and talked only of her own concerns, and Charlotte listened. Taking hold of Charlotte's arm with the ease of one who felt that any notice from her was a favour, and communicative from the same sense of importance, or from a natural love of talking, she immediately said in a tone of great satisfaction, and with a look of arch sagacity:—
>
> 'Miss Esther wants me to invite her and her brother to spend a week with me at Sanditon House, as I did last summer, but I shan't. She has been trying to get round me every way with her praise of this and her praise of that; but I saw what she was about. I saw through it all. I am not very easily taken in, my dear.'
>
> Charlotte could think of nothing more harmless to be said than the simple enquiry of,
>
> 'Sir Edward and Miss Denham?'
>
> 'Yes, my dear; *my young folks*, as I call them, sometimes: for I take them very much by the hand, and had them with me last summer, about this time, for a week—from Monday to Monday—and very delighted and thankful they were. For they are very good young people, my dear. I would not have you think that I only notice them for poor dear Sir Harry's sake. No, no; they are very deserving themselves, or, trust me, they would not be so much in my company. I am not the woman to help anybody blindfold. I always take care to know what I am about, and who I have to deal with before I stir a finger. I do not think I was ever overreached in my life; and that is a good deal for a woman to say that has been twice married. Poor dear Sir Harry (between ourselves) thought at first to have got more, but (with a bit of a sigh) he is gone, and we must not find fault with the dead. Nobody could live happier together than us: and he was a very honourable man, quite the gentleman, of ancient family; and

El carácter de esta dama volvió a manifestarse con mayor intensidad en una conversación mantenida con la invitada del señor Parker, la señorita Charlotte Heywood. Sir Edward Denham, su hermana Esther y Clara Brereton acaban de retirarse.

> Charlotte había aceptado la invitación de lady Denham a quedarse con ella en la terraza, mientras los demás se dirigían a la biblioteca. Lady Denham, como una verdadera gran dama, hablaba solo de sus propios asuntos, y Charlotte escuchaba. Tomándola del brazo con la seguridad de quien considera cualquier atención suya un favor, y comunicativa por el mismo sentido de importancia o por su natural gusto por la conversación, dijo con un tono de gran satisfacción y una mirada de sagacidad maliciosa:
>
> —La señorita Esther quiere que la invite a ella y a su hermano a pasar una semana conmigo en Sanditon House, como hice el verano pasado, pero no lo haré. Ha estado intentando convencerme por todos los medios con sus elogios, pero comprendí claramente sus intenciones. No me dejo engañar fácilmente, querida.
>
> A Charlotte no se le ocurrió nada más inofensivo que hacer una simple pregunta:
>
> —¿Sir Edward y la señorita Denham?
>
> —Sí, querida, *mis jóvenes amigos,* como los llamo en algunas ocasiones. Los invité el verano pasado, en esta época, durante una semana, de lunes a lunes, y estuve encantada y agradecida de que hayan venido, porque son muy buenos jóvenes. No quiero que pienses que solo me ocupo de ellos en memoria del pobre sir Harry. No, no; ellos mismos lo merecen; créeme que, si no fuera así, no me acompañarían tan seguido. No soy de las que ayudan con los ojos vendados. Siempre me aseguro de saber qué hago y con quién tengo que tratar antes de mover un dedo. No creo haberme excedido en mi vida, y eso es mucho decir para una mujer que se ha casado dos veces. Entre nosotras, el pobre sir Harry pensó al principio que habría recibido más; pero se ha ido y no debemos criticar a los muertos —dijo, con un leve suspiro—. Pocas parejas han sido tan felices como nosotros; él era un hombre muy honorable, todo un caballero, de antigua familia, y cuando murió, le regalé a sir Edward su reloj de oro.

when he died I gave Sir Edward his gold watch.' This was said with a look at her companion which implied its right to produce a great impression; and seeing no rapturous astonishment in Charlotte's countenance, she added quickly,

'He did not bequeath it to his nephew, my dear; it was no bequest; it was not in the will. He only told me, and *that* but *once*, that he should wish his nephew to have his watch; but it need not have been binding, if I had not chose it.'

'Very kind indeed, very handsome!' said Charlotte, absolutely forced to affect admiration.

'Yes, my dear; and it is not the only kind thing I have done by him. I have been a very liberal friend to Sir Edward; and, poor young man, he needs it bad enough. For, though I am only the dowager, my dear, and he is the heir, things do not stand between us in the way they usually do between those two parties. Not a shilling do I receive from the Denham estate. Sir Edward has no payments to make *me*. *He* don't stand uppermost, believe me; it is *I* that help *him*.'

'Indeed! he is a very fine young man, and particularly elegant in his address.'

This was said chiefly for the sake of saying something; but Charlotte directly saw that it was laying her open to suspicion, by Lady Denham's giving a shrewd glance at her, and replying,

'Yes, yes; he's very well to look at; and it is to be hoped that somebody of large fortune will think so; for Sir Edward *must* marry for money. He and I often talk that matter over. A handsome young man like him will go smirking and smiling about, and paying girls compliments, but he knows he *must* marry for money. And Sir Edward is a very steady young man, in the main, and has got very good notions.'

'Sir Edward Denham,' said Charlotte, 'with such personal advantages, may be almost sure of getting a woman of fortune, if he chooses it.'

Miraba a su compañera esperando haber producido una gran impresión con estas palabras, pero al no ver ningún asombro en el rostro de Charlotte, añadió rápidamente:

—Pero no se lo había dejado a su sobrino, querida mía. No fue un legado; no estaba en el testamento. Solo me dijo *eso,* y solo *una vez,* que deseaba que su sobrino tuviera su reloj; pero yo no tenía obligación de dárselo. Fue mi decisión.

—Fue un bonito gesto, muy amable —dijo Charlotte, con forzada admiración.

—Así es, mi querida, y no es el único gesto que he tenido con él. He sido una amiga muy generosa con sir Edward, y el pobre joven lo necesita de verdad. Porque aunque solo soy la viuda y él es el heredero, este tema no se interpone entre nosotros, como suele pasar en estos casos. No recibo ni un chelín de la herencia de Denham. Sir Edward no tiene que *pagarme* nada. *Él* no es más importante que yo, créeme. Soy *yo* quien lo ayuda a *él*.

—Ya lo creo. Es un joven muy agradable, con modales particularmente elegantes.

Charlotte hizo este comentario solo por decir algo, pero la mirada suspicaz de Lady Denham la hizo pensar que se estaba exponiendo a que la dama sospechara de una doble intención.

—Sí, sí; es muy atractivo, y es de esperar que alguien de gran fortuna piense lo mismo, pues sir Edward *debe* casarse por dinero. Él y yo hablamos a menudo de ello. Un joven apuesto como él puede sonreír con facilidad y hacerle cumplidos a cualquier dama, pero sabe que *debe* casarse por dinero. Sir Edward es un joven muy juicioso y, en general, tiene ideas muy claras.

—Con tales ventajas personales —dijo Charlotte—, sir Edward Denham puede estar casi seguro de conseguir una mujer de fortuna, si así lo desea.

This glorious sentiment seemed quite to remove suspicion.

'Aye, my dear, that is very sensibly said; and if we could but get a young heiress to Sanditon! But heiresses are monstrous scarce! I do not think we have had an heiress here, nor even a *Co.*, since Sanditon has been a public place. Families come after families, but, as far as I can learn, it is not one in a hundred of them that have any real property, landed or funded. An income, perhaps, but no property. Clergymen, may be, or lawyers from town, or half-pay officers, or widows with only a jointure; and what good can such people do to anybody? Except just as they take our empty houses, and (between ourselves) I think they are great fools for not staying at home. Now, if we could get a young heiress to be sent here for her health, and, as soon as she got well, have her fall in love with Sir Edward! And Miss Esther must marry somebody of fortune, too. She must get a rich husband. Ah! young ladies that have no money are very much to be pitied.' After a short pause: 'If Miss Esther thinks to talk me into inviting them to come and stay at Sanditon House, she will find herself mistaken. Matters are altered with me since last summer, you know: I have Miss Clara with me now, which makes a great difference. I should not choose to have my two housemaid's time taken up all the morning in dusting out bedrooms. They have Miss Clara's room to put to rights, as well as mine, every day. If they had hard work, they would want higher wages.'

Charlotte's feelings were divided between amusement and indignation. She kept her countenance, and kept a civil silence; but without attempting to listen any longer, and only conscious that Lady Denham was still talking in the same way, allowed her own thoughts to form themselves into such meditation as this:—

'She is thoroughly mean; I had no expectation of anything so bad. Mr. Parker spoke too mildly of her. He is too kind-hearted to see clearly, and their very connection misleads him. He has persuaded her to engage in the same speculation, and because they have so far the same object in view, he fancies that she feels like him in other things; but she is very, very mean. I can see no good in her. Poor Miss Brereton! And it makes everybody mean about her. This poor Sir Edward and his sister! how far nature meant them to be respect-

Esta afirmación tan vehemente pareció calmar las sospechas de lady Denham

—Así es, mi querida, es una gran verdad. ¡Si pudiéramos traer una joven heredera a Sanditon! ¡Pero las herederas escasean! No creo que hayamos tenido herederas aquí, ni siquiera en la *ciudad,* desde que Sanditon es una ciudad pública. Tantas familias han venido pero, que yo sepa, ni una sola entre cien posee propiedades. Ingresos, tal vez, pero ninguna propiedad. Clérigos, quizás, o abogados de la ciudad, o funcionarios de media paga, o viudas con solo una pensión, pero ¿qué aporte pueden hacer estas personas? ¡Si pudiéramos lograr que una joven heredera sea enviada aquí para recuperar su salud y, apenas recuperada, se enamore de sir Edward! Y la señorita Esther también debe casarse con alguien de fortuna. Debe conseguir un marido rico. ¡Ah! ¡Las jóvenes sin fortuna son dignas de lástima! —Hizo una breve pausa—. Si la señorita Esther piensa convencerme de invitarla a quedarse en Sanditon House, se equivoca. Las cosas han cambiado desde el verano pasado, ¿sabe? Ahora tengo a la señorita Clara conmigo, lo cual marca una gran diferencia. No quisiera que mis dos criadas se pasen la mañana limpiando sus habitaciones. Deben arreglar la habitación de la señorita Clara, además de la mía, todos los días. Si tuvieran más trabajo, querrían un sueldo más alto.

Charlotte se debatía entre la indignación y la risa, aunque pudo conservar la calma y mantener un silencio civilizado. Pero sin deseos de escuchar más, y solo consciente de que lady Denham seguía hablando de la misma manera, permitió que sus propios pensamientos se perdieran en meditaciones como estas:

Es realmente malvada; no esperaba algo así. El señor Parker habla con amabilidad sobre ella; es demasiado generoso para ver con claridad, y su conexión con ella lo confunde. La ha convencido de participar del mismo negocio, y como hasta ahora tienen el mismo objetivo, imagina que ella siente lo mismo en otros aspectos; pero es muy, muy mezquina. No le veo nada bueno. ¡Pobre señorita Brereton! Y por eso todos la tratan mal. ¡Pobre sir Edward, pobre su hermana! No puedo decir hasta qué punto las circunstancias los

able I cannot tell; but they are obliged to be mean in their servility to her; and I am mean, too, in giving her my attention with the appearance of coinciding with her. Thus it is when rich people are sordid.'

Mr. Parker has two unmarried sisters of singular character. They live together; Diana, the younger, always takes the lead, and the elder follows in the same track. It is their pleasure to fancy themselves invalids to a degree and in a manner never experienced by others; but, from a state of exquisite pain and utter prostration, Diana Parker can always rise to be officious in the concerns of all her acquaintance, and to make incredible exertions where they are not wanted.

It would seem that they must be always either very busy for the good of others, or else extremely ill themselves. Some natural delicacy of constitution, in fact, with an unfortunate turn for medicine, especially quack medicine, had given them an early tendency at various times to various disorders. The rest of their suffering was from their own fancy, the love of distinction, and the love of the wonderful. They had charitable hearts and many amiable feelings; but a spirit of restless activity, and the glory of doing more than anybody else, had a share in every exertion of benevolence, and there was vanity in all they did, as well as in all they endured.

These peculiarities come out in the following letter of Diana Parker to her brother:—

'My Dear Tom,—We were much grieved at your accident, and if you had not described yourself as having fallen into such very good hands, I should have been with you at all hazards the day after receipt of your letter, though it found me suffering under a more severe attack than usual of my old grievance, spasmodic bile, and hardly able to crawl from my bed to the sofa. But how were you treated? Send me more particulars in your next. If indeed a simple sprain, as you denominate it, nothing would have been so judicious as friction—friction by the hand alone, supposing it could be applied *immediately*. Two years ago I happened to be calling on Mrs. Sheldon, when her coachman sprained his foot, as he was cleaning the carriage, and could hardly limp into the house; but by the immediate use of friction alone, steadily persevered in (I rubbed his

hacen respetables, pero ellos están obligados a ser mezquinos en su servilismo hacia ella, y yo también soy mezquina al prestarle mi atención con la apariencia de coincidir con ella. Estas cosas son las que hacen sórdidos a los ricos.

El señor Parker tenía dos hermanas solteras, de personalidad muy singular, que vivían juntas. Diana, la menor, siempre llevaba la iniciativa, y la mayor la seguía. Les encantaba creerse inválidas de una manera que nunca nadie había experimentado. Pero aún así, desde un estado de intenso dolor y postración absoluta, Diana Parker siempre lograba levantarse y entrometerse en los asuntos de todos sus conocidos, y hacía esfuerzos excesivos aún cuando no se la necesitaba.

Parecían siempre estar muy ocupadas, haciendo el bien a los demás o estando muy enfermas. De hecho, cierta delicadeza natural en su constitución, junto con una desafortunada inclinación por la medicina tradicional china, les había producido una temprana tendencia a diversos trastornos. El resto de los sufrimientos provenían de sus propias fantasías, de su amor a la distinción y a lo maravilloso. Tenían un alma caritativa y buenos sentimientos, pero también un espíritu activo incansable y la vanidad de creer que hacían (y soportaban) más que cualquier otra persona que participaba en cada uno de sus actos de benevolencia.

Estas peculiaridades pueden observarse en la carta que le envió Diana Parker a su hermano:

Mi querido Tom:

Lamentamos mucho tu accidente, y si no hubieras mencionado que has quedado en tan buenas manos, habría estado contigo a toda costa el día después de recibir tu carta, aunque me encontró sufriendo un ataque más severo de lo habitual de mi antigua dolencia, bilis espasmódica, y apenas soy capaz de arrastrarme desde mi cama hasta el sofá. Pero ¿cómo te han tratado? Envíame más detalles en tu próxima carta. Si en realidad fue un simple esguince, como lo llamas, nada habría sido más sensato que la fricción, aplicada solo con la mano, suponiendo que hubiera podido aplicarse inmediatamente. Casualmente, hace dos años fui a visitar a la señora Sheldon cuando su cochero se torció el pie mientras limpiaba el carruaje, y

ancle with my own hands for four hours without intermission), he was well in three days... Pray never run into peril again in looking for an apothecary on our account; for had you the most experienced man in his line settled at Sanditon, it would be no recommendation to us. We have entirely done with the whole medical tribe. We have consulted physician after physician in vain, till we are quite convinced that they can do nothing for us, and that we must trust to our knowledge of our own wretched constitutions for any relief; but if you think it advisable for the interests of the *place* to get a medical man there, I will undertake the commission with pleasure, and have no doubt of succeeding. I could soon put the necessary irons in the fire. As for getting to Sanditon myself, it is an impossibility. I grieve to say that I cannot attempt it, but my feelings tell me too plainly that in my present state the sea-air would probably be the death of me; and in truth I doubt whether Susan's nerves would be equal to the effort. She has been suffering much from headache, and six leeches a day, for ten days together, relieved her so little that we thought it right to change our measures; and being convinced on examination that much of the evil lay in her gums, I persuaded her to attack the disorder there. She has accordingly had three teeth drawn, and is decidedly better; but her nerves are a good deal deranged, she can only speak in a whisper, and fainted away this morning on poor Arthur's trying to suppress a cough.'

Within a week of the date of this letter, in spite of the impossibility of moving, and of the fatal effects to be apprehended from the sea-air, Diana Parker was at Sanditon with her sister. She had flattered herself that by her own indefatigable exertions, and by setting at work the agency of many friends, she had induced two large families to take houses at Sanditon. It was to expedite these politic views that she came; and though she met with some disappointment of her expectation, yet she did not suffer in health.

Such were some of the *dramatis personæ*, ready dressed and prepared for their parts. They are at least original and unlike any that the author had produced before. The success of the piece must have depended on the skill with which these parts might be played; but

apenas podía cojear hasta la casa, pero solo con el uso inmediato de la fricción, perseverante y constante (le froté el tobillo con mis propias manos durante cuatro horas, sin interrupción), se recuperó en tres días. Te ruego que no vuelvas a correr el riesgo de buscar un boticario por nuestra causa, porque aunque el hombre más experimentado en su campo se hubiera establecido en Sanditon, no nos sería de utilidad. No queremos saber más nada con los médicos. Hemos consultado uno tras otro en vano hasta convencernos de que no pueden hacer nada por nosotras, y que debemos confiar en nuestro propio conocimiento de nuestras miserables constituciones para obtener cualquier alivio. Pero si piensas que es aconsejable para los intereses del *lugar* conseguir un médico allí, emprenderé la tarea con gusto y no tengo dudas de que tendré éxito. Pronto podría poner manos a la obra. Pero no puedo ir yo misma a Sanditon, es imposible. Lamento decir que ni siquiera puedo intentarlo; presiento con demasiada claridad que, en mi estado actual, el aire marino probablemente me matará y, sinceramente, dudo que los nervios de Susan estén a la altura del esfuerzo. Ha estado sufriendo muchos dolores de cabeza, y seis sanguijuelas al día, durante diez días seguidos, la aliviaron tan poco que pensamos que era correcto cambiar el tratamiento; y al descubrir, tras un examen, de que gran parte del problema residía en sus encías, la convencí de que atacara el trastorno en esa zona. Por lo tanto, le han extraído tres muelas y está mucho mejor, pero tiene los nervios muy alterados, solo puede hablar en susurros y esta mañana se desmayó mientras el pobre Arthur intentaba contener la tos.

Una semana después de la fecha de esta carta, y a pesar de la imposibilidad de moverse y de los efectos fatales que podía tener en ella el aire marino, Diana Parker estaba en Sanditon con su hermana. Se había jactado de que, gracias a sus incansables esfuerzos y a la ayuda de muchos amigos, había convencido a dos familias numerosas de alquilar casas en Sanditon. Fue para impulsar estas ideas políticas que hizo el viaje, y aunque sus expectativas se vieron algo defraudadas, su salud no se resintió.

Estos eran algunos de los *dramatis personæ,* ya vestidos y preparados para sus papeles. Son más originales y diferentes a todo lo que la autora había creado antes. El éxito de la obra dependería de la destreza con la que se interpretaran estos papeles, y pocos desconfiarán de la destre-

few will be inclined to distrust the skill of one who had so often succeeded. If the author had lived to complete her work, it is probable that these personages might have grown into as mature an individuality of character, and have taken as permanent a place amongst our familiar acquaintance, as Mr. Bennet, or John Thorp, Mary Musgrove, or Aunt Norris herself.

za de alguien que tantas veces triunfó. Si la autora hubiera vivido para completar esta novela, es probable que los personajes hubieran crecido en su madurez y en la singularidad de sus personalidades, y que hubieran ocupado un lugar tan permanente en nuestro afecto como el señor Bennet, John Thorpe, Mary Musgrove o la propia tía Norris.

CHAPTER XIV

Postscript.

When first I was asked to put together a memoir of my aunt, I saw reasons for declining the attempt. It was not only that, having passed the three score years and ten usually allotted to man's strength, and being unaccustomed to write for publication, I might well distrust my ability to complete the work, but that I also knew the extreme scantiness of the materials out of which it must be constructed. The grave closed over my aunt fifty-two years ago; and during that long period no idea of writing her life had been entertained by any of her family. Her nearest relatives, far from making provision for such a purpose, had actually destroyed many of the letters and papers by which it might have been facilitated. They were influenced, I believe, partly by an extreme dislike to publishing private details, and partly by never having assumed that the world would take so strong and abiding an interest in her works as to claim her name as public property. It was therefore necessary for me to draw upon recollections rather than on written documents for my materials; while the subject itself supplied me with nothing striking or prominent with which to arrest the attention of the reader. It has been said that the happiest individuals, like nations during their happiest periods, have no history. In the case of my aunt, it was not only that her course of life was unvaried, but that her own disposition was remarkably calm and even. There was in her nothing eccentric or angular; no ruggedness of temper; no singularity of manner; none of the morbid sensibility or exaggeration of feeling, which not unfrequently accompanies great talents, to be worked up into a picture. Hers was a mind well balanced on a basis of good sense, sweetened by an affectionate heart, and regulated by fixed principles; so that she was to be distinguished from many other amiable and sensible women only by that peculiar genius which shines out clearly enough in her works, but of which a biographer can make little use. The motive which at last induced me to make the attempt is exactly expressed in the passage prefixed to these pages. I thought that I saw something to be done: knew of no one who could do it but myself, and so was driven to the enterprise. I am glad that I have been able to finish my work. As a family record it can scarcely fail to be interesting to those relatives who must ever set a high value on their connection with Jane Austen, and to them I especially dedicate it; but

CAPITULO XIV

Posdata.

Cuando se me solicitó por primera vez escribir unas memorias sobre mi tía, encontré algunas razones para no aceptar el encargo. No era solo que ya habían pasado los setenta años que usualmente se le asignan a la vida humana y que no estaba acostumbrado a escribir para publicar. Bien podía desconfiar de mi habilidad para completar la obra, y también conocía la extrema escasez de los materiales con los que debía trabajar. Mi tía había fallecido cincuenta y dos años atrás, y durante ese largo período nadie de la familia había pensado en escribir algo sobre su vida. Su familia más cercana, lejos de pensar en ese proyecto, había destruído la mayoría de sus cartas y papeles que hubieran facilitado la tarea, en parte porque les desagradaba la idea de publicar detalles privados, y también porque asumían que el mundo no tendría un interés tan fuerte y duradero en el tiempo en sus obras como para reclamar su nombre como propiedad pública. Por eso me fue necesario basarme en recuerdos, más que en documentos escritos, y el tema en sí no me proporcionaba nada llamativo o prominente con lo que captar la atención del lector. Se dice que las personas felices, o las naciones que atraviesan períodos felices, no hacen historia. En el caso de mi tía, no solo su curso de vida fue rutinario, sino que su propia disposición era notablemente tranquila y equilibrada. No había en ella nada excéntrico o desagradable, ninguna rudeza en sus modales, nada de la sensibilidad mórbida o la exageración de sentimientos que muchas veces acompaña a los grandes talentos y que plasman en sus obras. La suya era una mente equilibrada, basada en el buen sentido, dulcificada por un corazón afectuoso y regulada por principios inamovibles, de modo que solo se la distinguiría de muchas otras mujeres amables y sensatas por ese genio peculiar que brilla con claridad en sus obras, pero del cual un biógrafo puede hacer poco uso. El motivo que finalmente me llevó a aceptar esta tarea está explicado en la introducción. Vi algo que podía hacerse, supe que nadie más que yo podía hacerlo, y eso me llevó a emprender el trabajo, y me alegra haber podido terminarlo. Como recopilación familiar resultará interesante para aquellos parientes que siempre valoraron sus vínculos con Jane Austen, y a ellos se la dedico especialmente; pero como este trabajo me ha sido encargado, también lo someto a la crítica del público, con todos sus defectos, tanto de deficiencia como de redundancia. Sé que el valor que se le encuentre dependerá no del mérito propio sino

as I have been asked to do so, I also submit it to the censure of the public, with all its faults both of deficiency and redundancy. I know that its value in their eyes must depend, not on any merits of its own, but on the degree of estimation in which my aunt's works may still be held; and indeed I shall esteem it one of the strongest testimonies ever borne to her talents, if for her sake an interest can be taken in so poor a sketch as I have been able to draw.

Bray Vicarage:

Sept. 7, 1869.

Postscript printed at the end of the first edition; omitted from the second.

Since these pages were in type, I have read with astonishment the strange misrepresentation of my aunt's manners given by Miss Mitford in a letter which appears in her lately-published *Life,* vol. i. p. 305. Miss Mitford does not profess to have known Jane Austen herself, but to report what had been told her by her mother. Having stated that her mother '*before her marriage*' was well acquainted with Jane Austen and her family, she writes thus:—'Mamma says that she was *then* the prettiest, silliest, most affected, husband-hunting butterfly she ever remembers.' The editor of Miss Mitford's *Life* very properly observes in a note how different this description is from 'every other account of Jane Austen from whatever quarter.' Certainly it is so totally at variance with the modest simplicity of character which I have attributed to my aunt, that if it could be supposed to have a semblance of truth, it must be equally injurious to her memory and to my trustworthiness as her biographer. Fortunately I am not driven to put my authority in competition with that of Miss Mitford, nor to ask which ought to be considered the better witness in this case; because I am able to prove by a reference to dates that Miss Mitford must have been under a mistake, and that her mother could not possibly have known what she was supposed to have reported; inasmuch as Jane Austen, at the time referred to, was a little girl.

Mrs. Mitford was the daughter of Dr. Russell, Rector of Ashe, a parish adjoining Steventon, so that the families of Austen and Russell must at that time have been known to each other. But the date assigned by Miss Mitford for the termination of the acquaintance is the

del grado de estimación que se tenga de las obras de mi tía y, de hecho, lo consideraré uno de los testimonios más sólidos que se hayan dado jamás sobre su talento, si es que puede resultar interesante un retrato de Jane tan modesto como el que he podido dibujar.

Vicariato de Bray, 7 de septiembre de 1869.

Epílogo impreso al final de la primera edición y omitido en la segunda.

Desde que estas páginas fueron impresas, he leído con asombro la extraña tergiversación de la personalidad de mi tía que hizo la señorita Mitford en una carta que aparece en el libro recientemente publicado: *Vida*, vol. I, pág. 305. La señorita Mitford no conoció en persona a Jane Austen, pero expresa lo que su madre le transmitió. Comienza diciendo que su madre, «antes de su matrimonio», conocía bien a Jane Austen y a su familia, y escribe: «Mi madre decía que en ese *entonces* ella era como una mariposa, la más bonita, más tonta, más afectada y más cazadora de maridos que puede recordar». El editor de *Vida* observa acertadamente en una nota que esa descripción de Jane es muy distinta a «cualquier otra descripción de Jane Austen, de cualquier procedencia». Ciertamente, es tan contraria a la modesta sencillez de carácter que he atribuido a mi tía, que si se pudiera suponer que tiene algún atisbo de verdad sería igualmente perjudicial para su memoria y para mi fiabilidad como su biógrafo. Afortunadamente, no me veo obligado a poner mi autoridad en competencia ante la señorita Mitford ni a preguntar quién debería considerarse mejor testigo en este caso, porque puedo demostrar, mediante una referencia a las fechas mencionadas, que la señorita Mitford estaba equivocada y que su madre no puede haber dicho lo que se supone ha dicho a su hija, puesto que Jane Austen, en el momento al que se refiere, era una niña pequeña.

La señora Mitford era hija del doctor Russell, rector de Ashe, una parroquia contigua a Steventon, por lo que las familias Austen y Russell debieron conocerse en aquella época. La fecha que la señorita Mitford marca como el final de la relación entre ambas familias es la del matri-

time of her mother's marriage. This took place in October 1785, when Jane, who had been born in December 1775, was not quite ten years old. In point of fact, however, Miss Russell's opportunities of observing Jane Austen must have come to an end still earlier: for upon Dr. Russell's death, in January 1783, his widow and daughter removed from the neighbourhood, so that all intercourse between the families ceased when Jane was little more than seven years old.

All persons who undertake to narrate from hearsay things which are supposed to have taken place before they were born are liable to error, and are apt to call in imagination to the aid of memory: and hence it arises that many a fancy piece has been substituted for genuine history.

I do not care to correct the inaccurate account of Jane Austen's manners in after life: because Miss Mitford candidly expresses a doubt whether she had not been misinformed on that point.

Nov. 17, 1869.

monio de su madre, que tuvo lugar en octubre de 1785, cuando Jane aún no había cumplido los diez años. Pero en verdad, las oportunidades de la señorita Russell de observar a Jane terminaron antes, porque tras la muerte del doctor Russell, en enero de 1783, su viuda e hija se mudaron del vecindario, de modo que toda relación entre las familias cesó cuando Jane tenía poco más de siete años.

Las personas que se proponen narrar eventos que les han contado, y que se supone que ocurrieron antes de su nacimiento, se exponen a cometer errores y tienden a recurrir a la imaginación para ayudar a la memoria; de ahí que muchas historias auténticas se sustituyen por relatos ficticios.

No me interesa corregir los errores expresados sobre los modales de Jane Austen, porque la señorita Mitford expresa con franqueza que duda de la veracidad de su información.

17 de noviembre de 1869.

ROSETTA EDU

CLÁSICOS EN ESPAÑOL

Esperamos que haya disfrutado esta lectura. ¿Quiere leer otra obra de nuestra colección de *Clásicos en español*?

En nuestro Club del Libro encontrarás artículos relacionados con los libros que publicamos y la literatura en general. ¡Suscríbete en nuestra página web y te ofrecemos un ebook gratis por mes!

Recibe tu copia totalmente gratuita de nuestro *Club del libro* en rosettaedu.com/pages/club-del-libro

CLÁSICOS EN ESPAÑOL

Una habitación propia se estableció desde su publicación como uno de los libros fundamentales del feminismo. Basado en dos conferencias pronunciadas por Virginia Woolf en colleges para mujeres y ampliado luego por la autora, el texto es un testamento visionario, donde tópicos característicos del feminismo por casi un siglo son expuestos con claridad tal vez por primera vez.

Oscar Wilde escribe una sola novela, *El retrato de Dorian Gray*, ésta fue el objeto de una crítica moralizante mordaz por parte de sus contemporáneos que no pudieron ver que dentro de una trama perfectamente compuesta se escondía toda la tragedia del romanticismo. Cien años después no ha perdido su impacto original y sigue siendo un texto fundamental para los debates sobre la estética y la moral.

Otra vuelta de tuerca es una de las novelas de terror más difundidas en la literatura universal y cuenta una historia absorbente, siguiendo a una institutriz a cargo de dos niños en una gran mansión en la campiña inglesa que parece estar embrujada. Los detalles de la descripción y la narración en primera persona van conformando un mundo que puede inspirar genuino terror.

rosettaedu.com

EDICIONES BILINGÜES

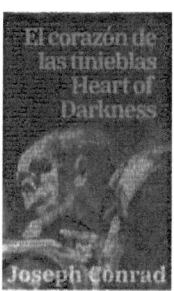

En una atmósfera constante de misterio y amenaza, *El corazón de las tinieblas* narra el peligroso viaje de Marlow por un río (sin duda el Congo aunque no es nombrado en el relato) africano. Lo que el marino puede observar en su viaje le horroriza, le deja perplejo, y pone en tela de juicio las bases mismas de la civilización y la naturaleza humana.

Durante décadas, y acercándose a su centenario, *El gran Gatsby* ha sido considerada una obra maestra de la literatura y candidata al título de «Gran novela americana» por su dominio al mostrar la pura identidad americana junto a un estilo distinto y maduro. La edición bilingüe permite apreciar los detalles del texto original y constituye un paso obligado para aprender el inglés en profundidad.

En *La señora Dalloway* Virginia Woolf relata un día en la vida de Clarissa Dalloway, una señora de la clase alta casada con un miembro del parlamento inglés, y de un ex-combatiente que lucha contra su enfermedad mental. La innovación de la novela es la corriente de consciencia: Woolf sigue el pensamiento de cada personaje, siendo excelente a la hora de narrar emociones, asociaciones y sentimientos.

rosettaedu.com

www.ingramcontent.com/pod-product-compliance
Lightning Source LLC
Chambersburg PA
CBHW020358080526
44584CB00014B/1070